Joseph Bergmann

Die Reichsgrafen von und zu Hohenembs in Vorarlberg

dargestellt u. beleuchtet in d. Ereignissen ihrer Zeit, v. Jahre 1560 bis zu

ihrem Erlöschen 1759 mit Rücksicht auf die weiblichen Nachkommen

beider Linien von 1759 1860

Joseph Bergmann

Die Reichsgrafen von und zu Hohenembs in Vorarlberg
dargestellt u. beleuchtet in d. Ereignissen ihrer Zeit, v. Jahre 1560 bis zu ihrem Erlöschen 1759 mit Rücksicht auf die weiblichen Nachkommen beider Linien von 1759 1860

ISBN/EAN: 9783742896490

Hergestellt in Europa, USA, Kanada, Australien, Japan

Cover: Foto ©ninafisch / pixelio.de

Weitere Bücher finden Sie auf **www.hansebooks.com**

DIE

REICHSGRAFEN VON UND ZU HOHENEMBS

IN

VORARLBERG.

DARGESTELLT UND BELEUCHTET IN DEN EREIGNISSEN IHRER ZEIT,

VOM JAHRE 1560 BIS ZU IHREM ERLÖSCHEN 1759.

MIT RÜCKSICHT

AUF DIE WEIBLICHEN NACHKOMMEN BEIDER LINIEN VON 1759—1860.

VON

JOSEPH BERGMANN,

WIRKLICHEM MITGLIEDE DER KAISERLICHEN AKADEMIE DER WISSENSCHAFTEN

———

(VORGELEGT IN DEN SITZUNGEN AM 18. JULI UND 17. OCTOBER 1860.)

WIEN.

AUS DER KAISERLICH-KÖNIGLICHEN HOF- UND STAATSDRUCKEREI.

———

IN COMMISSION BEI KARL GEROLD'S SOHN, BUCHHÄNDLER DER KAISERLICHEN AKADEMIE DER WISSENSCHAFTEN.

1861.

DIE

REICHSGRAFEN VON UND ZU HOHENEMBS

IN

VORARLBERG.

DARGESTELLT UND BELEUCHTET IN DEN EREIGNISSEN IHRER ZEIT, VOM JAHRE 1560 BIS ZU IHREM ERLÖSCHEN 1759.

MIT RÜCKSICHT

AUF DIE WEIBLICHEN NACHKOMMEN BEIDER LINIEN VON 1759—1860.

VON

JOSEPH BERGMANN,

WIRKLICHEM MITGLIEDE DER KAISERLICHEN AKADEMIE DER WISSENSCHAFTEN

VORGELEGT IN DEN SITZUNGEN DER PHILOSOPHISCH-HISTORISCHEN CLASSE AM 18. JULI UND 17. OCTOBER 1860

Colligite, quae superaverunt fragmenta, ne pereant.
Joan. Cap VI, 12.

Das Geschlecht der nunmehrigen Reichsgrafen von und zu Hohenembs war allmählich unstreitig das hervorragendste, erste zwischen dem Boden- und Comersee geworden, hatte aber bald an Ansehen, Reichthum und Macht unter den Grafen Jakob Hannibal I. und seinem Bruder, dem Cardinal Marx Sittich II. und jenes Söhnen, dem hausväterlichen Kaspar und dem Salzburger Erzbischofe Marx Sittich IV.[1] seinen Höhe- und Glanzpunct erreicht, von dem es in ein paar Menschenaltern unerwartet schnell herabsank. Die Grafen Jakob Hannibal II. und sein Sohn Karl Friedrich, unfähige Oberste im dreissigjährigen Kriege, brachten dem Waffenruhme ihrer Ahnen wenig Ehre, letzterer erlitt bei Wrangel's Eroberung von Hohenbregenz im Jänner 1647 grossen Verlust an des Hauses dahin geflüchteter beweglicher Habe, ferner mussten Unthätigkeit und Verschwendung, kurz Selbstverschulden der Enkel den Ruin herbeiführen. Die beiden Letzten des Mannsstammes widmeten sich wieder ehrenhaft dem Waffenhandwerke, durch welches die Ahnen ruhmvoll emporgestiegen waren, bis der Letzte, Graf Franz Wilhelm III., vor einem Jahrhunderte mit seinem Schilde zu Grätz ins Grab gesenkt wurde.

---

[1] Marx Sittich III., ein wackerer Kriegsmann, ist ein älterer Vetter Marx Sittich's IV., vgl. S. 14, Anmerk. 1.

In Bezug auf die historische Darlegung der Ereignisse, an denen die Grafen von Hohenembs, besonders Jakob Hannibal I. in der zweiten Hälfte des XVI. Jahrhunderts, thätigen Antheil genommen haben, wollen wir dieselbe Behandlungsweise wie in der ersten Abtheilung beibehalten.

Wir beginnen diese zweite Abtheilung mit Wolf Dietrich's von Embs und Clara's von Medicis Söhnen **Jakob Hannibal I.** und **Marx Sittich II.** und zwar mit diesem, dem Kirchenfürsten, dessen frühere Lebenszeit wir in Abtheilung I. [1] beleuchtet haben, vom Jahre 1560 an, in welchem am 27. April das ganze Geschlecht in den **Reichsgrafenstand** erhoben wurde, um dann ohne Unterbrechung den geschichtlichen Abriss der von Jakob Hannibal abstammenden deutschen Hauptlinie bis zu ihrem Erlöschen unsern geneigten Lesern darlegen zu können.

Cardinal Marx Sittich, Fürstbischof zu Constanz etc. von 1561 — 1595. — Am 26. Februar 1561 ward Graf Marx Sittich in seinem 28. Lebensjahre durch seinen Oheim Papst Pius IV. Cardinal und bestieg auch den Fürstenstuhl des grossen und einträglichen Bisthums Constanz, zu dessen Sprengel Hohenembs bis zum 19. März 1819 gehörte, ja er ward, wie man sagt, dem gelehrten und frommen Bischof Christoph Metzler von Andelberg [2] als Coadjutor aufgedrungen, worüber dieser sich so grämte, dass er am 11. September 1561 auf dem bischöflichen Schlosse zu Meersburg starb. Der Cardinal fand von seinem sparsamen Vorgänger 24,000 Gulden bares Geld vor. Als er gleich nach der Besitznahme des bischöflichen Stuhles nach Rom zu reisen gedachte, empfahl er am 7. November dem umsichtigen, geschäftskundigen, bei weiland Kaiser Karl V. und Ferdinand I. beliebten Gerwig Blarer, Abte zu Weingarten und Ochsenhausen, seine Räthe, seinen Hof sammt dem ganzen Dienstpersonale auf's angelegenste mit der vertrauensvollen Bitte, ihnen, wenn sie sich an ihn wendeten, nach ihrem Besten zu rathen und für das Wohl des Hochstiftes zu sorgen, und bietet seine Gegendienste in Rom an [3]. Wahrscheinlich in Rom entsagte er dem Bisthum Cassano [4] am 11. December desselben Jahres 1561.

Papst Pius IV. sandte mit den ausgezeichneten Cardinälen Hercules Gonzaga von Mantua, Hieronymus Seripandi, Ludwig Simonetta, dem trefflichen Stanislaus Hosius, Bischof zu Ermland, auch seinen Neffen Marcus Sitticus von Altemps als Legaten a latere nach Trient, um seine Stelle auf dem Concilium einzunehmen. Später trat an dessen Stelle, des einzigen daselbst erscheinenden deutschen Bischofs, welcher überdies zu solch wichtigen Verhandlungen zu jung und unerfahren war, der beredte Cardinal Bernard Navagero, Bischof zu Verona. Diese heilige Versammlung hielt als Fortsetzung der beiden früheren Convocationen ihre feierliche Eröffnungs-Session am 18. Jänner 1562 und wurde nach der XXV. Session am 4. December 1563 geschlossen.

---

[1] Im Bande X der Denkschriften der philosophisch-historischen Classe der kais. Akademie der Wissenschaften 1860, S. 177 und in den Separat-Abdrücken S. 85.

[2] Christoph Metzler von Andelberg aus Feldkirch hatte zugleich mit Bartholomä Bernhardi aus Schlins (geboren 1487, gestorben zu Kemberg 1551) an der neuerrichteten Universität zu Wittenberg im Jahre 1504 studirt, ward Doctor der Theologie und beider Rechte zu Bologna, hierauf Vicar und Official der Constanzer Diöcese, dann Domherr und Generalvicar und wurde nach Johann von Weza's jähem Tode zu Augsburg am 13. Juni 1548 vom Domcapitel zu Radolfzell am 2. Juli einstimmig zum Fürstbischofe gewählt. Dieser durch Sittenreinheit, Seeleneifer und Gelehrsamkeit ausgezeichnete Mann hat seine Ruhestätte in der Pfarrkirche zu Meersburg

[3] Constantia Rhenana sacra et profana etc. authore Gabr. Bucelino. Francof. ad Moenum 1667, pag. 355.

[4] Cassano, Stadt und Bischofssitz in der neapolitanischen Provinz Calabria citeriore.

Nicht gerne sahen ihn seine Vetter, die Borromei, bei dem päpstlichen Oheim, der eine grosse Vorliebe für ihn hatte, sondern suchten ihn lieber in seiner Diöcese fern zu halten, zumal die Reformation mächtig um sich griff und die Bischöfe von ihren Heerden abwesend waren.

Im Jahre 1563 wurde Kaiser Ferdinand I., der zu Schiff nach Constanz kam, sowohl vom Cardinal als dem Rathe der nun Österreich unterthänigen Stadt unter dem Donner des Geschützes feierlichst empfangen und liess sich den Eid der Treue schwören, worauf er ihre Privilegien bestätigte und nach dreitägigem Aufenthalte abreiste. (S. Bucelini Constantia etc. pag. 355.)

Zum Legaten der Mark Ancona ernannt, machte er sich im Jahre 1564 gegen die Stadt Ascoli, welche wegen fortwährender Aufstände der Regierung viel zu schaffen gab, durch sein strenges Verfahren bekannt. Er kam mit einem Gefolge von Truppen und zerstörte in einem Tag die Häuser von sechs Factionshäuptern, damit die Ruhe nicht mehr gestört würde. Er liess daselbst durch den berühmten Sangallo [1]), den er mit sich genommen hatte, auf einem Absturze ein Fort errichten, von wo — obgleich es nach dem Papste Pia hiess — die Artillerie auf die Bevölkerung niederschoss.

Im nämlichen Jahre wurde er an Kaiser Maximilian II. gesandt, um ihn nach seines Vaters Ferdinand Hinscheiden († 25. Juli 1564) zur Thronbesteigung zu beglückwünschen. Im Jahre 1565 ging er als päpstlicher Legat zum Reichstage nach Augsburg und wurde am 3. November zum Erzpriester (im Jahre 1563 wird er noch Cardinal-Diakon genannt) der Basilica im Lateran erwählt, welche Würde er im Jahre 1588 niederlegte.

Synode zu Constanz. — Im September 1567 hielt er zum Frommen seines Klerus eine Diöcesan-Synode zu Constanz. Die Väter dieser Versammlung zeigen tiefe Einsicht in die Gebrechen der damaligen Zeit und offene, unumwundene Darlegung derselben, ernsten kräftigen Willen zur Reinerhaltung des katholischen Glaubens und zu einer durchgreifenden Reform der Sitten des Klerus, genaues Verständniss des Sinnes und Geistes der Tridentinischen Beschlüsse, und bei Anwendung derselben sorgfältige Berücksichtigung der in Deutschland zu Recht bestehenden kirchlichen Gewohnheiten, so wie der ältern Synodal-Statuten der Kirchenprovinz Mainz und der Diöcese Constanz, welche zu jener Provinz gehörte. Die Acten dieser Synode sind im Drucke erschienen unter dem Titel: Constitutiones et Decreta synodalia civitatis et Dioecesis Constantien. in Ecclesia cathedrali Constantien. Kalendis Septembris et sequentibus diebus, Anno Dni M. D. LXVII. statuta, edita et promulgata, praesidente Reuerendissimo in Christo patre et illustrissimo Principe ac Domino, Domino MARCO SITICO S. R. E. tituli S. Georgij in Velabro [2]) Presbytero Cardinale, Episcopo Constantien. et Domino Augiae Majoris. Quibus adiecta sunt acta, seu ordo rei gestæ, una cum cærimoniis et orationibus in eadem Synodo habitis. Darunter im

---

[1]) Da die beiden berühmten Architekten Antonio Giamberti di San-Gallo der Ältere († 1534) und dessen gleichnamiger Neffe Antonio der Jüngere († 1546), der bei den Festungsbauten zu Civita Vecchia, Ancona, Parma, Piacenza, Ascoli etc. sich betheiligt hatte, im J. 1564 nicht mehr lebten, so ist wahrscheinlich Antonio Battista, des jüngeren Antonio Bruder und gleichfalls Architekt, gemeint, dessen Todesjahr unbekannt ist. Vgl. Nagler's Künstler-Lexikon, Bd. V. 152.

[2]) Im Kataloge des Tridentinischen Concils erscheint Marcus Sitticus noch als Cardinal-Diakon unter dem Titel der „Basilica Sanctorum duodecim Apostolorum", wann er aber Cardinal-Priester „Tituli S. Georgii in Velabro" geworden, als welcher er hier genannt wird, vermag ich nicht anzugeben. Nach Bucelini Constantia Rhenana, pag. 358 ward M. Sitticus im Jahre 1572 vom Papste Gregor XIII. vom Cardinal-Priester Titel der heiligen zwölf Apostel (wohl richtiger Tituli S. Georgii in Velabro) zum Cardinal S. Clementis et Mariæ in Transtévere und Erzpriester erhoben und mit vielen Ehren überhäuft.

Felde im Holzschnitte rechts (vom Buche aus) das Familienwappen mit dem Cardinalshute, links das Kreuz, des Hochstiftes Wappen. Unten: Cum Gratia et Priuilegio Caes. Maiest. DILINGÆ apud Sebastianum Mayer. M.D.LXIX. in 4⁰. Die Rückseite enthält gleichfalls in Holzschnitten: oben in einem Medaillon die über dem Halbmond thronende heilige Mutter mit dem Jesuskinde auf dem rechten Arme, unten in zwei Vierecken die beiden Heiligen des Bisthums, den h. Bischof Konrad, aus dem Hause der Welfen zu Altdorf († 976), mit der Spinne auf dem Messkelche, und den h. Pelagius mit dem Palmzweige in seiner Rechten. Das schön gedruckte, sehr seltene Buch enthält 288 Blätter, nebst einem Blatte Errata [1]).

Auch wurde der Cardinal Marx Sittich II., ohne dass wir die Zeit anzugeben vermögen, Grosspönitentiar, Governatore von Capranica und hatte das Anrecht (accesso) zur Legation in Avignon. Auch war er mit mehreren Abteien bedacht, so erhielt er im Jahre 1569 Casanova in Piemont, ferner die Propstei Santa Maria di Mirasole.

Der Cardinal Karl v. Borromeo in der Schweiz und zu Hohenembs 1570 [2]). Dieser sittenreine und glaubenseifrige Erzbischof zu Mailand betrieb mit allem Nachdrucke die Reform des Humiliaten-Ordens [3]) in seiner Diöcese, wesshalb etliche verkommene Priester einen verwegenen Mann, Namens Hieronymus Donatus, mit dem Beinamen il Farina, gewannen, welcher am 26. October 1569 den Cardinal in seiner Hauscapelle durch einen Pistolenschuss meuchlings ermorden wollte, dem dieser aber glücklich entging. Vergebens bat er um Gnade für die schuldigen vier Priester, die am 28. Juli 1570 in Mailand hingerichtet wurden. Der Cardinal verliess die Stadt, um zu dieser Zeit in den drei schweizerischen Vogteien [4]), die seiner geistlichen Jurisdiction unterstanden, seine Visitation zu halten. Von da reiste er in die innere Schweiz, besuchte einen katholischen Canton nach dem andern und bemühte sich mit seltener Umsicht und Weisheit die verderbten Sitten, besonders des Klerus zu verbessern. Die vorzüglichen Orte, in denen er weilte und seinen heiligen Eifer glänzen liess, waren Altdorf, Unterwalden, wo er zu Sachseln am Altare des berühmten seligen Bruders Niklaus von Flüe [5]) ein feierliches Hochamt hielt und einer grossen Menge von Gläubigen die heil. Communion reichte, dann Luzern und St. Gallen. Nach von Arx. (Band III, 101, Anm. *a*) erhielt das neugebaute Klosterthor, durch das der Cardinal in das Stift eintritt, den Namen St. Karlsthor. Ob er seinen Vetter, den Cardinal Marx Sittich, Bischof zu Constanz, auf dieser Reise besucht, dieser ihn begleitet habe oder etwa von seinem Sprengel abwesend gewesen sei, vermögen wir weder zu bejahen noch zu verneinen. Weder Gabriel Bucelin, der in seiner Constantia Rhenana S. 357 von des Cardinals Karl Wanderungen durch

---

[1]) Über einige geistliche Personen, die bei dieser Synode erschienen, siehe im Anhange Anmerkung I.

[2]) Über die Familie Borromeo siehe Anmerkung II im Anhange.

[3]) Der Humiliaten-Orden, unter Kaiser Heinrich II. von gefangenen und als Geisel nach Deutschland geführten und gedemüthigt (humiliati) entlassenen Lombarden gegründet, sie erhielten 1134 ihre Regel, nahmen aber später die des heiligen Benedictus an und wurden Mönche. Ihr erstes Kloster war in Mailand und zählte in Oberitalien eine Menge Verzweigungen. Des Ordens wachsender Reichthum verdrängte die alte Zucht, die Oberen betrachteten sich als Herren dieses Reichthums und die Zahl der Mönche in 94 Klöstern sank auf etwa 170 herab. Der Schuss auf den Erzbischof, der den Orden zeitgemäss reformiren wollte, war der Todesschuss für denselben. Papst Pius V. hob durch eine Bulle vom 8. Februar 1571 ihn für immer auf und bestimmte dessen Güter zu frommen Zwecken.

[4]) Diese waren Leventina, Blegno und la Riviera, die seit 1500 den drei Urcantonen gehörten und vordem der geistlichen Jurisdiction von vier Domherren des Capitels von Mailand unterstanden, die man gewöhnlich mit dem Namen Grafen belegte, nun aber war diese Jurisdiction dem Erzbischof abgetreten.

[5]) Nikolaus Löwenbrugger, im J. 1417 auf der Flüe am Ranft in der Pfarre Sachseln geboren, der Friedensvermittler und Retter seines nach den Burgunderkriegen sich entzweienden Vaterlandes, † 1487 gottselig. Dessen Bildniss verwahrt die k. k. Ambraser-Sammlung Nr. 175.

die Schweiz im Jahre 1570 schreibt, noch Professor Sala in der Biografia di San Carlo Borromeo pag. 45 erwähnen mit irgend einem Worte, dass er in Constanz gewesen sei. Aus der Schweiz begab er sich zu seiner Schwester **Hortensia** und seinem Schwager und Vetter, dem Grafen **Jakob Hannibal** zu Hohenembs, verweilte etliche Tage daselbst und reiste über Einsiedeln nach Mailand zurück. Die zu Embs 1558 erbaute Kirche wurde später dem heil. Carolus Borromaeus geweiht[1]); heute noch ist dessen Cardinalshut in einem eigenen Kästchen im Pfarrhofe aufbewahrt und wird alljährlich am Feste des h. Karl, d. i. am 4. November, in der Pfarrkirche öffentlich ausgestellt.

Zu Mailand stiftete er nach Professor Sala S. 105 am 1. Juni 1579 ein Seminarium zur Bildung eidgenössischer katholischer Priester, das Collegium Helveticum[2]) für vierzig Jünglinge, und vermochte unsern Cardinal von Altemps, dass er ihm seine Propstei Mirasole zur Gründung dieses Collegiums abtrat, in welchem nur junge Schweizer und Graubündner, die sich dem geistlichen Stande widmen wollten, ihre Aufnahme finden sollten, um als tüchtige Priester in ihrem Vaterlande wirksam zu sein. Man betrachtete dieses Collegium als eine Vormauer der katholischen Kirche von dieser Seite. Da der Sprengel von Constanz über einen grossen Theil der Schweiz, namentlich auch über Uri, Schwyz und Unterwalden sich erstreckte, so berührte dieses Institut wesentlich das Bisthum Constanz und nicht minder die Diöcese Chur, zu der bis 1808 das vorarlbergische Oberland gehörte und war für diese um so wichtiger, indem sie keine Anstalt zur Heranbildung zum geistlichen Stande hatte. Um dem Bedürfnisse der Gymnasial-Studien in Bünden zu steuern, ward 1649 unter Mitwirkung des Churer Bischofs Johann VI. ein katholisches Gymnasium zu Feldkirch von den Vätern der Gesellschaft Jesu errichtet. Cardinal Karl gründete 1579 die beständige Nuntiatur in der Schweiz und nach seinem Hinscheiden († 1584) am 1. October 1586 ward sogar der Borromäische oder goldene Bund der katholischen Cantone geschlossen.

Nach Gabriel Bucelin am angeführten Orte S. 359 besuchte der Cardinal-Erzbischof abermals im Jahre 1581 die Schweiz, für deren Seelenheil er eifrigst besorgt war, und besah St. Gallen, wenn dieser Besuch nicht mit dem von 1570 vermischt wird. Ja nach Ambros Eichhorn's Episcop. Curiensis pag. 169 kam er aus dem Brescianischen und der Valle Camonica in's Veltlin und weiter nach Bellinzona und Disentis, um die Katholiken in ihrem Glauben zu stärken. Einen besonders schweren Stand in Graubünden hatte Beat à Porta aus Davos, der von 1562 bis zu seiner Wahl zum Fürstbischof zu Chur 1565 Stadtpfarrer in Feldkirch gewesen war, so dass er 1581 resignirte und nach neun Jahren zu Riffian in Tirol starb.

Zur Zeit Marx Sittich's brannten durch Brandlegung 1576 Einsiedeln und am 8. Juli 1578 die Abtei Weingarten, die reichbedachte Stiftung der Welfen auf ihrem Stammsitze, mit einem grossen Theile ihres reichen Schatzes von Urkunden und andern Manuscripten ab, welch letztere kurz vorher des oben erwähnten ausgezeichneten Abtes Gerwig Blarer, eines gebornen Constanzers († 30. August 1567). Nachfolger Abt Johann Hablizel aufgebaut hatte[3]).

Kaiser Maximilian II. ertheilte dem Fürstbischof das sonderbare Privilegium, dass seine Unterthanen ohne von ihm eingeholte Erlaubniss keine Verträge mit Juden abschliessen

---

[1]) Vgl. Sinnacher's Beyträge zur Geschichte von Brixen etc. Bd. VII. 780 f.

[2]) Über das Collegium Helveticum s. Anmerk. III.

[3]) Cf. Gerardi Hess Prodrom. Monumentor. Guelfic. Augustae Vindelic. 1781, pag. 290.

dürfen [1]), wogegen sein Neffe Graf Kaspar um bedeutende Kopfsteuer in seinem Markte Embs im Jahre 1617 Juden aufnahm [2]).

Von Corona Reichlin von Meldegg kaufte er 1580 um 4500 Gulden das Schloss und die Herrschaft Hegne, wo dann ein bischöflich Constanzisches Jagdschloss in anmuthiger Gegend am Untersee und bis in die neueste Zeit das Hochgericht des Fürstbischofs war (vgl. Eiselein S. 242). In Constanz selbst restaurirte er die bischöfliche Residenz.

Als münzberechtigter Reichsfürst prägte Marx Sittich auch Geld, besonders gut geprägt sind dessen den Numismatikern wohl bekannten Guldenthaler und halben Guldenthaler, die meist in die Regierungszeit K. Maximilian's II. fallen und ausser andern auch in v. Schulthess-Rechberg's trefflichem Thaler-Cabinet, Wien 1846, Bd. II, Abtheil. II, Nr. 4173— 4175 genau beschrieben sind [3]). Der Münzherr nennt sich auf denselben Dominus Augiæ Majoris [4]), d. i. der Reichenau, indem die altberühmte, vorhin unmittelbare Benedictiner-Abtei auf dieser Insel mit Öhningen, einer Propstei der regulirten Chorherren des h. Augustin, dem Hochstifte unter dem Bischofe Johann VI. Weza zur Entschädigung des grossen Abbruchs, den es durch die Reformation Wirtembergs und anderer Diöcesantheile erlitten hatte, mit kaiserlicher Zustimmung vom Papste Paul III. am 10. October 1538 übergeben worden war [5]).

Des Cardinals Marx Sittich's Wirksamkeit in Italien.

Papst Pius IV. war nicht wenig bedacht seine Nipoten zu Reichthum und Ansehen emporzuheben und diese griffen willig zu. Als er den Streit gegen die übermüthigen und gewaltthätigen Caraffa's, Nipoten seines Vorgängers auf dem heiligen Stuhle, welcher französisch gesinnt war und dem Hause Habsburg, besonders der spanischen Linie grollte, im Jahre 1561 mit der Schärfe des Schwertes und dem Strange beendigt hatte, überhäufte er die Borromei, Serbelloni und den Cardinal von Altemps, den er in Rom prachtvoll eingerichtet hatte, mit deren Gütern.

Im Jahre 1571 kaufte der Cardinal um 14.000 Scudi von den Crivelli-Scarampi die ausgedehnten Besitzungen von Paterno in Val di Pesa und der Grossherzog Cosmo I. von Medicis, der all das, was den Papst Pius IV. betraf, begünstigte, bestätigte die Exemptionen und Privilegien, deren die Scarampi sich erfreut hatten.

Im Jahre 1576 schenkte der Grossherzog Ferdinand I. ihm den reichen Palast mit allen seinen Kunstwerken, der dem Pierin Ridolfi, einem Mitschuldigen an der Verschwörung Orazio's Puzzi, confiscirt worden war, und der Cardinal verkaufte ihn um 13.000 Scudi an Alexander Medicis, Erzbischof zu Florenz.

---

[1]) S. Josua Eiselein's Geschichte und Beschreibung der Stadt Constanz etc. Constanz 1851, S. 242.

[2]) S. hierüber meine Mittheilungen in Kaltenbäck's österreichischer Zeitschrift für Geschichts- und Staatskunde. Wien 1836. S. 394 ff.

[3]) Vergl. des Freiherrn von Berstett Münzgeschichte des Zähringer-Badenschen Fürstenhauses und der unter seinem Scepter vereinigten Städte und Landschaften. Freiburg 1846. Nr. 405—407.

[4]) Augia Major, häufig mit dem Beisatze Brigantina, auch blos Augia Brigantina, ist das ehemalige Benedictiner- und nun seit 18. October 1854 Cistercienser-Kloster Mehrerau bei Bregenz.

[5]) Kaiser Karl V. ertheilte dem Hochstifte die Belehnung mit den Regalien der neuen Erwerbung im Jahre 1542, nachdem der letzte Abt Marcus v. Knöringen am 6. December 1540 seine Tage beschlossen hatte. Von nun an führten die Bischöfe zu Constanz den Titel als Herren der Reichenau und von Öhningen, und vermehrten mit den Einkünften beider Klöster ihre Tafelgelder; die Mönche auf der Insel, einem Prior untergeordnet, warteten des Gottesdienstes.

Im Jahre 1579 kaufte er **Gallese**[1]) und **Soriano**, Lehen im Gebiete von Viterbo im Kirchenstaate, von Fortunat Freiherrn von Madruzzo, einem Neffen des Cardinal-Bischofs zu Trient Christoph von Madruzzo, und zahlte 84.000 Scudi.

Im Jahre 1585 verausgabte er 165.000 Ducati, um das von den Gläubigern Johann Baptist's Spinelli, Fürsten von Scalea, versteigerte Lehen Mesuraca im jenseitigen Calabrien zu erstehen. — Diese Ankäufe brachten wenig heilsame Früchte in der öffentlichen Meinung.

Im Jahre 1567 wurde der Cardinal mit seiner ganzen Familie in den Adel von Bologna aufgenommen; im Jubiläum des Jahres 1575 öffnete er die Porta Santa, ward zum Erzpriester der Basilica im Lateran erhoben, restaurirte und verschönerte mit grossen Unkosten die Kirche der h. Maria in Transtévere, von der er nun seinen Titel führte und in der er eine prachtvolle Capelle zu Ehren der h. Jungfrau „della Clemenza" genannt, von Grund aus baute; in der Nähe der Kirche von St. Apollinar zu Rom baute er einen grossartigen Palast, dessen Hauptzier nach Bernhard Mallinckrot die Capelle des h. Anicetus ist, nebst einer Bibliothek, die er reichlich ausstattete; ferner einen Palast zu Frascati, die Villa Mongardone genannt, die nun in Trümmern liegt.

Wie aus allem diesem erhellet, fühlte er in Italien sich mehr heimisch als in Deutschland, und nach längeren Unterhandlungen, wie wir aus Folgendem ersehen, resignirte er um Geld das Hochstift Constanz. Es ward von Seite des Cardinals Andreas von Österreich[2]), Coadjutors des Hochstiftes Brixen, mit unserm Marx Sittich wegen der Resignation des Bisthumes Constanz unterhandelt. Da jener dem zu seinen Gunsten abtretenden Cardinal eine jährliche Pension von 12.000 Kronen bezahlen sollte, wurde das Brixen'sche Domcapitel am 7. Juni 1584 ersucht, deren jährliche Bezahlung zu verbürgen. Der Fürstbischof Johann Thomas von Spaur († 1591) und das Domcapitel ertheilten damals keine ganz bestimmte Antwort; zu Anfang des folgenden Jahres wurde jedoch diese Bürgschaft unter gewissen Bedingungen übernommen, wofür Cardinal Andreas unserm Constanzer Bischof am 21. Jänner 1585 in sehr verbindlichen Ausdrücken dankte[3]). Der Cardinal von Österreich schickte 1588 den Brixen'schen Domherrn und Generalvicar Johann Walser nach Rom, um vom Papste Sixtus V. die Bewilligung dieser Resignation zu erwirken, die wohl auch erfolgte, indem 1589 der Cardinal Sittich zu jenes Gunsten das Bisthum Constanz resignirte und nun in und um Rom den Rest seiner Tage verlebte; vornehmlich in dieser Zeit mögen seine vorerwähnten grossen Bauten ausgeführt worden sein. Er ward 1593 Legat im Patrimonium und starb, nachdem er an sieben Conclave, nämlich bei den Wahlen der Päpste Pius' V., Gregor's XIII., Sixtus' V., Urban's VII., Gregor's XIV., Innocenz' IX. und Clemens' VIII. Antheil genommen hatte, zu Rom im 62. Jahre seines Alters den 15. Februar (nicht 15. März, wie Eislein S. 242 irrig angibt) 1595 und ruht in St. Maria in Transtévere in der von ihm im linken Seitenschiffe erbauten und dotirten Capelle[4]).

---

[1]) Siehe Anmerkung IV am Ende.

[2]) Sohn des Erzherzogs Ferdinand und der Philippine Welser, geboren im Schlosse zu Brzeznitz (nicht in Prag, wo sein Vater damals als Statthalter von Böhmen residirte) am 15. Juni 1558, ward vom Papste Gregor XIII. am 19. November 1576 zum Cardinal-Diakon ernannt, in Rom zum geistlichen Stande ausgebildet, am 15. Juni 1589 als Coadjutor in Brixen bestätigt, 1589 Bischof zu Constanz, 1591 Bischof zu Brixen und starb am 12. November 1600 in Rom, wo er in der deutschen Nationalkirche dell' Anima ruht.

[3]) Vgl. Sinnacker's Beyträge zur Geschichte der bischöflichen Kirche Säben und Brixen in Tirol. Brixen 1830, Bd. VII, 647 u. 657.

[4]) Memorie storiche de' Cardinali della santa Romana chiesa, scritte da Lorenzo Cardella. In Roma. Tom. V. 43; Gabriella Buccilini Constantia Rhenana, pag. 362.

Herr Dr. Friedrich Kenner fand laut seines Briefes aus Rom am 22. April 1858 in dieser Capelle, die zur Aufbewahrung des h. Sacramentes dient und ein Marienbild enthält, vor dem angeblich die h. Cäcilia ihre Andacht verrichtete, folgende am Fries herumlaufende Inschrift: MARCVS SITTICVS EX COMITIBVS AB ALTAEMPS S. R. E. PRES(byter). CAR(dinalis) TI(tuli.) HVIVS BASIL(icæ). ‖ GLORIOSISSIMAE VIRGINI DEIPARAE DE CLEMENTIA ‖ SACELLVM HOC PROPRIIS SVMTIB(vs). A FVND(amento). EREXIT ORNAVIT DOTAVITQVE ‖ ANN(o) AB FELICISSIMO EIVS PARTV MDLXXXIX. Ausserhalb der Capelle ist über einem Altare die Inschrift zu lesen: MARCVS SITTICVS CARD. AB ALTAEMPS ‖ SACELLVM CAR. ALENCONIT. DIVIS PHILIPPO ET JACOBO ‖ SACRVM NE TRANSVERSAM NAVEM TEMPLI OCCVPARET ‖ HVC TRANSTVLIT ANNO MDLXXXIIII.

Des Cardinals Marx Sittich's Nachkommen, die römische Linie von Altemps Duchi di Gallese.

Als Marx Sittich in seiner Jugend unter seinem mütterlichen Oheime Johann Jakob von Medicis, Markgrafen von Marignano, dem Waffenhandwerk folgte, erzeugte er angeblich mit einer schönen Genueserinn einen Sohn Namens **Robert** und eine Tochter **Altea**, daher seine Ankäufe von Besitzungen und seine Bauten in Rom etc. erklärlich sind.

Wir kennen eine bis 1731 reichende, unvollständige Stammtafel dieser **römischen Linie** der v. **Embs** in Hübner II. Taf. 502 und eine vom Grafen Pompeo Litta († 1852); die in dessen Familie celebri Italiane im Jahre 1842 zu Mailand erschienen ist und auf Mittheilungen von Seite der herzoglichen Familie beruht, wie mein theurer Jugendfreund und Landsmann Herr Maler Gebhard Flatz, der in meinem Namen an die Familie selbst sich wandte, von dort mir schrieb und eine gleiche Stammtafel zuschickte. Die folgenden Angaben beruhen somit auf Mittheilungen von der Familie selbst.

Altea (Althæa) ward Nonne im Kloster S. Ambrogio all' Massima, machte Profess unter dem Namen Johanna am 23. November 1583 und starb am 26. Juli 1619.

Robert, der legitimirte Sohn, ward Marchese von **Gallese**, Soriano und delle Rocchette, Ritter des Ordens von San Jago. In Anerkennung nicht unwichtiger Dienste, welche der Cardinal Marx Sittich dem Papste Sixtus V. bei dessen Erhebung auf den heiligen Stuhl (im April 1585) erwiesen hatte, ernannte dieser Roberten zum Governatore von Borgo und erhob überdies das Marchesat **Gallese** zum **Herzogthum**, gleichfalls ward er Capitano der päpstlichen Garde. Er entsprach aber schlecht dem Wohlwollen des Papstes, indem er im Juni desselben Jahres mit bewaffnetem Volke das Haus Hortensio Frangepane's, eines römischen Edelmannes, auf einer seidenen Strickleiter erstürmte und Julia, die Tochter des Muzio de Ferianis raubte und die Ältern, die das Unglück verhindern wollten, misshandelte. Als sie in sein Haus gebracht war, heuchelte er sie heirathen zu wollen, damit sie fügsam zu seinem Willen sei. Reumüthig, sagt man, stellte er sich im Castell S. Angelo und die Angelegenheit ward einem römischen Senator übergeben; in der That aber kam er mit einer Geldstrafe für die Armen davon und mit einer gleichsam freiwilligen zweijährigen Verbannung zu Avignon, die er auf eigene Unkosten im Commando der dortigen päpstlichen Miliz verleben sollte, wie auch zu Venaissin. Der Papst, voll gerechten Zornes über die verübte Gewaltthat, gab endlich den Bitten des Cardinals, der die Begnadigung des Sohnes suchte, trotz seiner strengen Grundsätze nach. Robert starb am 3. November 1586 und wurde in der Kirche S. Maria in Transtévere begraben. Bei Litta heisst es, der Hofepitaphist war in grosser Verlegenheit eine belobende Inschrift, wie sie der Vater wünschte, auf den missrathenen

Sohn zu verfassen, hatte aber die Gewandtheit, dass das Publicum, welches an die Lügen der Inschriften gewohnt ist, genugsam befriedigt und der Cardinal nicht unzufrieden war. Ob dieselbe noch daselbst zu finden ist, ist mir unbekannt.

Er war vermählt mit **Cornelia**, Tochter des Virginio **Corsini**, Duca di S. Gemini, die sich mit Andreas Cesi, Duca di Ceri, wieder verehelichte und hochbetagt am 30. December 1643 starb.

Deren Sohn **Johann Angelo**, Duca von **Gallese**, war der Erbe des grossen Reichthums, den sein Grossvater im Jahre 1595 hinterlassen hatte. Als Papst Clemens VIII. ihm im Jahre 1602 den in den Katakomben des heil. Sebastian gefundenen Leib des heil. Papstes und Martyrers Anicetus († 17. April 168) verehrt hatte, liess er eine prachtvolle Capelle (vgl. S. 7) bauen und in derselben das Leben dieses Heiligen von Ottavio Leoni malen. Die Familie feiert alljährlich den 17. April unter grossem Zulauf des andächtigen Volkes das Fest des heil. Anicetus, dessen irdische Reste in der Urne eingeschlossen sind, die früher die Asche des Kaisers Alexander Severus († 235) verwahrte. Dies veranlasste den Duca von Altemps, einen Fürsten von nicht geringer Gelehrsamkeit, das Leben des heil. Anicetus zu Rom im Jahre 1617 herauszugeben. Er erwarb die Bibliothek der Colonnesi, die von Alberto Pio herstammte und von den Cardinälen Cervino und Sirleto bereichert war. Sie enthielt auch 2000 Codices und kam später von seinen Nachkommen an Papst Alexander VIII. († 1691), endlich an Papst Benedict XIV. († 1758) und ward der Vaticanischen Bibliothek einverleibt. Er starb am 5. October 1620.

Gemahlinnen: *a)* Maria, Tochter Friedrich's Cesi, Duca's von Acquasparta: *b)* Margaretha, Tochter des Freiherrn Johann Angelo Gaudenz von Madruzzo, die in Rom am 29. August 1635 starb.

Aus erster Ehe: 1. **Peter**, Duca von **Gallese** etc., der das Geschlecht fortpflanzte; aus der zweiten:

2. Gaudenz, der Verfasser des Buches: „La sanità proseguitata triomfante" und der: „Vita di S. Giovanni Chrisostomo", † 1677.

3. Marcus, der in seinem Testamente von 1687 die Kirche des heil. Anicetus zum Erben einsetzte und zugleich zwei Caplaneien unter dem Patronate seiner Familie gründete.

4. Marx Sittich, Abbate, starb zu Rom am 6. April 1688 in einem Alter von 73 Jahren.

5. Gaudenz; 6. Martha; 7. Clara und 8. Helena, starben wahrscheinlich früh.

9. Ludwig, starb in Rom den 2. September 1609.

10. Maria, starb daselbst am 8. Februar 1606.

11. Katharina, war an Maximilian Stampa, Marchese von Soncino aus Mailand, vermählt.

12. N. N. — Gemahlinn Alexander's Orsini, Marchese von Monte S. Savino [1]).

Der vorgenannte **Peter Duca** von **Gallese** und Marchese von Soriano schenkte die Bibliothek seines Hauses dem Papste Alexander VIII. und starb in Rom am 15. März 1691.

Dessen beide Gemahlinnen waren:

a) Angela, Tochter des Cosimo Medici von Florenz, die 28 Jahre alt zu Rom am 2. März 1636 ihre Lebenstage schloss;

b) Isabella, Tochter des Marchese Marcantonio Lanti, starb zu Rom den 28. April 1682.

---

[1]) Dass alle diese nach dem Alter ihrer Geburt geteilt sind, möchten wir bezweifeln, und wie aus allem erhellet, führte der Älteste allein den Titel eines Duca.

Als Kinder erster Ehe werden genannt:

a) A n n a M a r g a r e t h a , ward 1632 Nonne im Kloster der heil. Dominicus und Sixtus.

b) M a r g a r e t h a , ward 1621 Nonne desselben Klosters, dessgleichen drei andere unge-
nannte Halbschwestern.

c) C h r i s t i n a , war die Gemahlinn Hippolyt's Duca L a n t i und starb am 2. Juni 1712 in Rom.

d) C o r n e l i a L u c i a , Gemahlinn K a r l F r i e d r i c h 's Grafen von und zu H o h e n e m b s
(† 1675).

Aus zweiter Ehe:

e) F r a n z , starb 47 Jahre alt zu Rom am 20. November 1690. Gemahlinn: Anastasia,
Tochter des Duca Kaspar C a f a r e l l i , starb in Rom den 10. August 1722.

f) M a r g a r e t h a , Gemahlinn des Grafen Gaudenz von W o l k e n s t e i n .

g) **Joseph Maria I.** Duca von **Gallese** und Marchese von Soriano, gestorben in Rom am
19. Februar 1713, 60 Jahre alt; Gemahlinn: H o r t e n s i a , Tochter des Innocenz M a z z e i
aus Rom, welche Familie von den U s o d i m a r e - C i b o adoptirt und statt des bisherigen Namens jenen von C i b o annahm.

h) J o h a n n A n g e l o , Referendär der einen und andern Signatur, Canonicus von St. Peter
im Vatican und Governatore von Fano im Jahre 1673, starb in Rom am 2. Mai 1680,
38 Jahre alt.

Nachkommen des Duca J o s e p h M a r i a I.:

1. I s a b e l l a , Gemahl: 1712 Nikolaus P e t r a aus Neapel, Duca von V a s t o g i r a r d o .

2. P r u d e n t i a , starb 8 Jahre alt in Rom den 3. Mai 1698.

3. **Robert Anicetus**, geboren 28. October 1687.

4. P e t e r A n i c e t , starb in Rom am 26. Juni 1693.

5. J o h a n n , starb daselbst am 16. September 1696.

6. M a r x S i t t i c h , geboren 25. April 1689, gestorben in Rom am 6. Juni 1758, war
vermählt im Jahre 1726 mit Girolama, Tochter des Marchese Franz Anton L a n c i , Witwe
des Marchese Galgano Bichi von Siena, die zu Rom den 28. October 1743 gestorben ist.

Der eben genannte **Robert Anicetus** von **Altemps** etc., in Schulden versunken, verkaufte
im Jahre 1715, fast zur selben Zeit, als aus gleicher Ursache die Hohenembsische Linie zu
Vaduz diese Reichsgrafschaft an den Fürsten von Liechtenstein käuflich abtrat, das Marchesat
Soriano an das Haus A l b a n i [1]) und starb in Rom am 19. August 1742.

Mit seiner Gemahlinn F e l i c i a n a S y l v a von Neapel, die bei den Rocchette in Sabina die
Kirche des heil. Vincenz Ferreri zum Frommen der dortigen Bewohner im Jahre 1740 erbauen
liess, erzeugte er neun Kinder, als:

1. P r u d e n t i a , geboren am 13. März 1725, war 1747 Augustiner-Nonne im Kloster
der sieben Schmerzen mit dem Namen C l e m e n t i n e .

2. L a u r a , geboren am 4. Jänner 1728, war Benedictiner-Nonne unter dem Namen
K a t h a r i n a im Kloster der Conception im Marsfelde, starb 1816.

[1.] Das römische Haus A l b a n i blühte durch Papst C l e m e n s XI. (von 1700—1721), der demselben angehörte, schnell zu
höherem Glanze empor. Sein Neffe H a n n i b a l , ein hervorragender Geschäfts- und Staatsmann, kam als ausserordentlicher
Nuntius 1709 nach W i e n , Dresden etc. und ward am 11. December 1711 Cardinal. Dieser liess den Gläubigern der von
Altemps 12.000 Scudi für S o r i a n o anbieten, für welchen Preis er es erhielt und an seinen Bruder K a r l , der sein Geschlecht
fortsetzte, abtrat. Karl ward zum Fürsten des heil. römischen Reichs von S o r i a n o und vom P. Innocenz XIII. zum Fürsten
des päpstlichen Thrones (Principe al Soglio) am 14. Mai 1724 erhoben. Vgl. Europäische Fama Bd. XV, 1716, Thl. 170, S. 79,
wo aber Satriano in S o r i a n o zu berichtigen ist.

3. Katharina, Nonne in demselben Kloster wie ihre Schwester Clementine unter dem Namen Feliciana im Jahre 1753, starb 1805.

4. **Joseph Maria II.**, geboren 6. Juli 1729, Duca von Gallese etc.

5. Anton, geboren 16. August 1731, focht durch einige Zeit ehrenvoll im Dienste des Hauses Österreich und wurde in der Schlacht bei Prag gegen Preussen (6. Mai 1757) schwer verwundet. Er liess sich in Fermo in der Mark Ancona nieder und starb am 4. September 1813. Seine erste Gemahlinn Maria Josepha von Ezernoch (sic) in Schlesien († 1791) gebar ihm

α) Maria Johanna, die erwachsen in Fermo am 31. August 1788 starb;

β) Anicet, geboren 1. März 1764, gestorben in Fermo am 19. December 1783. — Seine zweite Gemahlinn war Katharina Monti aus Fermo, schenkte ihm den Sohn: γ) Anicet, geboren 17. April 1793; und die Töchter: δ) Julia, Gemahl: Joseph Benvenuti aus Jesi; ε) Marianna, Gemahlinn Hilarion's Morichelli von St. Ginesio.

6. Philipp, gestorben in einem Alter von 6 Jahren am 4. Februar 1743.

7. Maria Anna, gestorben in Rom 1777, alt 54 Jahr. Gemahl: Marchese Johann Georg Costaguti.

8. Maria Julia, unbeschuhte Karmeliterinn im Kloster St. Ägidi, legte 1740 ihre Gelübde ab und starb 1793.

9. Serafino, Ritter des Ordens von Jerusalem, focht mit Auszeichnung auf den päpstlichen Galeeren und liess sich darauf in Fermo nieder, wo er starb. Gemahlinn: Theresia Bonomi aus Fermo, starb 1840. Deren eilf Kinder waren:

1. Katharina, seit 1. September 1793 Benedictiner-Nonne im Kloster der Conception auf dem Marsfelde in Rom, mit dem Namen Angela Maria, starb 1798.

2. Johanna, ward 16. August 1789 Karmeliterinn im Kloster St. Ägidi in Transtévere mit dem Namen Theresia Mathilde.

3. Faustin, Benedictiner auf Monte Cassino.

4. Lorenz, Augustiner Einsiedler, starb 1817.

5. Maria, von welcher nichts Näheres bekannt ist.

6. Robert, Gemahlinnen: a) Ursula Grioni von Fermo, starb 1797; b) Johanna Gräfinn Monti aus Sinigaglia, starb 1826. Kinder aus erster Ehe:

a) Serafino, übersetzte Plutarch's Buch über die Kindererziehung aus dem Griechischen, verfasste ein kritisches Compendium der ganzen Philosophie, das jedoch nur bis zu den Griechen fortgesetzt wurde, ferner einen Brief über einige Dichter der Familie Piccolomini in Siena, verschiedene literarische Artikel in das Giornale Arcadico, ein Lied (cantica) in reimlosen Versen auf die Gruppe Hercules und Leia von Canova, und einen anderen Gesang erwartet man (1842) auf Galileo Galilei. Serafino war damals päpstlicher Nobelgarde und Kämmerer des Grossherzogs von Toscana. Gemahlinn: Katharina Palermi aus Rom, gestorben 1830. Kinder: a) **Marcus Anicetus**, geboren 19. December 1822, ward im Testamente seines Vetters des Duca Joseph Maria III. ddo. Livorno 23. Juli 1836 zu dessen Erben bestimmt und starb 1850. Gemahlinn: Lucretia von Altemps, seine Base; β) als Kinder starben Lorenz und zwei Töchter Namens Ursula.

b) Joseph, gleichfalls Robert's Sohn, starb als Kind.

Aus Robert's z we iter Ehe mit der Gräfinn Monti entstammen:

c) Matthäus, mit Judith Trevisani aus Fermo vermählt; Kinder: Lorenz, starb als Kind, und Johann; und

d) Judith, Gemahlinn Concetto's Ginstozzi aus Fermo.

7. Theresia, Nonne in Rom.

8—10. Anton, Serafina und Massimin starben als Kinder.

11. Peter ward Benedictiner auf Monte Cassino, legte die Profess in Rom ab und starb secularisirt im Jahre 1842.

Nun kehren wir zu **Joseph Maria II.** Duca die **Gallese**, dem Fortpflanzer des Hauptzweiges derer von Altemps, zurück, vermögen aber nichts Näheres von seinen Lebensumständen zu berichten, als dass er in Albano den 28. Juli 1780 gestorben ist. Seine Gemahlinn war Lucretia, Tochter des Fürsten Philipp Corsini von Florenz, geboren 2. Juni 1740, verehelicht 1763, gestorben in Rom am 15. August 1784.

Die acht Kinder dieser Ehe waren:

1. **Johann Angelo**, trat 1794 zu Madrid in k. spanische Dienste und ward in's Gardecorps König Karl's IV. aufgenommen. Nach einem Sturze vom Pferde kehrte er seiner Gesundheit halber nach Italien zurück, trat 1796 in den österreichischen Cavallerie-Dienst als Unterlieutenant und diente in Piemont gegen die Franzosen, befand sich 1800 bei der Vertheidigung der Festung Bardo, als Napoleon I. von Seite des St. Bernard nach Italien niederstieg und die er nachher schleifen liess. Er hatte den Rang eines Dragoner-Oberlieutenants und kehrte nach dem Frieden des Jahres 1805 nach Rom zurück, wo er am 6. Februar 1834 starb. Gemahlinn: Margaretha, Tochter des Marius Fabbri aus Cesena, eine den Studien, besonders der Philosophie und der lateinischen Literatur wohlgeneigte (amica) Dame, welche eine sehr schöne Schrift bei Gelegenheit der Vermählung der Hyacintha Marescotti-Ruspoli mit Pompeo Grafen von Campello verfasste.

Kinder: *a)* Silvia, starb in zartem Alter.

b) Lucretia Alexandra, geboren 1824, vermählt in erster Ehe mit ihrem Vetter **Marcus** Anicetus (S. 11), als Erbe **Joseph Maria's II. Duca di Gallese** († 1850), in zweiter Ehe mit dem Cavaliere Julius Arduen [1]).

c) Alberto, geboren 1828 nach Herrn Canonicus Fessler's Mittheilung, nach Litta am 14. Juli 1831.

2. Octavia, geboren 1764, ward 24. Februar 1782 Nonne im Kloster della Conceptione im Marsfelde mit dem Namen Maria Gertrude, starb 1835.

3. **Marx Sittich, Duca** von **Gallese**, Kämmerer des Grossherzogs von Toscana, Mitglied der Verwaltungscommission der Spitäler und im Jahre 1816 Oberst des ersten Regiments der Bürgergarde, Abgeordneter zu den öffentlichen Schauspielen. Nach der Rückkehr des Papstes Pius VII. wurde ihm das Lehen Gallese wieder verliehen, er aber verzichtete am 15. October 1816 auf die Gerichtsbarkeit und behielt nur den Titel und starb den 15. April 1817.

Gemahlinnen: *a)* im Jahre 1793 vermählte er sich mit Constantia, Tochter Riccardo's Carafa, Herzogs von Andria, aus Neapel, geboren 18. Jänner 1771, gestorben zu Neapel 1795: *b)* im Jahre 1796 mit Isabella, Tochter des Marius Falconieri, gestorben 1797.

---

[1]) Nach einer Mittheilung meines verehrten Landsmannes, des Herrn Canonicus und Professors Dr. Joseph Fessler aus Rom ddo. 21. Juni 1856.

Sohn: **Joseph Maria III.**, Duca von **Gallese**, grossherzoglich toscanischer Kämmerer, 1816 Hauptmann im ersten Regimente der Bürgergarde, machte sein Testament in Livorno am 23. Juli 1836 zu Gunsten seines Vetters Marcus Anicetus und starb kinderlos zu Genua am 8. August 1837.

    4. Angelica, Gemahlinn des Grafen Raimund Ferretti aus Ancona.

    5. Luigi und 6. Antonio, die 1772 an den Blattern gestorben sind.

    7. Laura, starb am 31. August 1767 in zartem Alter.

    8. Philipp, starb den 4. Mai 1802.

Jakob Hannibal I., Graf von und zu Hohenembs und Gallerate. Grand von Spanien etc.

Jakob Hannibal I., Wolf Dietrichs von Embs und der mailändischen Clara von Medicis ältester, am 13. Mai 1530 geborner Sohn, war die hervorragendste Persönlichkeit seines Geschlechtes, wie aus seiner Lebensgeschichte erhellet. Einen Abriss seines Lebens und seiner Kriegszüge hat er, wie dessen eigenes Schreiben vom 31. Juli 1581 an den durchlauchtigsten [1]) Herrn Erzherzog Ferdinand von Tirol, Stifter der k. k. Ambraser-Sammlung, Bd. X, S. 191 (und in den Separatabdrücken S. 99) uns belehrt, in klarer Kürze verfasst, der in lateinischer Bearbeitung in des gelehrten Secretärs Jakob Schrenk von Notzing sogenanntem Armamentarium Ambrosianum (sic) etc. Oeniponti MDCI pag. CXVI (nach dem Exemplare der Ambraser-Sammlung) zugleich mit der Abbildung seiner Rüstung, dann in der deutschen Ausgabe dieses Werkes von Johann Engelbert Noyse von Campenhouten mit Kaiser Rudolf's II. Privilegium ddo. Prag am 29. Jänner 1603 gleichfalls zu Innsbruck in prachtvoller Folio-Ausgabe gedruckt ist. Nach diesem ist auch des Grafen Biographie in Johann David Köhler's Ombrassischem Heldenbuche, Nürnberg in Quarto 1736, S. 412 bearbeitet.

In unsern Tagen hat Herr Meinrad Merkle, Präfect am k. k. Gymnasium zu Feldkirch († 1845), aus den Papieren des im Jahre 1822 zu Bregenz verstorbenen Priesters Franz Joseph Weizenegger einen Aufsatz „Hannibal Graf von Hohenems" in „Neue Zeitschrift des Ferdinandeums für Tirol und Vorarlberg". Bdchen. I. Innsbruck 1835, von S. 104 bis 118 mitgetheilt und etwas ausführlicher in Weizenegger-Merkle's Vorarlberg. Innsbruck 1839, Bd. II, von S. 88 — 111. Seite 90. Anmerk. [*]) sagt der Herausgeber, dass bei Schreibung der Eigennamen er sich nach der vorgefundenen Handschrift richte. Wo ist dermalen diese?

Wir können daher uns im Ganzen kürzer fassen, erlauben uns jedoch zum leichteren Verständniss Einiges und Anderes bald bestimmter, bald ausführlicher darzulegen.

Jakob Hannibal kam nach seines Vaters allzufrühem Tode [2]) im neunten Altersjahre zu seinem mütterlichen Oheim und Vormunde, dem waffenberühmten Johann Jakob von Medicis, Markgrafen von Marignano, somit nach Italien und ward wie der Punier Hannibal in frühester Jugend im Kriegswesen und in ritterlichen Übungen zum tüchtigen Kriegsmanne herangebildet. Er diente nach Schrenk unter demselben im kaiserlichen Heere im Schmalkaldenkriege 1547. Im lateinischen Katalog der kaiserlichen Feldhauptleute und höhern

---

[1]) Die Erzherzoge von Österreich erhielten den Titel königliche Hoheiten erst am 19. April 1755.

[2]) Wolf Dietrich von Embs starb nach Herrn P. Juffer's brieflicher Mittheilung nicht im J. 1536, wie gewöhnlich angegeben wird, sondern 1538.

Officiere, der in Cöln bei Nikolaus Mameranus 1550 erschien, werden S. 36 und 76 die zehn Hauptleute, welche mit dreizehn Fähnlein oder Compagnien zu Fuss dem Oberbefehle Johann Jakob's von Medicis unterstanden, namentlich genannt, darunter Sigmund von Landenberg, Hanns und Friedrich Schnabel, Georg Lorenz von Weiler, Wolfgang Graf von Fürstenberg, **Marcus Sitticus von Emps**[1]), Reichlin von Meldegg etc. Von **Jakob Hannibal** ist in diesem interessanten Militär-Schematismus nirgends die Rede.

Als Kaiser Karl V. zu Augsburg am 6. August 1548 gegen die protestantische Reichsstadt **Constanz**, deren trotzige Bürger dem Interim sich nicht fügen wollten, die Reichsacht ausgesprochen hatte, ward von ihnen der Angriff von 3000 Mann spanischen Fussvolkes und 4000 Reitern unter dem Obersten Alfonso de Vives, der durch einen Wurf getroffen fiel, tapfer abgeschlagen und die Stadt hartnäckig vertheidigt[2]). Nun erhielt der österreichische Commandant zu **Bregenz Nikolaus** Freiherr von **Pollweiler** den Befehl, Truppen gegen Constanz zu sammeln, um im Namen des römischen Königs Ferdinand I., den der kaiserliche Bruder damit beauftragt hatte, die Reichsacht zu vollziehen. Unter diesem diente nach Weizenegger-Merkle II, 89, vor Constanz **Jakob Hannibal**. Die Stadt, mit Waffengewalt bezwungen, unterwarf sich am 13. October, verlor die Reichsfreiheit und ward zur österreichischen Landstadt gemacht, deren erster Vogt der genannte **Pollweiler** war[3]). Gegen diese Reichsstadt war der Kaiser um so strenger als gegen die grösseren Städte Bremen, Magdeburg und Strassburg, welche mit gleichem Widerwillen wie Constanz der Annahme des Interim entgegengetreten waren, weil er deren Anschluss an die Eidgenossenschaft befürchtete. In des Kaisers Kriege gegen **Parma**, das mit Piacenza der Papst Paul III. aus dem Hause Farnese im Jahre 1543 eigenmächtig — da es ein Reichslehen war — zu einem Herzogthume für seine Familie erhoben hatte und der Kaiser seinerseits gern mit dem Mailändischen zu verbinden suchte, führte **Jakob Hannibal** erst ein Fähnlein Landsknechte und später während des Kampfes deren zwei.

Der Feldzug gegen **Siena** war eine weitere Schule für den vierundzwanzigjährigen Kriegsmann. Die Bewohner dieser Stadt hatten im August 1552 mit Hilfe der Franzosen die gewaltthätige spanische Besatzung verjagt und französische eingenommen. Der Kaiser schickte zu deren Wiedereroberung den Vicekönig von Neapel Don Pedro von Toledo mit seiner ganzen Kriegsmacht dahin, und vermochte zugleich den Herzog Cosmo von Florenz, der die Nachbarschaft der Franzosen für sehr gefährlich erachtete, am Kriege Theil zu nehmen. Als der Vicekönig bald nach seiner Ankunft zu Florenz am 23. Februar 1553 starb, übernahm sein Sohn Don **Garcia**[4]) den Oberbefehl der Truppen, mit denen er um so weniger

---

[1]) Dieser **Marcus Sittieus** ist nicht, wie ich in Abtheilung I. im Bande X der Denkschriften S. 176 und in den Separat-Abdrücken S. 84 angegeben habe, der nachherige Cardinal Marx Sittich II., sondern dessen Vetter **Marx Sittich III.**, von dem in den Denkschriften S. 172 und in den Separat-Abdrücken S. 80 die Rede ist. Dieser war, wie mich Herr P. Joller belehrt, im J. 1546 kaiserlicher Hauptmann im Schmalkaldenkriege über ein Fähnlein Landsknechte, 1548 bei der Einnahme von Constanz so tapfer, dass ihn K. Ferdinand I. in einem eigenen Schreiben belobte, 1557 von demselben zum Oberstlieutenant in Ungern befördert, ward 1560 mit seinen Vettern Graf, erhielt 1561 die Landvogtei Schwaben und hierauf jene von Burgau, ward 1564 wieder Oberstlieutenant im Feldzuge in Barbaria (d. i. Africa). Er starb plötzlich zu Embs, wohin er von Bludenz, allwo er österreichischer Vogt war, gekommen. Über seinen Sohn Hanns Christoph s. Anmerk. V.

[2]) Das Nähere über diese Ereignisse s. in Prof. Eiselein's Geschichte und Beschreibung der Stadt Constanz. Constanz 1851. S. 155—168.

[3]) Über dieses Geschlecht s. Anmerk. VI im Anhange.

[4]) Don **Garcia** von **Toledo**, Marchese von Villafranca, war gleichfalls Vicekönig von Neapel, mit dem zehn Jahre später der Graf **Jakob Hannibal** den Kriegszug nach Africa machte, später Herzog von Ferrandina etc., gest. 1578. Dessen Vetter war Ferdinand von Toledo, bekannter unter dem Namen Herzog von Alba († 1582).

etwas ausrichtete, indem er von der Belagerung von Monte Alcino nach Neapel zurückkehren musste, um das Königreich gegen die Verwüstungen der türkisch-französischen Flotte zu schützen. Nun war Cosmo mehr auf sich beschränkt und hatte seinen Todfeind, den aus Florenz vertriebenen Peter Strozzi als Befehlshaber gegenüber, welcher anfangs Cosmo's Feldhauptmann, den mehrerwähnten Marchese Johann Jakob von Medicis, von Siena tapfer zurückschlug, endlich aber von diesem im Treffen bei Marciano am 2. August 1554 eine schwere Niederlage erlitt und schwer verwundet wurde. In Folge dessen ward Siena vom Sieger belagert und von Blaise de Montluc durch acht Monate mit grosser Klugheit und Tapferkeit bei dem schrecklichsten Mangel an Lebensmitteln vertheidigt, musste aber am 21. April 1555 auf ehrenvolle Bedingungen sich ergeben. Der Kaiser sollte laut dieser Capitulation den Staat von Siena in des deutschen Reiches Schutz nehmen und die Bürger bei ihren Freiheiten etc. belassen; nun aber unterwarf er den ganzen Staat seiner Botmässigkeit und übertrug ihn seinem Sohne Philipp II., und dieser endlich trat im Jahre 1557 die Stadt Siena mit dem ganzen Gebiete an Cosmo, wodurch er von der französischen Partei abgezogen wurde, als spanisches Lehen ab und behielt für Spanien nur noch einen kleinen Landstrich, den nachherigen Stato degli Presidj. In diesem Kriege war **Jakob Hannibal** des Grafen Johann Baptist von Arco, der ein Regiment deutscher Knechte führte, Oberstlieutenant.

Bald hierauf ward in den nördlichen Provinzen Frankreichs der Krieg in einem grösseren Massstabe und mit bedeutenderen Resultaten als in Italien geführt. Es hatte nämlich König Heinrich II. den fünfjährigen Stillstand, den er noch mit Kaiser Karl V. zu Vaucelles bei Cambray am 5. Februar 1556 gegen die Absichten des Papstes Paul IV. geschlossen hatte, auf dessen Einwirken gebrochen, indem eine französische Armee von 20.000 Mann nach Italien aufbrach und auch Feindseligkeiten in Artois verübt wurden. Der Krieg begann auf dieser Seite mit dem Einmarsche in die Picardie unter dem Oberbefehle Philipp Emanuel's Herzogs von Savoyen und lief für Frankreich ganz anders ab, als man berechnet hatte. König Philipp II. vermochte nicht allein seine Gemahlinn, die Königinn Maria von England, sondern auch das Parlament, welches übrigens dem Stolzen nicht gewogen aber damals gegen Frankreich durch eine lange Reihe von Beleidigungen erbittert war, für sich zu gewinnen, so dass es am 7. Juni 1557 gegen den gemeinsamen Feind 8000 Mann Hilfsvolk schickte. Hiezu wurden grosse Haufen deutscher Söldlinge gemiethet; auch unser **Jakob Hannibal** zog auf königliche Bestallung mit einem Regimente Knechte dahin und diente während des ganzen, für die Waffen Spaniens so unerwartet glücklichen Krieges, in welchem die Franzosen unter dem Connétable Anna de Montmorency, der schon an der Schlacht bei Ravenna 1512 Theil genommen hatte, am 10. August bei St. Quentin auf's Haupt geschlagen, und der Rest der Edelleute gefangen wurde. König Philipp war nicht in dieser Schlacht anwesend, kam aber den folgenden Tag aus seinem Quartier zu Cambray in's Lager und zog, als am 27. auch die Stadt St. Quentin im Sturme erobert war, in die Stadt ein, in der er die Gräuel der entfesselten siegreichen Soldatesca unter Androhung der Todesstrafe zu hemmen suchte. Die Spanier überwältigten sodann noch Catelet, Ham, Noyon und Chaulny und beschlossen hiemit diesen Feldzug ruhmvoll. **Jakob Hannibal** zeichnete sich besonders bei Doulens aus, so dass er die persönliche Gunst des Königs, der übrigens kein Kriegsmann war, jedoch aber eine gute Wahl in seinen Feldherren zu treffen wusste, sich erwarb und von ihm mit grossen Gaben begnadigt wurde.

Wie König Philipp II. zum Gedächtnisse des Sieges bei St. Quentin das prachtvolle Lustschloss Escorial mit dem Hieronymitanerkloster San Lorenzo el Real (so genannt, weil am St. Lorenztage, d. i. 10. August jene Schlacht gewonnen ward) mit einem Aufwand von fünf Millionen Ducaten baute, das ihm und seinen Nachkommen und Nachfolgern auch zur Ruhestätte dient, so begann unser **Jakob Hannibal**, nicht ohne reichlichen Gewinn heimgekehrt, im Jahre 1558 die schöne Pfarrkirche im Markte Hohenembs zu bauen, die Balthasar Bischof von Ascalon und Weihbischof zu Constanz einweihte, wodurch der Grund zur Pfarre in Hohenembs, das vordem nach Lustnau eingepfarrt war, gelegt wurde [1]. Nach einer spätern Erneuerung erhielt die Kirche ihren Namen vom heil. Carolus Borromaeus, seinem Schwager, der nach S. 5 seine Schwester Hortensia in Embs besucht hatte. Sie ward auch des Erbauers und mehrerer der Seinigen Ruhestätte.

Graf Jakob Hannibal I. in Spanien. — Als der mütterliche Oheim der edlen Herren von Embs, der Cardinal Johann Angelo von Medicis unter dem Namen Pius IV. im December 1559 den päpstlichen Stuhl bestiegen hatte, stiegen auch diese seine Neffen an Rang und Ansehen mit empor und wurden, zumal der Papst auf habsburgischer Seite gegen Frankreich stand und den Kaiser Ferdinand I. als solchen anerkannte, am 27. April 1560 in den Reichs- und österreichisch-erbländischen Grafenstand erhoben, wie wir dies am Ende der Abtheilung I. klar und sattsam dargethan haben.

Der Graf hatte einen grossen Hausstand, so einen Hofmeister in der Person Hanns Rieter's von Kornburg, der zu Rom vom Papste Pius IV. im Jahre 1560 zum Ritter geschlagen wurde [2].

Wie der jüngere Neffe Marx Sittich II., damals Bischof von Cassano, von seinem Oheim an den kaiserlichen Hof nach Wien gesandt wurde, so ging Jakob Hannibal, der schon in dem vorerwähnten Feldzuge in der Picardie des Königs Philipp II. Zuneigung gewonnen hatte, an dessen Hof nach Spanien, wo wir ihn zu Anfang des Jahres 1561 finden. Hierüber belehrt uns ein Schreiben eines Herrn Pfinzing aus Nürnberg, (deutschen?) Secretärs des Königs, ddo. Toledo 8. Februar 1561 nach Neufra an Georg Grafen von Helfenstein, Freiherrn zu Gundelfingen, Statthalter der obern Lande. Dieser Pfinzing ersucht den Grafen ihm zur Erlangung der Coadjutorsstelle im Kloster Weingarten bei Seiner Majestät dem Kaiser Ferdinand verhülflich zu sein, um dem etwas fast schwachen und baufälligen (sic) Abte Gerwig Blarer (vergl. S. 2 u. 5) nach seinem Hinscheiden in der Würde folgen zu können. Er würde, obgleich nicht mehr der Jüngsten einer, und in den Weltläufen ziemlich erfahren, sich endlich in den geistlichen Stand begeben. Er schreibt ferner, dass vor etlich wenigen Tagen **Graf Jakob Hannibal zu Hohenembs**, der päpstlichen Heiligkeit Schwester Sohn, hieher an den königlichen Hof angelangt sei und er (Pfinzing) hoffe leichter zur Erreichung seines Wunsches zu kommen, da der Graf in Betreff dieser Abtei bei Seiner Heiligkeit mitzuwirken ihm versprochen habe; auch wolle er dessfalls dem Reichsvicekanzler Dr. Georg

---

[1] Vgl. Sinnacher's Beyträge zur Geschichte der bischöflichen Kirche Säben und Brixen in Tirol. Brixen 1830, Bd. VII, S. 519 und 780.

[2] S. Will's Nürnbergische Münz-Belustigungen. Thl. III, 317. — Rieter, k. spanischer Oberster, trat 1562 in die Dienste seiner Vaterstadt Nürnberg und ward deren dritter oberster Hauptmann und starb am 11. April 1584. Das k. k. Münzcabinet in Wien verwahrt eine dem Numismatiker Will unbekannte, sehr schön gearbeitete silberne Medaille auf diesen Rieter mit der Chiffre P P R, d. i. Petrus Paulus Romanus oder Peter Paul Galeotti, der ein ausgezeichneter Goldschmied und Medailleur zu Rom war. S. über denselben meine Medaillen Bd. I, 31 [3]).

Seld schreiben [1]). Diese Bemühungen Pfinzing's um die fette schwäbische Reichsabtei war
vergebens. Dem glaubenseifrigen Abte Gerwig († 30. August 1567) folgte nach obigem
schamlosen Bewerbungsversuche der zum Coadjutor erwählte Johann Halblitzel aus
Markdorf.

Für uns ist die Stelle in diesem Schreiben (bei Hess S. 264) über unsern Grafen besonders bemerkenswerth, wo es wörtlich heisst: „Wol und vorgemeldten Graf Hannibal von
Hohen Emps heltet man hie ganz hoch und Ehrlich, sonderlich Ir M.(ajestät) und do die
Bäpstliche H.(eiligkeit) noch fünf oder Sechss Jar leben solle, wurdet er gewiss zu wass grossem thun khommen. Auch insonderheit wie ich mich versehe noch gar in Kürze von Irer M.
Im Künigreich Naples ganz stattlich begabt werden. Er helt sich in solchem seinem
glükfall, so vil ich noch spüren und abnemmen mögen, ganz bescheidenlich diemütig und
wol, also dass Im dessen menniglich lob nachsagt, gegen mir aber von alter kundt- und
freundschaft wegen dermassen gnedig vertreülich freundt und dankbarlich, dass ich es nicht
genugsam rhümen khan, und ist sein fürnemmen Ime bey solcher Gelegenheit an allen ortten
so vil er khan freünd zu machen, damit es gerathe oder verkehre sich das glük, wie ess wölle,
Er darnach einen fuess gesetzt habe, do Er also fortfert, würdet es Ime gewisslich zum Besten
gelangen.“

Hieraus ersicht man, der Graf war ein vielversprechender, alles wohl berechnender
Mann, welcher eben so gewandt auf dem Boden der Salons und der Diplomatie sich bewegte,
als er auf dem Felde der Ehre tapfer focht und umsichtig seine Söldlinge führte.

Graf Jakob Hannibal in Africa. — Graf Jakob Hannibal nahm Theil an dem Zuge gegen
Peñon de Velez de la Gomera, einen westlich von des Königs Besitzungen an der
africanischen Küste gelegenen Platz. Derselbe war eine Festung auf einer Felseninsel und
galt sowohl wegen seiner natürlichen Lage als auch wegen der Stärke seiner Vertheidigungs-
werke für uneinnehmbar. Ein Corsar, seit langem das Schrecken in diesen Gewässern, war
Meister darin. Im Sommer 1564 brachte der König mit Hilfe seiner Alliirten eine mächtige
Armada auf und sandte sie allsogleich unter dem Oberbefehle des Don Garcia de Toledo
(S. 14) gegen diesen Raubsitz. Gegen alle Erwartung leistete die Festung keinen grossen
Widerstand; denn schon nach einer kaum einwöchentlichen Belagerung unterwarf sie sich
der überlegenen Tapferkeit oder Zahl der Christen [2]). Wenn nach diesem Zuge, wie Schrenk
von Notzing angibt, vom Könige der Graf für sich und seine Erben 3000 Ducaten jährlich
Pension erhielt, so muss er seine Tapferkeit und Tüchtigkeit bei dieser Gelegenheit glänzend
bewährt haben.

Jakob Hannibal, oberster Befehlshaber der päpstlichen Truppen und dessen Vermählung. —
Zu Anfang des Jahres 1565 war er wieder in Rom, indem er am 5. Jänner wegen seines
adeligen Herkommens, seiner geistigen Eigenschaften und naher Blutsverwandtschaft (nobis
filiali amore et arcto sanguinis vinculo coniunctus) von Sr. päpstlichen Heiligkeit zum Gene-
ral-Gubernator sämmtlicher Truppen, sowohl der Reiterei als auch des Fussvolkes, der heil.
römischen Kirche ernannt wurde, mit all den Rechten und Gerechtsamen, Besoldungen und

---

[1]) Cf. Prodromus Monumentor. Guelficor. seu Catalogus Abbatum Imperialis Monasterii Weingartensis collectus a Gerardo Hess.
Augustae Vindel. 1781, pag. 260 ff. — Irrig liest man S. 250 und 266 Pfinzing von Gensenfeldt statt des richtigen Hen-
fenfeld.

[2]) Vgl. Prescott's Geschichte Philipp's des Zweiten. Deutsch von Dr. Johannes Scherr. Leipzig 1856. Thl. III, 155.

und Emolumenten, Würden und Bürden, wie sie seine Vorgänger in der römischen Miliz besessen und genossen haben. Am folgenden Tage leistete er kniend (genibus flexis) mit Berührung der heiligen Schrift in die Hände Seiner Heiligkeit den Eid der Treue und empfing aus denselben den gewöhnlichen Commandostab als Zeichen der Oberbefehlshaberschaft [1]).

An demselben 6. Jänner 1565 vermählte er sich mit seiner Base der Gräfinn **Hortensia**, Schwester des Cardinals Karl von **Borromeo**. Der Papst selbst segnete persönlich die Ehe ein, feierte das Fest mit prächtigen Tourniren und Banketten und versprach dem Bräutigam 100.000 Goldgulden (aureos) als Mitgift. Da aber vor des Papstes Hinscheiden (9. December 1565) diese Summe nicht ausbezahlt wurde, bat Graf Jakob Hannibal dessen Nachfolger Papst Pius V. um diese Summe, der ihm 50.000 Goldgulden auszahlen liess (Gabutius, lib. I. cap. 9, vitae Pii V.).

Als die Türken mit ihrer gewaltigen Armada im Jahre 1565 die Küsten Unteritaliens beunruhigten, Landungen versuchten und Malta, des Abendlandes Bollwerk im Meere, mit aller Wuth belagerten, das der greise Grossmeister La Valette und seine Ordensritter mit den Soldaten und den Stadtleuten zu ihrem immer dauernden Nachruhme auf's heldenmüthigste vertheidigten, nahm Graf Jakob Hannibal in des apostolischen Stuhles Namen Kriegsvolk an, mit welchem er die Festungen und Orte am Meere besetzte und beschützte.

Auch Papst Pius V. bestätigte ihn im Generalate der Kirche wie auch am 15. Jänner 1566 in den ihm schon von seinem Vorgänger übertragenen Verwaltungen (guberniis), nämlich der Stadt Spoleto, dann der Terranissi und Cerveteri, zugleich mit der Burghut von Terranissi, auf dieselbe Weise und Form, wie sie ihm vordem übergeben worden waren [2]).

In demselben Jahre 1566 ersuchte zu Augsburg, wo von K. Maximilian II., der daselbst am 24. März seinen ersten Reichstag eröffnete, der Cardinal-Bischof Marx Sittich von Constanz und der schwer geprüfte Landgraf Philipp von Hessen durch ihre Commissarien, wie auch der Fürst-Abt von Kempten, Georg von Grafeneck, in eigener Person die Investitur ihrer Landschaften empfingen, der spanische Gesandte im Namen seines Gebieters den Kaiser um die Erlaubniss vier Regimenter Landsknechte, so vierzig Fähnlein machen, werben zu dürfen, von denen je zehn gen Goletta in Africa, auf die Insel Malta, nach Neapel und in die Lombardie geführt werden sollen. Die Anwerbung machte nicht viele Schwierigkeiten, obgleich der Kaiser seinen grossen Heerzug gegen den Sultan Suleiman vorhatte. Die vier Regimenter führten Paris und Alberich Grafen von Lodron, und die Grafen Johann Baptist von Arco und Jakob Hannibal von Hohenembs, durch Tapferkeit und Kriegskunde ausgezeichnete Männer. Statt des Grafen Paris, der von Leibesschwachheit befallen bald starb, übernahm der Graf von Arco den Oberbefehl. Nachdem diese die Musterung der Kriegsleute gehalten und ihnen den Sold ausgetheilt hatten, rückten sie nach Italien ab [3]). Jakob Hannibal zog mit seinem Regimente nach Apulien, wo er die Küste gegen die wiederholten Anfälle der Ungläubigen vertheidigte und die dem Könige Philipp II. unterthänigen Seestädte Manfredonia, Barletta, Trani, Bisceglia und Bari umsichtsvoll schützte.

[1]) S. Zweiter Rechenschafts-Bericht des Vorarlberger Museums-Vereines zu Bregenz. Bregenz 1860, S. 36 f., wo die beiden lateinischen Urkunden abgedruckt sind.

[2]) S. die Urkunde im vorerwähnten II. Rechenschafts-Berichte S. 34. Die Lesung Terranissi wird durch ein Facsimile bestätigt. Beschreibung des letzten Ungerischen Kriegs im Jhar M.D.LXV und M.D.LXVI von Alfons Ulloa, aus dem Italienischen verdeutscht. Basel M.D.LXXIII, S. 42, und Petri Bizari bellum Pannonicum sub Maximiliano II. in Schwandtneri Script. rerum Hungar. Vindob. 1746. Tom. I, 681.

Graf Jakob Hannibal I., österreichischer Vogt und Obersthauptmann in Vorarlberg. — Im Jahre 1567 kehrte er mit seiner Gemahlinn Hortensia in seine Heimat zurück. Sie kam wahrscheinlich wegen ihres Mannes unabweislicher Geschäfte im römischen Dienste zum ersten Male nach Vorarlberg. Er erhielt vom Erzherzog Ferdinand, der kraft des Testaments seines Vaters K. Ferdinand's I. ddo. Prag 1. Juni 1543 und der Hausordnung ddo. Wien 25. Februar 1554 Landesfürst von Tirol und den Vorlanden war, die Vogtei der Herrschaften Bregenz mit der 1359 angekauften Herrschaft Hoheneck, und Feldkirch, zugleich mit der Obersthauptmannschaft in Vorarlberg in Bezug auf das Kriegswesen, welchen Ämtern er durch zwanzig Jahre bis zu seinem Tode vorstand [1].

Wie sehr Graf Jakob Hannibal, gleich seinem Bruder dem Cardinal Marx Sittich, sein ererbtes Vermögen zu mehren und berechnend auf Zinsen zu bringen verstanden hat, und welche Summen er, ausser der päpstlichen Aussteuer bei Gelegenheit seiner Vermählung, durch die Freigebigkeit seines Oheims des Papstes Pius IV., während seines dreijährigen Aufenthaltes am k. spanischen Hofe und im Generalate der Kirche, und durch die in der Regel einträgliche Anwerbung von Söldnern sich erworben haben mag, lehren uns nicht nur seine Bauten sowohl der schönen Kirche im Markte Embs, die Befestigung des Schlosses Hohenembs, die Anlegung des schönen Lusthauses vom Palaste hinüber, dessen Bau der Cardinal im italienischen Style begonnen und sein Neffe Graf Kaspar vollendet hat, sondern auch das sehr bedeutende Darlehen, das er nach seiner Heimkehr aus Rom dem vorerwähnten Erzherzog Ferdinand von Tirol machen konnte.

Erzherzog Ferdinand, Gemahl der Philippine Welser, bisher Statthalter im Königreiche Böhmen, der nach seines Vaters Hinscheiden (25. Juli 1564) regierender Landesfürst in Tirol und den Vorlanden geworden, führte 1566 ein Commando in Ungern und übersiedelte erst mit dem Neujahr 1567 nach Tirol. Am 2. Jänner verliess er Prag, reiste über München, wo er seine Schwester Anna und seinen Schwager und Nachbar Herzog Albrecht V. besuchte, und hielt am 17. Abends seinen feierlichen Einzug in Innsbruck. Die neuen Verhältnisse, die vermehrte und glänzende Hofhaltung, die Festlichkeit der Huldigung der Stände, die Bereisung des Breisganes und Elsasses forderten grosse Auslagen, der Erzherzog bedurfte hiezu fremder Summen.

Unser Graf Jakob Hannibal, landesfürstlicher Rath, oberster Hauptmann in Vorarlberg etc., gab dem Erzherzog ein Darlehen von 100.000 Gulden rheinisch, den Gulden zu 60 Kreuzern gerechnet, auf 15 Jahre gegen fünfpercentige jährliche Verzinsung und Eingabe der vier vorarlbergischen Herrschaften, so wie der oben erwähnten Vogteien Feldkirch, Bregenz und Hoheneck, worüber dem Gläubiger ein eigener Brief aufgerichtet und zugefertigt wurde. Die Periode für die das Darlehen contrahirt wurde, begann mit dem 15. December 1567 und endigte mit dem 15. December 1582.

Der Graf kündigte (um in dieser Sache fortzufahren) ein Jahr vor dem Eintritt des 15. Decembers 1582 das ganze Capital von 100.000 Gulden zur Zurückzahlung, erklärte sich aber bereit, die ihm überlassenen Herrschaften so wie die Vogteien wieder zurückzustellen. Der Erzherzog trat durch seinen Rath und Hauptmann zu Constanz Albrecht Schenk von Staufenberg mit dem Gläubiger in eine eigene diesfällige Verhandlung, welcher aber überspannte, sehr eigennützige Forderungen stellte. Da die Zinsen von fünf Jahren, nämlich

---

[1] Vgl. Johann Georg Prugger's Veldkirch. Veldkirch M.DC.LXXXV, S. 100.

25.000 Gulden, ausstanden und der Graf an Baukosten auf die beiden landesfürstlichen Schlösser zu Feldkirch (die sogenannte Schattenburg) und Bregenz 2258 Gulden 55½ Kreuzer verwendet hatte, belief sich nun die ganze Schuld auf 127.258 Gulden 55½ kr., die der Graf auf 150.000 durch ein weiteres Darlehen erhöhen und diese Summe auf eine ewige Verzinsung zu fünf Percent unter zwölf Bedingungen liegen lassen wollte.

Der Erzherzog fand laut Erlasses vom 28. August 1582 diese Bedingungen als „beschwerlich und verwunderlich" — mit vollem Rechte unannehmbar. Der Graf machte, als er 1583 die verfallenen Zinsen erhalten hatte, am 19. November desselben Jahres weitere Vorschläge. Die vorarlbergischen Stände bewilligten auf dem Landtage zu Feldkirch 1586 zur Einlösung der gedachten Pfandschaften 50.000 Gulden binnen Jahresfrist zahlbar als freie Hilfe. Der Erzherzog erklärte am 15. October 1586 dem eigennützigen Grafen am 15. October 1587 das Hauptgut, Zinsen und Bauschillinge abzulösen, so wie ihn der Rückbürgschaft zu entledigen, was auch geschah, und der Graf hörte auf in den letzten Tagen seines Lebens österreichischer Vogt und Pfandinhaber der Herrschaften Feldkirch, Bregenz und Hoheneck zu sein [1]).

Von diesem Geldgeschäfte des Grafen Jakob Hannibal treten wir wieder auf das Feld der Ehre zurück und ziehen mit ihm in die spanischen Niederlande. Dass der Graf auf der spanischen Flotte war, welche unter Don Juan d'Austria am 7. October 1571 bei Lepanto die Seemacht der Türken brach, wie Köhler in seinen historischen Münz-Belustigungen Bd. IV, 14 angibt, möchte ich um so mehr bezweifeln, da Schrenk von Notzingen, dessen Angaben auf Jakob Hannibal's eigenen Mittheilungen beruhen, der Theilnahme desselben an dieser Seeschlacht nicht im mindesten erwähnt.

Des Grafen Jakob Hannibal Kriegszüge in die Niederlande 1574 und 1578 und Reisen nach Madrid und Rom. — König Philipp II., welcher in seinen Niederlanden tapferer und verlässlicher Truppen unter kriegskundiger und erprobter Führung bedurfte, schrieb zu diesem Zwecke aus Madrid am 28. März 1574 an seinen Obersten Grafen Jakob Hannibal von Hohenembs fünfzehn Fähnlein in Dienst und Sold zu nehmen. Unter welchen Bezügen und Unkosten damals dies geschah und welche Ämter und Personen einem solchen Feldobersten unterstanden, zeigt uns am klarsten nachstehendes Schreiben Seiner katholischen Majestät an unsern Grafen, dessen Mittheilung wir dem Herrn P. Joller in Feldkirch verdanken.

Philip von Gottes gnaden König zu Hispanien, baider Sicilien etc., Ertzhertzog zu Österreich etc.

Stat vnd vertzaichnus, Was wir zur vnterhaltung vnd besoldung dem Wolgebornen vnserm lieben besondern **Jacob Hannibaln** Grauen zu **Hohen Embs** vnserm Obristen vber ain Regiment vnsers teutschen Kriegsvolcks zu fuess von fünffzehen rhendlin vnd viertausent fünfhundert Starckh, so Wir jetzo vnser noturfft vnd gelegenheit nach zu notwendiger versicherung, Schutz vnd schirm vnserer Nider Burgundischen Erblande in vnsern Dienst vnd besoldung annemen vnd bestellen lassen vnd der hohen Ämbter desselben Regiments jedes Monat so lang Sy in vnserm Dienst sein werden, entrichten vnd bezalen zu lassen, bewilliget haben Vnd solle diese vnderhaltung vff den tag der ersten musterung angehen, vnd von dannen hin für an alle Monat betzalt werden, wie hernach volget.

---

[1]) Diese Mittheilung aus dem k. k. Statthalterei-Archive zu Innsbruck verdanke ich der besonderen Güte seines Vorstandes Herrn Doctors Wörz.

Erstlich vff gedachtes vnsers Obristen Leib vnd Taffelzerung vierhundert gulden Rheinisch . . . . 400 fl.

Item vff einen Caplan dene er zu halten schuldig sein vnd halten solle, acht gulden . . . . 8 fl.

Item vff einen Schreiber acht gulden . . . . 8 fl.

Item vff acht Trabanten, Jedem vier gulden thuet in ainer Summa zween vnd dreissig gulden . . . 32 fl.

Item vff ainen Pfeiffer und Trummelschlager Jedem acht gulden, thuet Sechzehen gulden . . . . . 16 fl.

Item vff Sechs gemusterte Pferde, Jedes zwölff gulden, thuet zween vnd Sybentzig gulden . . . 72 fl.

Item vff ainem Reysswagen vier vnd zwaintzig gulden . . . . 24 fl.

Item vff ainen Tolmetschen acht gulden . . . . 8 fl.

Item vff den Obristen Leutenant ainhundert gulden . . . . 100 fl.

Item vff zwen Trabanten für gemelten Obrist Leutenant Jedem vier gulden, thuet acht gulden . . . 8 fl.

Stat (Staat) der hohen Ämbter.

Item vff ainen Provosen viertzig gulden . . . . 40 fl.

Item dem selben vff einen Caplan Acht gulden . . . . 8 fl.

Item dem selben vff gleichfals vff ainen Schreiber Acht gulden . . . . 8 fl.

Item ferner Jne Prouosen vff vier Trabanten Jedem vier gulden thuet Sechzehen gulden . . . . 16 fl.

Item vff des Prouosen Leutenant zwaintzig gulden . . . . 20 fl.

Item vff zwen Trabanten für gemeltes Prouosen Leutenant, Jedem vier gulden thuet Acht gulden . . 8 fl.

Item vff acht Steckenknecht, Jedem vier gulden thuet zween vnd dreissig gulden . . . . 32 fl.

Item vff ainen Stockhmeister Acht gulden . . . . 8 fl.

Item vff ainen Nachrichter Sechzehen Gulden . . . . 16 fl.

Item vff ainen Schulthaissen (d. i. Auditor) viertzig gulden vnd vff einen Gerichtsschreiber Acht gulden,
thuet Acht vnd viertzig Gulden . . . . 48 fl.

Item vff zehen Gerichtsleute, Jedem vier gulden, thuet viertzig gulden . . . . 40 fl.

Item vff ainen Gerichtswaibel vier Gulden . . . . 4 fl.

Item dem Schulthaissen vff ainen Trabant vier gulden . . . . 4 fl.

Item vff einen Wachtmaister viertzig gulden vnd demselben vff ainen Trabanten vier gulden, thuet vier
und viertzig gulden . . . . 44 fl.

Item vff ainen Quartiermeister auch viertzig gulden, und demselben vff einen Trabanten vier gulden,
thuet vier und viertzig gulden . . . . 44 fl.

Item vff ainen Obristen Veldtscherer zwen und dreissig gulden . . . . 32 fl.

Item vff ainen Profiantmaister auch zwen und dreissig gulden . . . . 32 fl.

Item vff ainen Hurenwaibel vier gulden . . . . 4 fl.

Item den zehen Veldtwaybeln solle Jr Besoldung unter dem vhendlin guet gemachet und betzalet
werden, als dan gebreuchlig ist.

Summa Summarum aller obbestimbten Posten dieses Stats vff ainen ganzen Monat soldt thuet Ainthausent und vier und Achtzig gulden, Alles Rheinisch in Müntz, den gulden zu Sechzig Creutzern oder den werth darfür, nach des Lands art angeschlagen. Vrkhundt ditz mit vnser aigen handt vntterschriben, vnd vnserem khüniglichen Insigel bekrefftiget.

Geben in vnser Stat M a d r i d am acht und zwanzigsten tag des Monats Martii Nach Christi geburt Fünffzehenhundert und im Vier und Sybenzigsten. Vnserer Reiche im Ain vnd zwainzigsten vnd neunzehenden Jaren.

L. S.

Philipp.

Ad mandatum Regiae Cathol^æ Maiestatis proprium.

Gab: à Zaias.

(Orig. Papier, im Archive zu Hohenembs.)

Bald nach Ostern (11. April) 1574 warb und führte der Graf die verlangten fünfzehn Fähnlein in die Niederlande und ward angeblich am 5. Mai, als er mit seinen Hauptleuten und Befehlshabern mit Harnischen und sonstigen Wehren aus Strassburg gen E l s a s s - Z a b e r n [1])

---

[1]) Bei Schrenk v. Notzing durch Versehen des Setzers prope T a l l e r n a s statt T a b e r n a s Alsatiae.

mit 300 Pferden sorglos ritt, um zu St. Veit seine Mannschaft zu mustern, von etlichen Reitern
des Prinzen Wilhelm von Oranien, die zum Gefolge des aus Frankreich entflohenen Prinzen
Heinrich I. von Condé gehörten, etwa eine Meile von Zabern unversehens überfallen und
von zwei Schüssen verwundet. Fast alle seine Leute (d. i. seiner Umgebung) und der
Landvogt zu Ortenberg [1]), einer von Schönau, wurden erschossen, bis in 300 Knechte und
Fuhrleute, die bei den Wagen waren, getödtet, die Harnische genommen und die Spiesse
verbrannt, dem Grafen jedoch gelang es in die Stadt zu entreiten, auch ward ein von den
Fuggern hinabgeschickter Wagen mit Geld gerettet; fast alle übrigen Knechte aber, die im
Laufe gewesen, wurden getrennt und liefen rückwärts [2]). Hier kam Sebastian Schertlin's
junger Vetter Hanns Ludwig zum Grafen und brachte ihn sicher bei Tag und Nacht in
die Niederlande, den dieser dann zu einem Hauptmann machte und ihm viel Gutes that.

Nachdem der Graf in Cöln wieder Rüstzeng angekauft hatte und die Mannschaft
bewaffnet war, ging sie zu Dietkirch im Luxemburgischen durch die Heerschau, schwur zur
Fahne und zog gen Mastricht an der Maas ab. Der Graf kam dem Statthalter Ludwig
Requeséns, der auf seine bewährte Treue, Erfahrung und erprobte Tapferkeit sehr viel
hielt, höchlich willkommen, zumal das Gerücht seinen Tod auf dem Marsche und die Aufreibung der von ihm geführten Mannschaft geschäftig verbreitet hatte (vgl. Strada de bello
Belgico. Romae. 1700. Tom. I. 394).

Als er aus Brüssel von einem Kriegsrathe dahin zurückkehrte, ward er aus einem
Hinterhalte von grosser Überzahl überfallen, schlug sich muthig durch und erreichte mit
seinem Hauptmann, dem vorgenannten Schertlin, die Mannschaft in Mastricht, von der vier
Fahnen nach Antwerpen und die andern anderwärts vorgelegt wurden.

Nun gelang es dem Prinzen von Oranien 2000 Mann ohne Obergewehr in diese Stadt
einzuschmuggeln und 1500 Bürger in's Einverständniss zu ziehen, um am 3. November die
Wachposten zu überfallen und auf ein gegebenes Zeichen Nachts mit den Schiffen zu landen
und so die wichtige Stadt durch einen Handstreich zu nehmen.

Des Grafen Hauptleute, denen diese Ankömmlinge in der Stadt verdächtig schienen,
machten sowohl ihrem Herrn in Brüssel als auch dem Commandanten der Stadt Friedrich
Perrenot [3]) hievon die Anzeige, welcher ungläubig an die nahende Gefahr sie zu ruhigem
Verhalten verwies, bis ein Eilbote mit schriftlicher Anzeige der Gefahr von Mastricht anlangte.
Der Graf änderte eigenmächtig gegen den Willen des Commandanten die Parole ab, gab ins-
geheim die Losung St. Maria, und als der Prinz in der Nacht auf den 14. December mit
150 Schiffen der Stadt nahte, entdeckte ein Kriegsknecht die Gefahr, die Mitwissenden in
der Stadt, die aus den Schlupfwinkeln sich etwa nicht gerettet hatten, wurden gefangen,
ihre Waffen aus den Verstecken weggenommen, und der Prinz musste auf den Lärmen hin,
der sich in der Stadt erhoben hatte, und, von des Grafen Gegenanstalten unterrichtet,

[1]) In Welzenegger Merkle's Vorarlberg. Bd. II, 92, irrig Ortenburg, deren eines in Kärnten, das andere in Niederbaiern
gelegen ist, sondern richtig Ortenberg in der nun Badenschen Ortenau; in jener Stelle heisst der Vogt Luz von Schönstein,
richtig einer von Schönau, die zum Breisgauischen Adel gehörten. Etliche Zeilen hernach heisst bei Welzenegger-Merkle der
so eben erwähnte und gefallene Vogt irrig von Ortenstein (!). Ortenstein in Graubünden gehörte einst den Grafen von
Werdenberg-Sargans, wo Graf Georg der Letzte dieser Linie im J. 1501 starb, nun Eigenthum der Grafen v. Travers.

[2]) Vgl. Leben und Thaten des Herrn Sebastian Schertlin von Burtenbach, von Ottmar Schönhuth. Münster 1858, S. 165.

[3]) Friedrich Perrenot, Herr von Champagney in der Franche-Comté, war ein Bruder Antons Perrenot, Cardinals etc.
von Granvella.

unmuthig nach Seeland zurückkehren. So ward durch Jakob Hannibal's Wachsamkeit, Treue und Tapferkeit Antwerpen gerettet.

Auf dieses Ereigniss bezieht ohne Zweifel sich die Medaille, wovon ein grösseres und kleineres Exemplar das k. k. Münzcabinet in Wien bewahrt.

Vorderseite: Innerhalb eines Perlenrandes: IACOBVS HANIBA. COMES IN ALTAEMPS. Dessen links gekehrtes Brustbild mit blossem Haupte, kurzem Haare, bärtigem Gesichte, Halskrause, im Harnisch, über den ein Mantel, welchen eine Agraffe zusammenhält, geworfen ist. Unten an der Schulter ist die Jahreszahl 1575 eingegraben. Die Kehrseite zeigt uns gleichfalls innerhalb der perlenartigen Einfassung des Randes die Umschrift: SALVA DOMINE VIGILANTES [1]), und im Felde ein dreimastiges Kriegsschiff, das auf ungestümen Meereswogen hinweg führt; auf dessen Hinterverdecke sitzt eine weibliche Figur mit struppigem Haare, welche den Griff eines Steuerruders in beiden Händen hält und das Schiff leitet. Köhler, der diese Medaille in seinen historischen Münz-Belustigungen, Bd. IV, 9 abgebildet hat, lässt in seiner Beschreibung das Kriegsschiff daher fahren. Die Worte SALVA DOMINE VIGILANTES d. i. „Rette, Herr, die Wachsamen", sind unseres Erachtens wohl nur auf unsern Grafen von Hohenembs zu beziehen.

Grösse des Stückes: 1½ Wiener Zoll, Gewicht: 1⁹/₁₆ Loth, in Silber gegossen. Köhler hatte, wie er am angeführten Orte sagt, ein goldenes Exemplar von 13 Ducaten vor sich, das vielleicht der Numismatikerinn Gräfinn Ämilia (nicht Amalia) von Hohenembs, verehlichten Freiinn von Vöhlin, der er den VIII. Band seiner inhaltreichen Münz-Belustigungen im Jahre 1737 widmete, gehören mochte.

Das k. k. Münzcabinet besitzt auch ein kleineres Exemplar in der Grösse eines Zolles und im Gewichte von ⁹/₁₆ Loth mit derselben Umschrift: IACOBVS HANIBA. COMES IN A.TÆMPS mit des Grafen Brustbild wie auf der grössern Medaille, gleichfalls mit der Jahreszahl 1575. R. SALVA DOMINE VIGILANTES, das Kriegsschiff wie auf der vorigen Medaille [2]).

Der oberste Feldherr und Gubernator Don Luis Requeséns kam persönlich nach Antwerpen, um dem Grafen in voller Anerkennung seiner rettenden Wachsamkeit den verdienten Dank zu sagen und versprach ihn der königlichen Huld und Gnade anzuempfehlen. Jakob Hannibal verblieb mit neun Fahnen zur Besatzung in Antwerpen. Das Kriegsglück wandte sich gegen Spanien und Requeséns starb am hitzigen Fieber zu Brüssel den 5. März 1576.

Als nach dessen Tode Zirieksee eingenommen worden und die Deutschen und Spanier, welche schon bei dessen Lebzeiten wegen des durch Monate ausstehenden Soldes schwierig und aufrührerisch waren, denselben im Wettstreite forderten, beschloss der oberste Senat, um die Lasten der Provinzen zu erleichtern, das deutsche Regiment des Grafen von Hohenembs zu zahlen und zu entlassen, und zwar um so mehr, weil zwischen dem Grafen und dem Gubernator von Antwerpen, dem vorgenannten Friedrich Perrenot, über die Besatzung der Stadt Streitigkeiten entstanden waren und man das Verderben Aller als Folge befürchtete. Wie nun die Spanier sahen, dass man sie übergehe und den ihnen seit vielen Monaten

---

[1]) Nach „Salva nos domine vigilantes, custodi nos dormientes" ex Completorio Breviarii Romani.

[2]) Diese Medaillen wie die auf Friedrich Perrenot von 1571, auf Georg II. oder Jüngeren und Letzten von Frundsperg vom J. 1576 dürften frühere Arbeiten von Konrad Bloc sein, von dem man Medaillen in gleichem Style auf den Prinzen Wilhelm von Oranien vom J. 1577 kennt. Vgl. van Loon, Hist. métallique des Pays-Bas. A la Haye 1732, Tom. I, 182, 221, 232. In van Loon ist keine der beiden Medaillen auf unsern Grafen abgebildet oder beschrieben. Die kleinere beschreibt Appel im Repertorium, Wien 1824, Bd. III, Abtheil. I. Nr. 1396.

versprochenen Sold andern reiche, erklärten sie dieses Vorgehen gleichsam als Missachtung und Hass gegen ihre Nation und bedrohten ihren Obersten Mondragon, wenn er nicht für die Seinigen sorge. Auch der Graf Jakob Hannibal hatte, wie es scheint, diesen Dienst satt, indem er vor dem Senate zu Brüssel offen sagte, er könne ohne Gefährdung der Stadt Antwerpen entlassen werden, seine Leute verlangen ohne Ungestüm (nullâ importunitate) ihren Sold, auch vermöge er sie wohl noch ein Halbjahr zu unterhalten und diese Unzufriedenheit sei nur durch Perrenot's Tücke und Hass herbeigeführt. Von Seite der Spanier erhoben sich wilde Forderungen ihres Soldes und Aufruhr, welcher im Lande forttobte, bis Don Juan d'Austria als Statthalter ankam und ihm ein Ende machte [1]. Nach Weizenegger-Merkle II, 98 behielt man noch drei Monate sechs Fahnen von des Grafen Regiment, die übrigen neun wurden entlassen. Um nun heim zu reisen, warb er aus Eigenem eine Bedeckung von hundert Schützen und fünfzig Pferden und kam durch Brabant und Luxemburg glücklich nach Hause.

Jakob Hannibal I. in Madrid, Belehnung mit der Grafschaft Gallarate. — Im September 1577 ward er vom K. Philipp II. nach Spanien berufen, um ihn über den Stand des Krieges in den Niederlanden aufzuklären. Nicht ohne Gefahr vor den Hugenotten und Räuberbanden reiste der Graf von Marseille durch Südfrankreich nach Spanien und gerieth bei Salces unweit Perpignan unter das Raubgesindel, gelangte aber, von den ihn begleitenden Schützen die ganze Nacht hindurch wacker vertheidigt, unversehrt nach Barcelona. Vom Könige gnädig als deutscher Reichsgraf empfangen, erschien er als Grand von Spanien bedeckten Hauptes vor demselben und sagte bezüglich der Vertheidigung Antwerpens ihm, dass er durch falsche Berichte getäuscht worden sei. Im Escorial belehnte Seine Majestät im Jahre 1578 ihn und seine Nachkommen mit der Grafschaft **Gallarate** im Mailändischen, theils als Lohn seiner Treue und Tapferkeit, theils als Entschädigung für seinen vor Antwerpen gemachten Aufwand, wie auch als Entgelt für das Einkommen von 3000 Ducaten, die er nach S. 17 aus dem Königreiche Neapel zu beziehen hatte. Er nahm seinen Rückweg aus dem Hafen von Barcelona nach Genua, besuchte von da seinen Bruder, den gerade in Rom weilenden Cardinal, begab sich darauf nach Gallarate, liess sich huldigen und kehrte über die Alpen zu den Seinigen zurück.

Abermaliger Zug in die spanischen Niederlande 1578. — Kaum war er, nach Weizenegger-Merkle II, 101, vier Wochen zu Hause, als er wieder vom Könige den Auftrag erhielt, zwanzig Fahnen Knechte, unter welchen auch zwei Fahnen katholischer Schweizer sein sollten, zu werben; zudem drang auf Eile der Statthalter Don Juan d'Austria, der, ungehalten, dass die königlichen Minister ihm mehrere welsche Oberste zuschickten, nach Strada I, 490, die verlässlichen deutschen Veteranen, den Grafen Jakob Hannibal und den Freiherrn v. Pollweiler mit etlichen Regimentern wünschte.

Mit des Erzherzogs Ferdinand von Tirol Erlaubniss schlug er in Vorarlberg und wohl auch anderwärts in dessen Vorlanden Werbeplätze auf und hatte bald tüchtige Hauptleute und Landsknechte. Der treffliche Lazarus v. Schwendi [2], der früher dem in den Nieder-

---

[1] Famiani Stradae de bello Belgico Decades. Romae 1700, I, pag. 109 seq.

[2] Lazarus Freiherr v. Schwendi († 1583) war unstreitig einer der hervorragendsten Männer seiner Zeit, welcher nicht allein auf den Schlachtfeldern, besonders in Ober-Ungern, sondern auch als Militär- und politischer Schriftsteller sich ausgezeichnet hat. Dahin gehören sein 1593 zu Frankfurt erschienener Kriegs-Discurs und sein: „Bedenken an K. Maximilian II., von Regierung des h. Römischen Reichs, vund Freystellung der Religion, gestellet auf Ihrer kais. Maj. Befehl, im J. 1574. Gedruckt im J. 1612". In 21 inhaltschweren Blättern, welche einen klaren Einblick in die Bedürfnisse und Forderungen jener Zeit gewähren. Über Lazarus v. Schwendi s. meine Medaillen etc. Bd. II, 190—211.

landen weilenden Erzherzog Matthias[1]) einen für denselben verfassten Bericht vom Kriegs-Regimente überschickt hatte, schreibt aus Burkheim (bei Altbreisach) am 18. August 1578 demselben, dass Graf **Hannibal** von **Embs** seine zwanzig Fähnlein nunmehr bald in der Grafschaft Nellenburg richte und mustere, um auf Lützelburg hinabzuziehen und erwarte von Don Juan d'Austria Bezahlung und andere Nothdurft. Bald verliess er (Weizenegger-Merkle II, 101 setzen, ohne wie fast immer irgend eine Quelle anzugeben, vielleicht etwas spät den 17. September) Hohenembs, kam über Basel am 23. nach Altkirch im Suntgau und bewaffnete vorsichtig seine Leute, um nicht wie bei Elsass-Zabern (S. 21) überfallen zu werden. Die Weisung lautete in die Freigrafschaft Burgund gegen die Hugenotten, welche unter dem Herzog Franz Hercules von Alençon, Bruder des K. Heinrich III. von Frankreich, in dies Land eingefallen waren und einige Orte besetzt hatten[2]) und nun von dem Grafen von Hohenembs vertrieben wurden (Strada II, 7, 8). In Lüsse (?)[3]) traf ihn die Kunde von dem unerwarteten Hinscheiden Don Juan's, der in einem Alter von 32 Jahren zu Brüssel am 1. October 1578 starb.

Von dessen Nachfolger, Alexander Farnese, Herzog von Parma, erhielt der Graf den Befehl vorerst in der Freigrafschaft wegen der erwähnten Einfälle zu verbleiben, und zog dann mit seiner Mannschaft in die Niederlande zu Farnese, dessen Heer nach diesem Zuzuge bei der Musterung 25.000 Mann zu Fuss und etwas über 8.000 Reiter zählte (Strada II, 12 und 24). Er gedachte vornehmlich einen Theil der ungenügsamen, stets begehrlichen Raitres zu entlassen, weil sie bei geringerer Verwendbarkeit grössere Ansprüche und Unkosten machten als das Fussvolk, namentlich war von Pollweiler's Regiment gegen alle Kriegszucht taub, weil der König diesem Obersten und Georgen II. oder Jüngeren von Frundsperg zwei Millionen (?) schuldete und, wiewohl oft gemahnt, nicht zahlte, wesshalb aus Nachsicht die Zügel immer lockerer gehalten werden mussten. Als der Statthalter eine grosse Summe Geldes empfangen hatte, zahlte er den rückständigen Sold und entliess viele Fahnen dieser tollen Raitres, wie sie hiessen, zumal um diese Zeit etliche Regimenter aus Deutschland und der Schweiz angekommen waren, welche auf königlichen Befehl schon mit dreimonatlichem Solde, den der König an unsern Grafen von Hohenembs vorausgeschickt hatte, beschenkt worden waren (Strada II, 24), was mit unserer vorigen Angabe im Zusammenhange steht.

In der Nähe von Roermonde erhielten der Graf und angeblich sein ältester, damals fünf-jähriger Sohn **Kaspar**, der nach Weizenegger-Merkle II, 103 in diesem Kriege schon ein Fähn-lein führte (unseres Erachtens wurde ein Fähnlein blos unter seinem Namen in des Königs Solde geführt), die Trauerkunde, dass seine Gemahlinn, rücksichtlich Mutter, **Hortensia** gestorben sei.

Der Herzog entsandte, als die Stadt Weert dem spanischen Obersten Franz Valdes sich ergeben hatte, den Grafen Jakob Hannibal mit seiner Truppe allsogleich um das dortige Schloss zu nehmen, das Söldner im Vertrauen auf dessen Mauern, welche mehr dem Scheine als der Wirklichkeit nach fest waren, behaupteten und des Grafen Boten mit Hohn und Spott abwiesen. Dieser griff nun die Trotzburg mit gröberem Geschütze, das die

---

[1]) Über Erzherzog Matthias s. Anmerkung VII am Ende.

[2]) Vgl. Die Handschriften der k. k. Hofbibliothek in Wien, von Jos. Chmel. Wien 1840, Bd. I, 93, aus Cod. Manuscript, Nr. 9048. Beilage 16.

[3]) Nach Weizenegger-Merkle II, 102 war der Sammelplatz Taferne und dann Lüsse (Luxeul?), welche Namen wohl irrig geschrieben sind.

Mauer stellenweise niederriss, muthvoll an und eroberte sie am 2. Februar 1579. Die Raubgesellen, das Schrecken der Umgegend, mussten nach eingeholtem Befehle des Prinzen von Parma den Tod der Verbrecher am Galgen sterben (Strada II, 24; Weizenegger-Merkle II, 103).

Auch nahmen tausend Mann Hohenembsischen Volkes Theil an des Herzogs von Parma Zuge gegen die deutschen Raitres von mehr als 6.000 Mann im feindlichen Solde, die unter dem damals in England abwesenden Pfalzgrafen Johann Casimir dienten, aber vorsichtig einem Kampfe auswichen und Belgien allsogleich zu verlassen versprachen, wenn er ihnen den Soldrückstand von sechs Monaten auszuzahlen versicherte. Der Prinz verwarf ihr Anerbieten mit Drohungen und sie kehrten unter dem Herzog Moriz von Sachsen-Lauenburg mit einem Sicherheitsbriefe nach Deutschland zurück (Strada II, 25 seq.).

Belagerung und Eroberung von Mastricht vom 12. März bis 29. Juni 1579. — Der Prinz-Statthalter, entschlossen durch eine glänzende Waffenthat sein Übergewicht über den Feind zu zeigen, gedachte Mastricht zu erobern. Mit ihm stimmten die Mitglieder des Kriegsrathes, nur Graf Jakob Hannibal trug folgende Gegengründe vor: Die Stadt sei gross, mit Wällen, Gräben und Mauern im besten Vertheidigungsstande, die Besatzung stark und muthvoll und die zahlreiche Bürgerschaft treu und ergeben; der Angriff müsse, um wirksam zu sein, auf beiden Seiten der Maas zugleich geschehen, wozu für jetzt das grobe Geschütz fehle und die verfügbaren Truppen kaum für eine Seite hinreichen. Wolle man mehr Kriegsvolk und zahlreiche Schanzarbeiter herbeiziehen, so gingen sie in dieser verheerten Gegend nur dem Hunger entgegen; pünctliche Bezahlung der Arbeitsleute und gute Ordnung unter dem Kriegsvolke erfordern Geld; — er rathe vielmehr: über Antwerpen nach dem wohlgefüllten Flandern zu ziehen, das wenig feste Plätze und mehr spanisch gesinnte Bewohner habe, der König könne, indess sich das Heer erhole, für Geld, Geschütz, Munition, Lebensmittel und Schanzarbeiter sorgen, dann erst soll man Mastricht mit aller Macht angreifen und werde des guten Erfolges sicher sein. Des Prinzen Wille siegte über die gewichtigen Gegengründe des Grafen (s. Weizenegger-Merkle II, 104 f.).

Die wohlbefestigte Stadt Mastricht, in Brabant zu beiden Seiten der Maas gelegen[1]), zählte nach Strada II, 59 damals 34.000 Einwohner, aber nur eine Besatzung von 1000 bis 1200 Mann Mischlingstruppen, zwölf Compagnien Bürger zu je 100 Mann nebst 2000 Bauern, die mit ihren Familien vom Lande dahin sich geflüchtet hatten. Der Befehlshaber in derselben, de la Noue, suchte lange die Besatzung zu verstärken, leider aber liess die Uneinigkeit der General-Staaten ihn vergebens auf mehreres Kriegsvolk warten und als man es ihm zusandte, war der Zugang zur Stadt bereits versperrt. Die Umschliessung und Umschanzung von Seite des Prinzen-Statthalters begann am 12. März und die strengere Belagerung mit der ganzen Macht am 12. April. Als schweres Geschütz und Munition, die von drei Hohenembsischen und zwei spanischen Fähnlein bewacht wurden, beim Anfahren in einem Hohlwege stehen blieben und der Oberst Graf Ägid von Barlaimont und der Graf Jakob Hannibal, um sich vom pünctlichen Dienste ihrer Leute zu überzeugen, die Ronde machten, brachen (nach Weizenegger-Merkle II, 106) 4000 (?) Mann aus den Thoren hervor, um durch schnelle Wegnahme des Geschützes die Belagerung zu vereiteln.

---

[1]) Den Plan der Stadt Mastricht s. in Descrittione di tutti I paesi Bassi di M. Lodovico Guicciardini. In Anversa 1581, pag. 198, wo aber von dieser Belagerung der Stadt nicht die mindeste Rede ist.

Der treffliche Barlaimont, der später von einer Kugel getroffen fiel, eilte zur Bedeckung des Geschützes, und Jakob Hannibal den Schanzen zu, die Spanier sanken unter dem Schwerte der Feinde und fingen an zu weichen. Nun sprengte der Graf auf seine Fahne hinter den Spaniern, nahm von seinem Hauptmann von Arzt 60 der erprobtesten Leute, einen Trompeter und den Fähnrich Balthasar Fetz, entschlossen sich dem Tod zu weihen. So ward das Geschütz gerettet und von den rastlosen Kriegsknechten an den Wällen aufgestellt. Über vierthalb Monate ward von beiden Seiten mit allen Mitteln, welche Geisteskraft und Tapferkeit, kurz das Kriegshandwerk bot, auf's erbitterste gekämpft. In der Vertheidigung der Stadt zeichnete Sebastian Tappin, ein Hauptmann aus Lothringen, sich ganz besonders aus, auf spanischer Seite nennen wir mit Übergehung der spanischen und italienischen hohen Officiere von den Deutschen die Grafen Peter Ernst von Mansfeld [1], unsern **Jakob Hannibal** von **Hohenembs**, der nach Strada II, 59 mit zehn Fähnlein vor dem Herzogenbuscher-Thor stand und andere acht Fahnen beim Castell, dem Waffenplatze, aufgestellt hatte, ferner Georgen II. von Frundsperg mit sechs Fahnen, die Grafen Karl von Fugger und einen von Reuss. Der Graf erhielt einen gefährlichen Posten zum Angriff und zahlreiche Knechte, gehorsam dem strengen Gesetze der Kriegszucht, wurden bald beim Stürmen, bald vom Geschütze, das auf dem St. Servatius-Thurme aufgestellt war, getödtet, so auch Hauptmann Valentin Schmid aus Bregenz und Gallus Schmid war schwer verwundet. Die Belagerer begannen am 28. Juni vom Sonntage an wieder zu stürmen und die ganze Nacht bis auf den Montag Petri und Pauli (29.) mit des ganzen Heeres Kraft und Macht thaten neun Stürme nacheinander und wurden jedesmal mit grossem Verluste zurückgeschlagen. Die zusammengeschmolzene Wehrkraft war von solcher Anstrengung völlig erschöpft, die Wache auf einem der schwächeren Posten vor Müde und Mattigkeit eingeschlafen und im zehnten Ansturme zu ihrem Verderben überrascht. Sie warf sich in die Stadt, nachdrang in schrecklicher Verfolgung das siegreiche Heer, es wüthete Mord, Brand und Plünderung, in entsetzlichem Gemetzel fielen alle die, welche sich zur Gegengewehr gestellt hatten, viele suchten ihren Tod in den Wellen der Maas, die, wie uns ein Flugblatt [2] überliefert, wie ein rot Tuch gefärbt war, viele Todte sind darin geflossen, Mütter in Schrecken und Entsetzen warfen ihre Kinder in den Strom und stürzten ihnen nach, bis zu solchem Jammer der Prinz, der (zu seiner Ehre sei es gesagt) die gänzliche Zerstörung von Mastricht nicht wollte, persönlich in die Stadt kam und bei diesem gräuelvollen Anblick allsogleich umblasen liess, dass man all derer schone, welche noch bei Leben wären und bei Leibesstrafe Keiner Hand an sie lege. Das Übermass der Anstrengung warf ihn in eine lebensgefährliche Krankheit, von welcher er bald genas und nun an der Spitze seiner Feldhauptleute, zu denen wir auch unsern Grafen Jakob Hannibal zählen, seinen feierlichen Einzug in die Ruinen von Mastricht hielt. Nach glaubwürdiger Kundschaft weiss man, dass zu Anfang der Belagerung etliche tausend gemusterter, wehrhafter Mann in der Stadt gewesen, von denen nicht mehr tausend beim Leben verblieben. Nach Meteren, S. 255, blieben nicht über 300 Bürger

---

[1] Peter Ernst Graf von Mansfeld, am Hofe K. Ferdinand's I. als Edelknabe erzogen, war ein ausgezeichneter Feldherr in den Niederlanden und nach des Herzogs Alexander Farnese Tode (1592) bis zu des Erzherzogs Ernst Ankunft im J. 1594 Statthalter, in welchem Jahre K. Rudolf II. ihn in den Fürstenstand erhob. Er starb 1604. Dessen Rüstung und Porträt verwahrt die k. k. Ambraser-Sammlung. Sein ausserehelicher, von K. Rudolf legitimirter Sohn war der im dreissigjährigen Kriege berühmt gewordene Graf Peter Ernst von Mansfeld († 20. November 1626 in Bosnien).

[2] Aus Cöln durch Nicolaum Schreiber vom J. 1579

übrig, welche aber Noth und Mangel in kurzem aus der Stadt trieb, die nun verödet in Trümmern lag.

Mangel an Geld zwangen den Prinzen-Statthalter zuerst 5000 Reiter zu entlassen, auch mit dem Grafen von Hohenembs mäkelte man und entliess die Knechte unter Bedingungen. Er wählte auf eigene Kosten wieder eine Leibwache und zog, um allen Nachstellungen zu entgehen, auf einem Umwege über Koblenz, Mainz, Frankfurt und Aschaffenburg nach Hause, wo er seine Bedeckung entliess.

Nach seiner Rückkunft widmete der Graf sich theils seinen eigenen, theils den landeshauptmannschaftlichen Geschäften, bis der Landesherr, Erzherzog Ferdinand von Tirol, im J. 1581 eine kriegerische Unternehmung anordnete. Die Freiherren von Truchsess behaupteten die Lehen zu Speier mit gewaffneter Hand, der Graf musste gegen sie zu Felde ziehen und legte in kurzer Zeit den Handel nach dem Wunsche des Grafen bei.

Graf Jakob Hannibal als Brautführer. — Als des so eben genannten Erzherzogs Ferdinand geliebte Gemahlinn Philippine Welser am 24. April 1580 gestorben war, bewarb er sich um die Hand der Tochter seiner leiblichen Schwester Eleonora, die sich im J. 1561 mit Herzog Wilhelm III. von Mantua [1]) vermählt hatte, Namens Anna Katharina. Der Graf Jakob Hannibal erfreute sich des höchst ehrenvollen Auftrages, die sechszehnjährige Braut aus den Händen ihrer Eltern zu empfangen und sie nach Tirol zu geleiten, wo er an den Festlichkeiten Antheil nahm. Dieser Vermählung, die am 14. Mai 1582 zu Innsbruck mit feierlichen Aufzügen [2]) begangen wurde, wohnten bei die Eltern und der Bruder der Braut, Herzog Vincenz I. von Mantua, und von Seite des Bräutigams dessen Bruder Erzherzog Karl von Steiermark mit seiner Gemahlinn Maria, wie auch ihre Brüder, die Herzoge Wilhelm V. und Ferdinand von Baiern, deren Mutter Anna, Schwester des Bräutigams, und ihre unvermählte Tochter Anna Maximiliana; ferner deren Vetter Markgraf Philipp von Baden-Baden und dessen Vetter Georg Ludwig Landgraf von Leuchtenberg, der bald darauf des Markgrafen Schwester Maria Salome ehelichte, nebst vielen Grafen, Freiherren und anderen Adelspersonen. Bei dieser Gelegenheit hat der Graf vom Erzherzoge eine Feldschlange zum Geschenke erhalten, welche eine Kugel von zwanzig Pfunden an zwei (italienische?) Meilen, ja wie der Volksmund überliefert, von Hohenembs über den Bodensee bis Lindau geschossen haben soll!

Jakob Hannibal zum letzten Male in Spanien. — Da laut der vom K. Philipp II. von Spanien und dem Herzoge von Parma verbrieften und gesiegelten Rechnung der Graf einen Soldrückstand von 270.000 Gulden, der im J. 1580 auf der Frankfurter Mittfastenmesse (13. März) hätte abgetragen werden sollen, zu fordern hatte und er im J. 1584 noch unbezahlt war, reiste er mit seinem Sohne Kaspar im Herbste nach Mailand, wo er seinem in Gottseligkeit hinscheidenden Schwager, dem sie segnenden Cardinal-Erzbischof Karl von

---

[1]) Da noch zwei Schwestern des Erzherzogs Ferdinand mit italienischen Fürsten, nämlich Barbara mit dem Herzog Alfons von Ferrara. und Johanna mit dem Grossherzog Franz von Tuscana vermählt waren, und er zudem mit vielen andern Grossen Italiens im nachbarlichen Verkehre stand, erklärt sich die Sammlung italienischer Rüstungen und der vielen Porträte von italienischen Celebritäten, so aus dem Hause Gonzaga zu Mantua etc. allein 106 Stücke, noch eine Hauptzierde der k. k. Ambraser-Sammlung.

[2]) Die Prunkrüstung, die der Erzherzog bei dieser Feierlichkeit getragen, verwahrt noch die so eben genannte Sammlung im Saale I. sub lit. B. Vgl. Primisser's Beschreibung 1819. S. 46; des Freiherrn v. Sacken I. 132; der Folioband Nr. 136 enthält 103 Abbildungen der feierlichen Aufzüge mit den Wappen der hochfürstlichen und anderer Adelspersonen, im Foliobande Nr. 136 der k. k. Sammlung.

Borromeo, am 3. November die Augen schloss [1]), und wohl nach dem Besuche seiner Grafschaft Gallarate weiter nach Genua, von wo er auf stürmischer See nach Spanien überschiffte In Madrid wollte man seine und seines Sohnes persönliche Forderungen befriedigen, die Hauptleute und Gemeinen aber mit Vertröstungen auf bessere Zeiten hinhalten. Voll Unwillens verliess er Madrid mit einer Rechnung in der Tasche, welche nie berichtiget wurde (Weizenegger-Merkle II, 110).

Auf der Rückreise wohnte er nach derselben Angabe II, 110, der Vermählung der Infantin Katharina [2]) mit dem Herzog Karl Emanuel von Savoyen bei, welche zu Saragossa am 11. März 1585 mit grösster Pracht gefeiert wurde. Das Ehepaar kam erst am 10. August in Turin an, an welchem Tage 1557 des Herzogs Vater Philibert Emanuel den glänzenden Sieg bei St. Quentin über die Franzosen mit erfochten hat [3]).

Bei seiner Ankunft im väterlichen Hause fand der Graf ein Schreiben seines Bruders des Cardinals Marx Sittich, das ihn eiligst nach Rom rief. Der Markgraf von Marignano sollte nach Weizenegger-Merkle II, 110 eines Verbrechens wegen hingerichtet werden. Jakob Hannibal eilte nach Rom und erwirkte durch seine kräftige Fürbitte vom Papste Sixtus V. Nachsicht des Todesurtheils, dagegen musste der Begnadigte von Avignon aus, das damals dem heiligen Stuhle gehörte, zur Ausrottung der Waldenser ziehen. Meines Erachtens ist das die oben S. 8 erwähnte lüderliche Geschichte Roberts von Altemps, Duca's von Gallese, die hier dessen Vetter, dem Marchese von Marignano, welcher vielleicht Mitschuldiger gewesen sein mag, zugeschrieben wird [4]).

Die Angabe Einiger [5]). dass Graf Jakob Hannibal 1586 in den Niederlanden gewesen und in einem hitzigen Treffen bei Warnsfeld, als die Spanier Zütphen verproviantiren wollten, am 22. September schwer verwundet worden sei, ist nicht richtig, wie schon der gelehrte Köhler in seinen historischen Münz-Belustigungen Bd. IV, 15 dargethan hat. Jener verwundete hohe Officier war nach Strada Bd. II, 451 nicht Hannibal von Altemps sondern Hannibal von Gonzaga-Novellara, der tödtlich verwundet wurde, genas, später im Dienste der Republik Venedig in Candia focht und endlich als des Herzogs Vincenz I. von Mantua Statthalter in Montferrat zu Casale starb [6]).

Nach seiner Rückkehr aus Rom verliess er nicht mehr seine Heimat. Das Ungemach der Feldzüge, Wunden, und das herannahende Alter beschleunigten das Ende seiner Tage, er starb zu Hohenembs am 26. December 1587 und ruht in der von ihm erbauten Pfarrkirche. Über dem Hauptportale der Kirche von aussen steht in einer schön verzierten Nische von Sandstein das Standbild Jakob Hannibals im Feldherrn-Costüme, darunter auf einer Marmortafel von etwa drei Fuss im Quadrate liest man die Inschrift:

---

[1]. Cf. Biografia di San Carlo Borromeo del Prof. Antonio Sala. Milano 1858, pag. 208, 211, 217.

[2]. Katharina, geb. 10. October 1567, war die jüngere Tochter K Philipp's II. und Elisabethens Prinzessinn von Frankreich, † zu Turin 1597.

[3]) Ad Sereniss. felicissimumque Carolum Eman. Sabaudie Ducem etc. de auspicatissimo cum Catharina Austriaca etc. conjugio Phil. Mar. Bofredi. Augustae Taurinor. 1585, in 4°. Die Angabe Hübner's I, Tab. 292, dass diese Vermählung am 6. November 1585 gefeiert worden sei, ist somit unrichtig.

[4]) Der berühmte Johann Jakob von Medleis-Marignano starb in Mailand im J. 1555 kinderlos, dessen jüngerer Bruder Gabriel fiel 1531 im Müsserkriege, der jüngste Augustin setzte als Marchese von Marignano das Geschlecht fort Seine Kinder waren Cäcilia, Gemahlinn Ottavie's Gonzaga, und Johann Jakob II. Vgl. Abtheil. I, S. 176.

[5]) Gauhe's Histor. Helden-Lexikon; v. Reilly's Skizzirte Biographien der berühmtesten Feldherren Österreichs von K. Maximilian I. bis auf Franz II. Wien 1813, S. 65.

[6]) Litta, Famiglie celebri Italiane. Artic. Gonzaga. Parte III. Tav. XI.

D.   O.   M.

JACOBO HANNIBALI COM: IN ALTOEMSIO ET GALARATO

PII IIII. PONT. MAX: EX SORORE NEPOTI EIUSDEM AC PII V. SUCCESSORIS

ECC. (lesiæ) MILITIÆ GENERALI CAPITANEO.

SUB CAROLO V. ET FERDIN. ROM. REGE

MILITARIS ARTIS TYROCINIA DIVERSIS IN BELLIS STRENUE AUSPICATO

A PHILIPPO II. HISPANIARUM REGE.

GERMANORUM PEDITUM DUCI CONSTITUTO OB VARIAS EXPEDI-
TIONES IN GALLIA, NEAPOLITANO REGNO, AFRICANO LITTORE,
BURGUNDIA, TANDEM TRINAS IN BELGIO FELICITER CONFEC-
TAS GALLARATI COMITATU COMPENSATO, INTIMI CONSILIARII AC, QUÆ

PEREXCELSA IN HISPANIIS EST, MAGNATIS DIGNITATE DECORATO.

FERDINANDI AUSTRIÆ ARCHIDUCIS

BRIGANTII, VELDCHIRCHII, HOCHENECHII PRAEFECTO, AC MILITUM
SUMMO DUCI, TERRA MARIQUE MAXIMIS EXANTLATIS LABORIB: (us)
IMMORTALI GLORIA FAMILIAE COMPARATA IN ALTEMBSIANA DEMU

ARCE, ANNO M . D . LXXXVII. ÆTATIS SUÆ LVII. VII. CAL. IAN. PIE EXTINCTO

CASPARUS FILIUS MOESTIS: (simus)
PATRI OPTIME MERENTI

P . (osuit) . [1]

Von S c h l e h e n s sogenannter Embser Chronik S. 36, wo man Ætatis suæ LVII. Kal.
Jan. pie extincto mit Weglassung von VII. lies't, irre geleitet, setzte ich in der Abtheilung I.
Denkschriften Bd. X, 177, und in den Separatabdrücken S. 85 Jakob Hannibal's S t e r b e t a g
auf den 1. Jänner statt 26. December 1587.

Dessen halben, ganz schwarzen H a r n i s c h verwahrt die k. k. Ambraser-Sammlung im
Saale II, Nr. 70, abgebildet in Schrenk von Notzing N. CXV; wie auch dessen und der
Gemahlinn Hortensia P o r t r ä t e Nr. 783 und 784.

Jakob Hannibal, der hervorragendste Krieger seines Geschlechts, war verständig und
glücklich in Anschlägen, klug, geschickt und unerschrockenen Muthes bei deren Ausführung,
vorn an der Spitze seiner Kriegsleute treu ausharrend, und verstand sie, wenn bei lang aus-
bleibendem Solde sie schwierig waren, auf eine gute Art zu besänftigen, ohne seinem
Ansehen etwas zu vergeben. Sein Name mehrte in Spanien, Italien und in den Niederlanden
den Ruhm der deutschen Tapferkeit und Treue, er vergass jedoch, wie die Condottieri, nicht
seinen Vortheil.

Von seiner Gemahlinn H o r t e n s i a Borromea Gräfinn von Aroma, die in Rom am
6. Jänner 1565 mit ihm sich vermählte, und, als er mit seinem Sohne K a s p a r in den
Niederlanden stand, im J. 1578 zu Hohenembs starb, hinterliess er fünf eheliche Kinder, als:

1. M a r g a r e t h a, vermählt mit: *a)* L u d w i g Grafen von L o d r o n; *b)* O s w a l d Freiherrn von T r a p p, deren Heiratsvertrag zu Trient am 30. August 1605 geschlossen wurde;

2. C l a r a, Gemahlinn des Freiherrn S i g m u n d von W e l s p e r g und Primör;

3. **Kaspar,** der das Geschlecht fortpflanzte.

---

[1] Mitgetheilt von Herrn Franz Amor- Pfarrhelfer zu Hohenembs.

4. **Marx Sittich IV.**, Erzbischof zu Salzburg von 1612—1619.

5. **Wolf Dietrich II.**, starb 1604 unverehelicht in Mailand. Zwei starben als Kinder.

Ausser diesen hatte er sechs uneheliche Kinder, nämlich *a)* zwei Töchter von einer Spanierin, die beide ins Kloster St. Claræ-Ordens zu Valduna eintraten. Die ältere, Namens Margaretha von Embs, stand demselben vom J. 1602—1635 als Äbtissinn vor; *b)* vier Söhne, die er als Witwer mit einer Embserinn erzeugte [1]). Nach Johann Georg Schlchen's sogenannter Embser-Chronik von 1616 S. 42 hatte „Hauptmann Marx Embser, so ein lediger dess Geschlechts von Embs war, deren etwen viel waren, vn sich in Kriegsdiensten wol gebrauchen haben lassen, daß vil Hauptleuth auss ihnen worden", den Edelsitz Uodelberg [2]) bei Götzis aufgebaut, der im erwähnten Jahre 1616 dem Verwalter der Herrschaft Neuburg Wolfgang Jonas gehörte. — Dieser Marx Embser war höchst wahrscheinlich einer der ausserehelichen Söhne des Grafen Jakob Hannibal.

Wir führen unsern Lesern zuerst den Erzbischof Marx Sittich IV. vor, um dann mit seinem Bruder Kaspar die Schicksale und Reihenfolge dieses nach dem Grafen Kaspar schnell sinkenden Geschlechtes, welches mit den beiden Kirchenfürsten Marx Sittich II. und IV. und Jakob Hannibal I. seinen Höhe- und Glanzpunct erreicht hatte, ohne Unterbrechung fortsetzen zu können.

Marx Sittich IV., Erzbischof zu Salzburg von 1612—1619. — Marx Sittich, der zweite um 1574 geborne Sohn des Grafen Jakob Hannibal I. und Hortensia's Borromea, Gräfin von Arona, erhielt seinen ersten Unterricht in Rom unter den Augen seines väterlichen Oheims, des Cardinals Marx Sittich, dessen Namen er trug, dann 1588 auf der hohen Schule zu Ingolstadt als vierzehnjähriger Canonicus von Salzburg [3]), wo er am Hofe seines Vetters, des Erzbischofs Wolf Dietrich von Raitenau [4]) der besten Pflege sich zu erfreuen hatte, den er später nach dessen Sturze mit unbegreiflicher Strenge behandelt haben soll; später war er auch zum Dompropste zu Constanz ernannt, wo er 1609 von Grund auf und stattlich die propsteiliche Curie erbaute, das Propstei-Besitzthum und Einkommen durch Ankauf des Schlosses Wurmlingen [5]) verbesserte und sich von einer sehr vortheilhaften Seite zeigte.

Als am 7. März 1612 der unglückliche Erzbischof Wolf Dietrich abgedankt hatte, ward Marx Sittich am 18. desselben Monats vom Domcapitel durch Stimmenmehrheit zu dessen Nachfolger auf dem Stuhle des heil. Rupert erwählt, weil dasselbe vor allen ihn fähig fand, dem unter Wolf Dietrich in grosse Unordnung gerathenen Erzstifte wieder aufzuhelfen. Im September wurde er vom Bischof von Chiemsee zum Priester und vierzehn Tage darauf, am 7. October vom Bischof Wolfgang II. von Regensburg zum Bischofe geweiht und mit dem Pallium behängt. Den folgenden Tag hielt er seinen fürstlichen Einritt in Salzburg auf schnee-

---

[1]) Nach Mittheilungen des Herrn Professors P. Franz Joller aus Feldkirch. Leider wissen wir die Jahre der Geburt all dieser Kinder nicht anzugeben.

[2]) Uodal, praedium; Udel, der, war in Bern ein Eigenthum in der Stadt, welches Ausbürger, die nicht Tellen (Steuern, Abgaben) zahlten, ankaufen mussten. S. v. Tillier's Geschichte des Freistaates Bern. 1838. Bd. I, 138 *), dann S. 151 u. 161. Vgl. Udel-rich an Udel-bilt.

[3]) In Mederer's Annal. Ingolstad. Academiae. Ingolstad. 1782, Tom. II, pag. 111 heisst es: „Marcus Sittichus Comes ab Embs, Can. Salisburg. 1588".

[4]) S. über diesen und die Familie von Raitenau im Anhange Anmerkung VIII.

[5]) Wurmlingen, Pfarrdorf zwischen Tübingen und Rottenburg in der damals österreichischen Grafschaft Nieder-Hohenberg, das ehemals eigenen Adel von Wurmlingen hatte, gehörte zur Reichsherrschaft Konzenberg, und diese der Dompropstei des Hochstiftes Constanz.

weissem Pferde mit dem Legatenhute auf dem Haupte und in rothem Talare, unter dem Donner von vierzig Kanonen und dem Geläute aller Glocken. Auch nahmen an diesem prachtvollen Einzuge freudigen Antheil die Edelleute (welche?) der Grafen von Embs und Gallarate, sein Neffe Jakob Hannibal II. Graf von Embs und Johann Jakob von Medicis, des Marchese von Marignano Bruder, unter den Kammerherren, und zu Pferde dessen leiblicher Bruder Graf Kaspar von Hohenembs. Am 9. ward ihm von den Ständen des Landes gehuldigt. Am Feste Allerheiligen verrichtete er in der Pfarrkirche sein erstes Messopfer und las von dieser Zeit an fast täglich die heilige Messe.

Marx Sittich als Kirchenfürst. — Schon am 15. December 1612 verschärfte er bei unausbleiblicher Leibes- und Geldstrafe das Fasten, welches nicht mehr eingehalten war, schrieb eine neue Kirchenordnung vor, führte am 29. Juni 1613 die Frohnleichnams-Bruderschaft ein und dergleichen. Auch war er laut Verordnung vom 1. August 1614 streng gegen die Sittenlosigkeit der Priester, zumal unter der vorigen Regierung fast gar keine Diöcesan-Visitation gehalten wurde und das Laster des Concubinats stark um sich gegriffen hatte. Aus Schladming in Obersteiermark vertrieb er alle Prädicanten[1]). Sein Hauptwerk war die von seinem Vorgänger versuchte, aber nicht ausgeführte Religions-Reformation im Gebirge, besonders im Pongau, in welchem die Ausübung der katholischen Religion beinahe ganz erloschen war. Er schickte zwei Kapuziner als Missionäre nach Radstadt, später auch nach Wagrain, jedoch ohne ergiebige Früchte, auch wurde durch Furcht auf das Volk eingewirkt, dasselbe mit militärischer Einquartierung bedroht und der Widerspänstige damit belegt, ja selbst ein erzbischöflicher Befehl erlassen, welcher den Lutheranern die Ausübung jedes Gewerbes und Handwerks untersagte und den Pfarrern auftrug, kein lutherisches Brautpaar mehr einzusegnen und keines Lutheraners Leiche in geweihtes Erdreich zu begraben. Um im theuern Vaterlande zu bleiben, legten viele das Bekenntniss des katholischen Glaubens ab, jedoch wanderten vier Bürger von Radstadt und sechzehn von Wagrain und zwar die reichsten mit ihren Familien aus; fast alle Bauern, die man thalweise nach und nach, um allen Aufruhr zu vermeiden, durch die seeleneifrigen Missionarien, durch Aufsuchung und Wegnahme aller ketzerischen Bücher und durch Vertheilung von vielen tausend Exemplaren von dem Katechismus des gelehrten und frommen Peter Canisius[2]) in den Schoss der katholischen Kirche zurückzuführen suchte, bekannten sich zur katholischen Lehre. Schwerer hielt es im Thale Gastein, nach welchem die Missionäre im Februar 1615 sich wandten, um ihre Wirksamkeit an den reichen Gewerken und den dreihundert Hütten- und Bergarbeitern zu versuchen. Als die Bewohner gerichtlich aufgefordert wurden, sich auszusprechen, welcher Religion sie zugethan wären, erklärten laut Register unter 2521 erwachsenen Personen sich nur 309 für die katholische Lehre. Nach wiederholten erzbischöflichen Befehlen und Einlegung von Militär in die Häuser der Widerspänstigen und Verdächtigen vom Samstag nach dem 15. April (d. i. vom 18. April) 1615 an, legten 1556 Verdächtige ein neues Glaubensbekenntniss ab, 40 Familienväter mit 293 Personen zogen aus dem Lande, und ungefähr eben so viele folgten ihnen nach, von denen jedoch viele ihre Auswanderung bereuten und auf ihre Bitte wieder aufgenommen wurden. Es soll im Gebirge damals überhaupt die Zahl der

---

[1]) Aquilin Jul. Cäsar's Staats- und Kirchengeschichte des Steiermark. Graz 1788, Bd. VIII, 408.

[2]) Der Erzbischof liess zu diesem Zwecke den Katechismus des Jesuiten Peter Canisius († zu Freiburg in der Schweiz 1597) neu auflegen und auch in kurzen Auszügen verbreiten.

zur katholischen Kirche bekehrten Personen sich auf 10.000, die der Ausgewanderten hingegen auf 6000 belaufen haben. Er vermehrte den Pfarrgehilfen ihr Einkommen, liess mit Strenge die Beichtzettel abliefern, machte persönliche Visitations-Reisen, so im September 1615 durch das Pongau und Pinzgau, wohnte dem Gottesdienste bei, besichtigte alle Geräthe in der Sacristei, und liess im Jahre 1616 für die Geistlichkeit ausführliche Statuten und Visitations-Decrete entwerfen und am 7. October in seinem Erzsprengel verbreiten.

Nicht minder war der Fürst-Erzbischof darauf bedacht, für besseren und erweiterten Unterricht im Lande zu sorgen. Schon beim Antritte seiner Regierung erkannte er die Nothwendigkeit einer inländischen Pflanzschule für junge Geistliche, die Väter Franciscaner und Augustiner lehnten den Ruf von sich ab, die Jesuiten, zu einer Besprechung wegen der Übernahme der Schulen nach Salzburg berufen, erschienen, verschwanden aber nach wenigen Tagen und kamen nicht wieder. Nun zog der Erzbischof den gelehrten Kapuziner Pater Sylverius aus Bregenz, beliebten und in grossem Ansehen stehenden Hofprediger zu Salzburg, hierüber zu Rathe. Dieser rieth ihm, die Lehrerstellen den Benedictinern anzutragen, die Äbte mehrerer Klöster einzuladen und zum Frommen der Zucht und Wissenschaft, wie auch zur Ehre des Ordens mit einander einen Bund zu schliessen. Der treffliche Benedictiner-Abt Joachim zu St. Peter in Salzburg, dem die Ausführung des ganzen Werkes übertragen wurde, hatte offene Vollmacht vom 28. April 1617 an die Äbte der Benedictiner-Klöster in Schwaben und Baiern, um sie zur Mitwirkung bei dieser Unternehmung einzuladen und zu vermögen. Ganz besonders nahm Abt Gregor von Ottobeuern sich der Sache an und wirkte auf die Äbte der Nachbarschaft; schon am 1. Juli stattete Abt Joachim dem Erzbischofe über seine Sendung erfreulichen Bericht ab, und fügte die Bedingungen bei, unter denen der Benedictiner-Orden diese Schule übernehmen würde. Marx Sittich bewilligte alles und stellte am 20. September 1617 den feierlichen Stiftungsbrief aus, machte den Anfang mit sechs Professoren, mit dem Vorbehalte noch mehrere Lehrer anzustellen, sobald diese Lehranstalt zu einer Universität erhoben würde. Die Professoren wohnten im Kloster St. Peter, das für die Verpflegung jedes Lehrers jährlich 150 Gulden erhielt. Pater Sylvan Herzog, Prior zu Ottobeuern, war der erste Rector des neuen Gymnasiums, das schon am 6. November desselben Jahres in Gegenwart des Erzbischofs, des Domcapitels, aller Obern der Klöster unter Anrufung des heiligen Geistes in der Klosterkirche mit 147 Zöglingen feierlich eröffnet wurde. Im Jahre 1618 liess der rastlos thätige Kirchenfürst auf eigene Kosten in der Mitte des ehemaligen Frohngartens für die Lehrer ein eigenes Wohngebäude aufführen und nannte es zu Ehren seines am 1. November 1610 vom Papst Paul V. canonisirten mütterlichen Oheims das Collegium St. Caroli. Am 14. Mai 1618 legte der Dompropst Paris Graf von Lodron den Grundstein zur Capelle desselben heiligen Carolus von Borromeo. Am 23. September erhielten die Lehrer vom Erzbischofe die Censur-Freiheit und die Erlaubniss sich der Hofbuchdruckerei zu bedienen. Die Conföderations-Urkunde ddo. Augsburg am 8. October 1618 nennt XVI Prälaten des Benedictinerordens, an deren Spitze wir den Abt Bernard II. Müller von St. Gallen, dann auch den Abt Placidus Viggel aus der Mehrerau lesen.

Da das neu errichtete Gymnasium sich immer stärkeren Zuwachses erfreute, der Erzbischof aber im Drange der Zeit (indem schon die Wehen des dreissigjährigen Krieges eintraten) dasselbe jetzt nicht zu einer Universität zu erheben vermochte, so gab er doch am 6. September 1619 die Versicherung, sobald es die Umstände erlaubten, eine Universität errichten und schon von jetzt an 3000 Gulden zum Unterhalte der Lehrer entrichten zu wollen.

Die kaiserliche Bestätigung dieses Gymnasiums erfolgte ddo. Wien am 9. März 1620 unter dem nachfolgenden Erzbischofe, dem vorgenannten Paris Grafen von Lodron, der es am 1. September 1623 zur Universität erhob und am 11. October sie eröffnen liess. Sie bestand bis am 24. December 1810, an welchem Tage sie durch die k. baierische Regierung aufgehoben wurde. — Auch wünschte er den Orden der barmherzigen Brüder in Salzburg einzuführen, legte am 18. April 1616 in eigener Person den Grundstein; am St. Marcus-Tage (23. April) 1617 ward die Kirche nebst dem Spitale und dem Kloster eingeweiht und dem Orden übergeben, welcher aber während eines Brandes im Kay Nachts das Kloster in aller Stille verliess, das nun leer stehen blieb. Die Ursache dieses so schnellen, fluchtartigen Verschwindens ist nicht bekannt.

Erzbischof Marx Sittich als weltlicher Regent und seine Bauten. — Unter Vermittelung des päpstlichen Nuntius trafen er und das Domcapitel am 28. Juni 1612 einen Vergleich mit dem Herzog Maximilian von Baiern und er zahlte in vierjährigen Fristen an denselben 150.000 Gulden für die Kriegskosten, die er wegen seines Zuges gegen den Erzbischof Wolf Dietrich forderte. Vom Ende Juli bis October 1613 wohnte er dem Reichstage zu Regensburg mit grossem Gefolge bei.

Wie sein Vetter und Vorgänger Wolf Dietrich hatte er grosse Vorliebe zu Bauten. Als der von jenem begonnene Bau einer neuen Domkirche durch die ausgebrochenen Unruhen eine völlige Unterbrechung erlitt, liess er einen ganz neuen Grundriss entwerfen und legte in eigener Person am 14. April 1614 den ersten Stein, predigte öffentlich am grünen Donnerstage, hielt am Charfreitage die Procession mit den Figuren aus der Leidensgeschichte Christi auf eigene Kosten und begleitete sie selbst in einer rothen Busskutte. Nach Marx Sittich's frühem Hinscheiden setzte sein Nachfolger Paris Graf von Lodron den Bau fort und weihte die Kirche am 28. September 1626 mit grossem Pompe ein [1]).

Diesen drei Kirchenfürsten gebührt der Ruhm, in 66 Jahren (von 1587—1653) die Erneuerer und Verschönerer der Residenz zu sein. Wolf Dietrich ist der Gründer des Neubaues am Residenzplatze, Marx Sittich nebst Paris der Fortsetzer, und Graf Max Gandolph von Khüenburg (von 1668—1687) dessen Vollender.

Auch baute Marx Sittich eine der neun Capellen im Gange der Franciscaner-Kirche, war ein Wohlthäter der Augustiner- oder Pfarrkirche in der Vorstadt Mühln, die ihr Entstehen seinem Vorgänger verdankt [2]). Ausser den Kirchen baute er nach Pillwein S. 277 von neuem im Jahre 1612 das Klausen- oder Schleussenthor, am Engpass an einem senkrechten Felsen; ferner 1615 das Nonnberger-Thörchen, dann 1618 das Gstütten- oder Bürgerspital-Thor.

Er vollendete den Bau des Sommerschlosses Altenau, den sein Vorgänger im Jahre 1607 auf dürftiger Aue für seine Freundinn Salome Alt, die schönste Salzburgerin ihrer Zeit, in aller Pracht zu bauen begonnen hatte, und nannte es mit italienischem Namen Mirabella; spätere Fürsten verschönerten es und der beinahe neue Erbauer desselben ist der Erzbischof Franz Anton Graf von Harrach (von 1709—1729).

---

[1]) Den Plan zum Dome verfertigte Vincenzo Scamozzi aus Vicenza, der 1616 zu Venedig starb (vgl. Nagler's Künstler-Lexikon XV, 68), Dombaumeister war Santino Solari, Architekt aus Como, der 1646 starb und sein Grabmal auf dem Friedhofe zu St. Peter in Salzburg, Arcade Nr. 31 hat. Johann Solari, der Jüngere, malte 1626 Fresco, so auch der florentinische Serritenmönch Fra Arsenio Mascagni († 1636) Fresco, wovon bei Nagler VIII, 292 mit keinem Worte erwähnt wird.
[2]) Das Herzogthum Salzburg, von Pillwein. Linz 1839. S. 293 und 342.

Ein Juwel in der reizenden Landschaft ist das eine Stunde von Salzburg entlegene, nun kaiserliche Lustschloss Hellbrunn, dessen Bau Marx Sittich im Jahre 1613 auf sumpfigem Boden begonnen und in fünfzehn Monaten vollendet hat. Dasselbe hat schöne Säle und Zimmer mit einer Hofcapelle zu Ehren des heil. Carolus Borromäus, schöne Treibhäuser. Gärten mit Statuen, Wasserwerke, Grotten, darunter eine Steinbockgrotte (welches Thier die gräfliche Familie im Wappen führte) [1].

Im Schlosse copirte ich mir folgende Worte:

QVOS HIC AMOENOS COLLES,
HERBOSA PRATA, NITIDAS VIDES AQUAS,
MARCVS SITTICVS ARCHPVS SALISB: ET PRINCEPS
NEGLECTA NATURÆ DONA
NON ABSQ: COMMISERATIONE ADMIRANS
MOENIBUS CINXIT, THEATRIS ORNAVIT,
E PALUDOSO LIMO
TOT VARIOS FONTES COLLEGIT,
DILECTÆ POSTERITATI DICAVIT.
MDC—XIII.

Die Aufschrift lautet: NVMEN VEL DISSITA IVNGIT. Die Wappen von Salzburg und Hohenembs, wie auch des Erzbischofs Porträt vom J. 1615.

Unweit über Hellbrunn erhebt sich Wald-Ems oder das sogenannte Monatschlösschen, der Sage nach von Marx Sittich in einem Monate erbaut, um einen baierischen Herzog bei seiner Rückkehr (aus Gastein?) damit zu überraschen (s. Pillwein S. 356). Hinter diesem Schlösschen gelangt man zu dem in lebendigen Kalkfelsen gehauenen Theater mit Aus- und Eingängen, mit künstlichen Erhöhungen, Gängen und Sitzen, alles aus Felsen. Hier wurden schon im J. 1617 Pastorelle und Opern gegeben. Alles ist in weitem Umkreise mit einer niedrigen Mauer umschlossen.

Im Jahre 1614 baute er an der von ihm nach Hellbrunn angelegten Fürstenstrasse nächst Hellbrunn für seinen Neffen, den jugendlichen Oberst-Hofmarschall Jakob Hannibal II. Grafen von Hohenembs das hübsche Schlösschen Emslieb, das er 1618 seinem geheimen Rathe und Hofuntermarschall Thomas Perger schenkte, der sich von dieser Zeit an das Prädicat von und zu Emslieb beilegte und hochgeachtet starb [2]. In derselben Gegend entstand gleichzeitig auch das Schloss Embsberg, das der Hauptmann Johann Sigmund von Mabon mit Beihilfe des Erzbischofs erbaute. Seine Gemahlinn, eine geborne Rehlingerinn, soll nach der Sage durch ihre Liebenswürdigkeit selbst die Zuneigung des frommen Neffen des heil. Karl von Borromeo in hohem Grade besessen haben (vgl. Zauner's Chronik von Salzburg, Fortsetzung Bd. VIII, 88. Pillwein S. 355). Auch erneuerte er, nach Letzterem S. 351, das uralte Schloss Glaneck, anderthalb Stunden von Salzburg, beim Ursprunge der Glan.

Bergbau. — Im Jahre 1614 suchte er den Gewerken in Gastein wieder aufzuhelfen, dessen Bergbau unter dem Erzbischofe Leonhard von Keutschach (von 1495—1519) so

---

[1] Eine ausführliche Beschreibung dieses vielfältig abgebildeten und den Besuchern Salzburgs wohlbekannten Lustschlosses ist bei Pillwein S. 355 nachzulesen.

[2] In neuerer Zeit heisst es auch Esterhazy-Hof von der Gräfinn Ernestine von Esterhazy, die denselben 1796 besass. S. Pillwein S. 349. Dermalen gehört es dem Freiherrn von Imhof.

5 *

ergiebig gewesen war. Auch löste er verschiedene Bergwerke, die bisher von Gewerken betrieben wurden, wieder zur Hofkammer ein. Im J. 1615 kaufte er das Bergwerk zu Ramingstein, und im J. 1618 löste er in Gastein und Rauris denjenigen Gewerken ihre Bergwerke ab, welche der Religion wegen aus dem Lande wanderten (Zauner VIII, 90). Im J. 1615 erzeugten diese beiden schon minder ergiebigen Thäler noch 199 Mark Silber und 9 Mark Gold.

Unter dem Erzbischofe von Keutschach, dessen Regierung mit allem Recht die goldene Zeit Salzburgs genannt wird, war das Erzstift in Bezug auf die Finanzen in reicher Blüthe; die späteren Verhältnisse und erhöhter Aufwand der Fürsten führten Schulden herbei, so

von Matthäus Lang . . . . von 1519—1540 . . 35.000 Gulden
„ Herzog Ernst von Baiern . . . . „ 1540—1554 . . 4.000 „
„ Jakob Khuen von Belasy . . . . „ 1560—1586 . . 28.950 „
„ Wolf Dietrich von Raitenau . . . . . . „ 1587—1612 . . 191.266 „ 40 kr.
„ Marx Sittich Grafen von Hohenembs „ 1612—1619 . . 267.150 „

zusammen 526.366 Gulden 40 kr. — Gegen die Vermehrung der Schuldenlast durch Marx Sittich, die durch die Zahlung von 150.000 Gulden Kriegskosten an den Herzog von Baiern sich in etwas entschuldigen lässt, protestirte der Dompropst Graf Paris von Lodron, und das Domcapitel erklärte, dass es künftighin ohne Einberufung aller Domherren in keine Schuld einwilligen werde, und verlangte durch Vorlegung der Rechnungen in Kenntniss gesetzt zu werden (Zauner VIII, 117). — Übrigens war Marx Sittich ein wachsamer und auf vieles wohlbedachter Fürst und erliess gemeinnützliche Verordnungen, so am 2. Jänner 1619 in Betreff des Viehhandels und verschiedener Victualien, am 19. gab er eine „Newe Fewer- und Auffläuff-Ordnung".

Bald darauf, als er am 6. September 1619 die Versicherung gegeben hatte, sobald es die Umstände erlaubten, eine Universität in Salzburg zu errichten, ergriff ihn eine tödtliche Krankheit, welche nach kurzem Krankenlager ihn dahinraffte. Er starb am 9. October 1619 Morgens zwischen zwei und drei Uhr im 45. Lebensjahre. Die Leiche ward am 15. in der Pfarrkirche beigesetzt, später aber in den Chor der neu erbauten Domkirche übertragen und von seinem Nachfolger, dem Erzbischofe Paris Grafen von Lodron, ihm eine weitläufige Grabschrift gesetzt, die in Köhler's histor. Münz-Belustigungen Bd. IV, 21 ff. abgedruckt ist.

Dessen Thaler sind beschrieben im Thaler-Cabinete von Ritter v. Schulthess-Rechperg. Wien 1845, Bd. II. Nr. 3793—3823.

Kaspar Graf zu Hohenembs, Gallara und Vaduz, von 1587—1640.

Graf **Kaspar**, der älteste Sohn Jakob Hannibal's I. und der Gräfinn Hortensia Borromeo, war, wie aus dem Schlusse seiner Fideicommiss-Urkunde vom J. 1626 und aus dem Porträte zu Bistrau Nr. 10 sich ergibt, im J. 1573 geboren. Im J. 1578 begleitete er nach S. 25 in dem zarten Alter von fünf Jahren seinen Vater in die spanischen Niederlande, entwickelte aber, wie aus seinem spätern Leben erhellet, nie Waffenlust und kriegerischen Sinn. Von dessen Jugend und Erziehung ist uns nichts näheres bekannt, eben so wenig ob er nach seines Vaters Hinscheiden (26. Dec. 1587) unter Vormundschaft gestanden sei, da er in seinem 15. Lebensjahre die Regierung seiner Reichsgrafschaft kaum selbst angetreten haben dürfte.

Schon im J. 1590 scheint er, wie aus seinem Testamente vom 14. Mai 1614 erhellet. mit Sigmund Freiherrn von Welsperg und Primör aus Tirol wegen dessen Vermählung mit seiner jüngeren Schwester, der Gräfinn Clara selbstständig gehandelt zu haben. In seinem zwanzigsten Lebensjahre vermählte er sich mit **Eleonora Philippine** Freiinn von **Welsperg** und **Primör**, die in zwei und zwanzigjähriger glücklicher Ehe fünf Söhne und sieben Töchter gebar, wie uns ein Votivgemälde im Amthause im Markte Hohenembs überliefert.

Dasselbe ist 5 Fuss 9 Zoll im Wiener Mass breit, 3 Fuss 11 Zoll hoch und in drei oblonge Vierecke oder Felder von ungleicher Höhe abgetheilt. Im obern und grössten Felde von 2 Fuss $5\frac{1}{2}$ Zoll Höhe erblicken wir mitten in der Landschaft von Hohenembs, in welcher links (vom Gemälde aus) in der Ebene das neue, grosse Schloss sammt der Pfarrkirche, und im gebirgigen Hintergrunde die beiden alten Schlösser, Hohenembs und der Glopper, in ihrem damaligen Zustande dargestellt sind, Christus am Kreuze, an dem unten die reuevolle Magdalena emporblickend kniet; zur Rechten des Kreuzes steht die schmerzerfüllte heil. Mutter und gegenüber zur Linken der Lieblingsjünger Johannes. In der Mitte des mittleren 1 Fuss $\frac{1}{2}$ Zoll hohen Feldes steht ein Altar mit drei brennenden Kerzen, welchen vorne die Wappenschildchen von Hohenembs und Welsperg zieren, darunter die Jahrzahl 1602. Rechts neben dem Altare kniet Graf Kaspar in schwarzem Gewande und weisser Halskrause, den Degen umgeschnallt und Sporen tragend und in den empor gehobenen Händen einen Rosenkranz haltend, vor ihm liegt auf dem Boden der Hut; links kniet dessen Gemahlinn Eleonora in schwarzem Gewande mit weisser Halskrause, ihr Haupt mit spitz zulaufendem Hute bedeckt, gleichfalls mit dem Rosenkranz in den empor gehobenen Händen. Hinter dem Vater knieen die fünf Söhne nach ihrem Alter in abnehmender Grösse gereiht, in langen farbigen Gewändern, mit Halskrausen nach der Mode jener Zeit und mit Rosenkränzen in ihren Händen, ja sogar die in ihrer Kindheit oder nach ihrer Geburt Verstorbenen sind gleich den übrigen in derselben Tracht, aber in weissen Gewändern dargestellt und ihre Häupter mit dem Todtenkreuze bezeichnet; in gleicher Art und Weise knieen hinter der Mutter die sieben Töchter nach ihrem Alter gereihet. Das untere 5 Zoll hohe, gleichsam einen langen Streifen bildende Feld überliefert uns die Namen, die Jahre und Tage der Geburt dieser zwölf Kinder von 1594—1612, woraus erhellet, dass die Bilder der nach 1602 gebornen Kinder nach diesem Jahre gemalt und ihre Namen an ihrer Stelle eingetragen wurden. Somit unten rechts liest man *A:* **Kaspar** Graf zu **Hohen-Embss** und **Gallara** etc. ÆTATIS. XXVIII [1]). Nach diesen Worten folgen rechts hin hinter einander die Namen der Söhne, so dass der eines jeden unter sein Bildniss gesetzt ist, als:

1. Jacob Hannibal geporen den 20. Martij Anno 1595 (er ist der alleinige Fortpflanzer des Hohenembsischen Geschlechtes und Namens).
2. Georg Sigmundt geporen den 15. April 1597, den 20. Julij gemellts Jars todts versch (ieden).
3. Merck Sittich (V) geporen den 5. Maij Anno 1600 den 29. August desselben Jars todts verschiden.

---

[1]) Statt der Fracturschrift, der auch Worte in lateinischen Lettern beigemischt sind, sind hier durchgängig gleiche Buchstaben gesetzt worden.

4. Merck-Sittich (VI) gepor. den 21. Martij Anno 1601 und nach Empfangener Christlichen Tauff gelebt 2 stundt.

5. Franciscus Maria geboren den 20. Augusti Anno 1608.

Links *B*: **Leonora Philippina** Gräfinn zur **Hohen-Embss** und **Gallara** — hinter ihr links hin die sieben Töchter, als:

6. Anna Maria geporen den 8. Martij 1594 (sie war mit dem Freiherrn Fortunat von Wolkenstein-Rodenegg vermählt und starb am 4. October 1621).

7. Hortensia geporen den 27. Martij Anno 1596. (Nonne St. Clarä-Ordens zu Valduna bei Rankweil, wo sie am 6. August 1645 starb.)

8. Dorothea geporen den 13. Novembris Anno 1598 (schliesst im Palaste zu Embs am 2. Febr. 1645 den Heiratsvertrag mit Franz Andreas Herrn auf Raitenau, Freiherrn zu Hofen, kais. Kämmerer und vom 2. März 1638—1646 österreichischem Vogte zu Bregenz).

9. Caecilia geporen den 10. Martij Anno 1604, den 10. Octobris 1605 verschiden.

10. Christina geporen den 8. Mertzen 1606 und nach empfa(ngener) Tauf Todts verschiden.

11. Maria Clara geboren den 22. Augusti 1610 (Nonne zu Valduna, † 4. Febr. 1662).

12. Leonora geboren den 9. Januari Anno 1612 [1]).

Dieses Gemälde, für uns von besonderem genealogischen Werthe, wurde vor zwei Jahren vom Maler Joseph Arnold aus Tirol theilweise ausgebessert und aufgefrischt.

Die Gräfinn Leonora Philippina überlebte noch das Ende des Jahres 1612, wie ich aus ihrem Porträte vom J. 1613 zu Bistrau schliesse, nach welchem sie damals 40 Jahre alt war.

Am 13. April 1614 verlobte sich Graf Kaspar nach Angabe des Porträtes Nr. 11 zu Bistrau wieder mit Anna Amalia, Tochter Karl Ludwig's Grafen von Sulz und Landgrafen im Kleggau, K. Rudolf's II. Hofkriegsraths-Präsidenten etc., und der Gräfinn Dorothea Katharina von Sayn, von dem er am 23. März 1613 die Reichsgrafschaft **Vaduz** und die Freiherrschaft **Schellenberg**, welche mit 100.000 Gulden belastet waren, um 200.000 Gulden gekauft hatte, aber bald mit seinen neuen Unterthanen wegen des sogenannten Schnitzes, d. i. wegen der freien Hilfe, welche in 1276 Gulden bestand, in Streit gerieth und bei den mörderischen Kriegen im nahen Graubünden in lange und schwere Mitleidenschaft gezogen wurde [2]).

Besitzungen und Vermögensstand des Grafen Kaspar. — Dessen Besitzungen waren theils Lehen, theils Allod. Reichslehen: die Grafschaft Hohenembs (von 1333 und 1434); anfänglich hatte er nur die halbe Grafschaft, indem die andere Hälfte seinem Bruder gehörte; zudem war sie mit der jährlichen Pension von 1800 Gulden an seinen Bruder Marx Sittich belastet, bis dieser Fürst Erzbischof zu Salzburg geworden; ferner Lehen vom löblichen Erzhause Österreich in dessen Herrschaften Feldkirch und Bregenz gelegen; spanisches Lehen war die Grafschaft Gallara oder Gallarate im Herzogthum Mailand; nun besass er auch die

---

[1]) Nach eigener Anschauung und nach einer Mittheilung des Herrn Pfarrhelfers Franz Amor zu Hohenembs.

[2]) Geschichte des Fürstenthums Liechtenstein. Nebst Schilderungen aus Chur-Rätiens Vorzeit. Von Peter Kaiser. Chur 1847. S. 356 und 368. — Herr Kaiser, zu Mauren im Liechtensteinischen geboren, studirte in Feldkirch und Wien (1815), später in Freiburg, dermals Professor am Gymnasium zu Chur, hat sein Vaterland durch diese wohl durchgearbeitete lebensfrische Geschichte zu vollem Danke verpflichtet. Wir folgen auszugsweise seinen ausführlichen Angaben über Vaduz und Schellenberg unter der unglücklichen Herrschaft der Grafen von Hohenembs.

neu angekaufte Grafschaft Vaduz und die Freiherrschaft Schellenberg. Allod waren: der
alte Reichshof Lustnau am Rhein, seit 1395 als Pfandschaft von den Grafen von Werdenberg, und seit 1526 als erkauftes Eigenthum, dann am linken Rheinufer die Dörfer Widnau,
Haslach, Schmitter; endlich Zinsen und Gefälle, deren Erträgniss die beiden Haupt-
Urbare von 1605 und 1613, die sich in Hohenembs finden dürften, enthalten. Der Vermögensstand an liegenden und unbeweglichen Gütern ward auf 528.468 Gulden geschätzt. Da
Graf Kaspar nach Schlchen S. 37 auch die österreichische Vogtei Feldkirch im J. 1614 und
früher schon auch die Pfandschaft von Neuburg (bei Götzis) erworben hatte, war er gebie-
tender Herr von St. Luziensteig bis an den Bodensee.

Beschreibung der Reichsgrafschaft Hohenembs. — Eine Beschreibung dieser Grafschaft, wie
sie zu jener Zeit war, überliefert uns Johann Georg Schlee aus Rottweil, der seit 1603 in
des Grafen Diensten stand und in seiner sogenannten Embser-Chronik vom J. 1616 eine
genaue Kenntniss all der Verhältnisse verräth.

„Dise Graffschafft Embs gehört (nach S. 38) mit Hoher, Niderer vnnd Forstlichen
Obrigkeit, sampt der Leibeygenschafft, Zinsen, Zehenden vnd Kirchensätzen, allerdings
den Graffen von Hohen Embs, welche vnder so vilen ansehenlichen Graffen, Freyherren
vnd vralten Adel, in diser vndern Rhetia, alleinig vbrig, so ihr eingenommnen Platz vnnd
Wohnung erhalten. Ein lustig gelendt, theils eben, theils Colinae, theils aber ein sehr hoch
vnnd Wild gebirg, dann das hochgebirg dem Landt nach zu anfang diser Graffschafft
widerumb angeht, darunder die Kugel ob Embs gelegen der höchsten Berg einer, so in das
weite Schwabenland hinauss sicht: Ist reich an allerley Wildtprät, als Hirschen, Wildt-
schwein, Rech, Gambsen, Hasen, Dächs, Orhanen, Spilhanen, Haselhüner, Endten vnd
allerhandt Vögel, auch viler Raubthieren, als Beren, Lüchs, Füchs, Marder, Illtiss, so alles
gebant, vnd kein Bawrsmann sich dessen vnderziehen mag: Ist reich von Holtz vnd Wilden
Wälden, vnd vilen Tannenbäumen, hat auch Silber vnd Bleyärtz gehabt, der zeit aber erloschen, im Thal aber, gibt es vil Obs vnnd zimlich Weinwachs, erstreckt sich ein Tagreyss
ins gebirg hinein, so eytel (ganz) Milchreicher Alpen, dahero es ein feine Viehzucht, dessen
sonderlich die Herrschafft neben einem schönen Rossgestüt erhaltet: In solchen wächsst guter
Entzion *(Gentiana cruciata)*, Meisterwurtz, Baldrion *(Valeriana)*, Matein, vnnd allerhandt
kostliche Wurtzen vnd Kräuter, hat sonderlich vil guter Wasser vnd Brunnenquell.“

„Das Schloss Hohen Embs, (das nach S. 32 diese Edlen von Embs auff einen steiffen,
harten vnd hohen Felsen gesetzt vnd gebawen, solches auch hohen Embs, zu Latein
Alta Embs geheissen), ist seidthero sonderlich von Graff Hanibaln zu einer gewaltigen
Veste, so mit gross vnd kleinem geschütz vnd munition treffenlich versehen, erbawen, ligt
dem Landt vnd Pass gelegen, vnd dem gantzen Obern Rheinthal im gesicht, hat einen kost-
lichen reichen Brunnen, so aus dem Felsen herauss springt, welcher etwas wunderbars mit
sich (hat), dann wann sollich Wasser zu wäschen oder sudelarbeit gebraucht (wird), erseicht
er vnnd bleibt 14 tag auss, so sonsten bey keiner trückne oder anderer zeit beschicht, dahero
tradieren etliche, es hab ihne St. Conradt Bischoff zu Costantz dahin getragen, so desto
ehe geglaubt wirdt, weil der Berg dess Schloss, von dem andern gebirg allerdings abge-
sündert, vnd ein lauterer Felsa ist: Das ander Schloss nit weit darvon, die New Embs
genandt, ist gleichsfahls Vest vnnd wol gelegen, aber kleiner bezirek vnnd einfang, hinder
disen beyden Schlössern, ligt ein gantz bewohntes geländt, darinnen Vischweyer, Brunnen
vnd andere Bäch gelegen, die Reütin genandt, so keinen andern eingang, als vnder den

daselbst herumben, sonder auch dersel | ben Herrschafften vnd Innwohner mancherley Sitten, Art, Ge | bräuch, Herkommen vnnd Wappen, sampt einem fleissigen | Register, gantz trewlich vnnd aussführlich | beschriben werden | — Durch Johann Georg Schlehen von Rottweyl, | zusammen getragen vnd in Truck verfertiget. (Mit einem Holzschnitte im Felde.) Unten: Getruckt in dem Gräfflichen M a r c k t E m b s, bey | Bartholome Schnell. Anno, | M . DC . XVI. — Die Rückseite ziert das W a p p e n des Fürsterzbischofs Marx Sittich zu Salzburg. Nicht allein das Titelblatt, sondern auch jede Seite ist mit Zierathen wie in einem Rahmen eingefasst. Das Ganze enthält ein Blatt Widmung an den genannten Kirchenfürsten, seinen hohen Gönner, sammt Vorrede, dann 74 Seiten, nebst einer Seite V e r z e i c h n i s s der in der Chronik enthaltenen 95 W a p p e n von Geschlechtern und Orten, die in trefflichen Holzschnitten an gehöriger Stelle eingedruckt sind. Der Verfasser unterschreibt sich in der Widmung „Hans Georg Schlee von Rottweil" und sagt von sich, dass er dreizehn Jahre lang in seines Herrn Bruders Diensten (ohne diese näher zu bezeichnen) stehe und diese Beschreibung theils aus eigener Kenntniss des unterrhätischen Landes, theils aus uralten bekräftigten brieflichen Documenten, die auf dessen Stammhaus und berühmter Veste Hohenembs liegen, verfasst habe. Ausser diesen Wappen sind im Texte noch eingedruckt: St. G a l l u s, der in Bregenz dem Volke (um 612) predigt, S. 21; St. F r i d o l i n, der im VI. Jahrhunderte nach der Sage den todten Ursus aus Glarus vor's Gericht in Rankweil führt, S. 52; St. G e r o l d als Einsiedler († 978) mit dem Bären, wie ihn im Walde von Friesen (d. i. St. Gerold) ein Jäger auffindet, S. 58; den Bregenzerwald repräsentiren in einer Waldgegend mit Wild Mann und Weib, die an einer Kunkel spinnen, S. 29; bei Hohenembs sehen wir das Schwefelbad mit zwei sich badenden Frauen, S. 40; das Thal Montavon mit dem Silberthal hat ein Bergwerk, S. 61; einen Kampf finden wir dargestellt S. 4 in der Au bei Balzers im J. 1288 (vgl. v. Arx. I. 417) und S. 67 bei Frastanz 1499; Beschiessungen, als: S. 43 von Feldkirch das Graf Hugo von Werdenberg mit Hilfe des Grafen Rudolf von Habsburg, des nachherigen deutschen Königs, im J. 1271 erfolglos belagerte (v. Arx. I. 396), ferner S. 7 von Rheineck und Altstätten, wie auch S. 22 von Bregenz 1408; endlich S. 70 und 73 vom St. Luciensteig und von der Veste Gutenberg; endlich Landschaften je nach ihrer Natur mit Hirschen, Füchsen, Rehen, Wildschweinen etc., dann verschiedene Thiere einzeln, als Ente, Krametsvögel, Auerhahn etc. (S. 38), Murmelthiere S. 71. — Wir halten dieses höchst selten gewordene Buch mit seinen 126 Holzschnitten und grosser, reiner Schrift für das schönste, das unseres Wissens je in Vorarlberg gedruckt wurde. Ein Exemplar hievon befindet sich in unserem Besitze.

Ferner wurden in Embs gedruckt: Iacobi M a r c h i s e t t i Oratio habita in funere M a r c i S i t t i c i Cardinalis ab Altembs. Iterum excusa in alta Embs 1616, in 4°; dann: P r o p r i v m Sanctorvm, antiqvissimi Episcopatvs Cvriensis. Ab illvstrissimo et Reverendissimo Domino D. Ioanne Episcopo Cvriensi collectvm et recognitvm. Als Holzschnitt der h. Name Jesu IHS, den Engel anbeten. Unten: E m b s i i, Ex Officina Typographica B a r t h o l o m a e i S c h n e l l. Anno M . DC . XLVI. Den Rücken des Titelblattes ziert das bischöflich Churische und Flugi-Aspermontische Wappen vom Bischofe Johann VI.

Ausser den Rosenkranz-Bruderschafts-Statuten (1624) und andern kleinen Stücken wurde im J. 1646 die standhafte Rettung der hohen fürstlichen Freiheit des Stiftes L i n d a u mit einem schönen Kupferstiche von Wolfgang Kilian daselbst aufgelegt. Diese B u c h d r u c k e r e i, welche — besonders in S c h l e h e n s klarer und übersichtlicher Beschreibung nicht allein von

Hohenembs, sondern vom ganzen damaligen Vorarlberg vom Bodensee aufwärts — uns ein schönes Zeugniss von dem regen Sinn und Geschmack ihres Gründers und Leiters vor Augen legt, dürfte vornehmlich unter Mitwirkung des Erzbischofs Marx Sittich, der höherer Ausbildung sich erfreute, in dem kleinen Markte Embs in's Leben getreten sein. Diese Chronik ist mit nicht geringen Kosten in solcher typographischer Eleganz ausgestattet, wie aus jener Zeit sie bedeutende Druckereien in grösseren Orten uns nicht häufig zeigen.

Da schon im J. 1648 das gräfliche Haus an Glanz und Reichthum empfindlich gelitten hatte und durch sein Gebaren mehr und mehr herabsank, kam des Buchdruckers Schnell Sohn, der mehrere Jahre in Rorschach gearbeitet hatte, nach Bregenz, verehlichte sich nach erhaltenem Bürgerrechte im J. 1651 und seitdem ist in dieser Stadt eine Buchdruckerei. Im genannten Jahre druckte er die lateinischen Statuten der Priester-Bruderschaft von Bregenz. Im J. 1661 machte Bartholmä Schnell mit einem berühmten Künstler zu Constanz (Storer?) einen Contract wegen eines mit 36 Kupfern versehenen Gebetbuches. — Es wurde ferner noch in Embs gedruckt, wie aus folgendem Büchelchen erhellet: Balneum Embsianum, das ist: Warhaffte Beschreibung des Schwebelbads, vnfehrn von Embs gelegen, vnd was desselben Vrsprung, Krafft, Tugendt und Würkung seyn. Sampt einer Badordnung (von Dr. Schaller). Getruckt im Gräfl. Mark (sic) Embs, bei Bartholome Schnell. Anno 1678, S. 23 in 12mo, mit einem Kärtchen von Vorarlberg in Holzschnitt. — Im J. 1677 finden wir auch zu Feldkirch eine Buchdruckerei im Besitze Johann Hübschlin's und im J. 1685 druckte Johann Baptist Hummel daselbst Johann Georg Pruggers sogenannte Veldkircher-Chronik.

Da Graf Wolf Dietrich II. im J. 1604 angeblich in Mailand ehelos gestorben und Marx Sittich IV. Fürst des reichen Erzstiftes Salzburg geworden war, fiel das väterliche Erbe in Vorarlberg und im Mailändischen ganz und ungetheilt an den Grafen Kaspar, das er ungeachtet der zahlreichen Familie, der vielen Bauten und der frommen Stiftungen wohl zu mehren verstand, so dass er im J. 1613 Vaduz und Schellenberg kaufen konnte, und (wie S. 39 gesagt) vom Bodensee bis an St. Luciensteig gebot. Seinen Reichthum mögen ferner die Urbarien von den Jahren 1605 und 1613 nachweisen. Nicht zufrieden mit seinen für jene Zeit sehr bedeutenden Einkünften nahm der haushälterische Herr im J. 1617 (daher bei Schlehen im J. 1616 noch keine Erwähnung) gegen Kopfsteuer Juden in seinen Markt auf, welche nun im Laufe von 244 Jahren zu einer sehr ansehnlichen, industriösen und im Ganzen wohlhabenden Gemeinde herangewachsen sind[1]).

Des Grafen Kaspar Testament vom 14. Mai 1614. — In väterlicher, ja ängstlicher Vorsorge gedachte der haushälterische, kränkelnde Graf Kaspar, der nun seit kurzem zum zweiten Male vermählt war, sein Geschlecht hinfort in Wohlstand und standesmässigem Ansehen zu erhalten, was sein Testament, welches die Grundlage zu seinem Fideicommiss vom Jahre 1626 bildet, uns sattsam bestätigt.

Der Inhalt dieses Testamentes in breiter Form, das im k. k. geheimen Haus-, Hof- und Staatsarchive in Wien verwahrt ist, ist auszugsweise vom Herausgeber zu leichterer Übersicht in 16 Puncte abgetheilt, folgender:

1. Er will seine Seele, wenn sie von seinem Leibe geschieden, der heiligsten Dreifaltigkeit, seinem Erlöser und Seligmacher demüthiglich aufgeopfert und empfohlen, auch dabei

---

[1]) Über die Judengemeinde in Hohenembs. Anmerk. IX im Anhange.

die heiligste Jungfrau und Königinn Maria und das ganze himmlische Heer treulich gebeten haben, sie vor der Gewalt der höllischen Hunde und Gespenster zu bewahren und seine Fürbitter zu sein, damit sie möge unter die Zahl der Seligen aufgenommen und beherberget werden; seinen Leib aber befiehlt er in geweihter Erde in der Pfarrkirche zu Embs in der neuen Begräbniss unter dem Frohnaltare, wo sein lieber Herr Vater und seine Frau Mutter, wie auch seine Gemahlinn (Eleonora Philippine) und Kinder begraben sind, der Gebühr und dem Stande gemäss, jedoch ohne alle Vanitäten zu bestatten. Im Falle aber er an anderem und fremdem Orte sterben sollte, soll sein Leib ohne sondere Pracht und Pomp gen Embs geführt und besagter Massen bestattet werden; seine Deposition und Begräbniss, Siebent, Dreissigst wie auch der erste Jahrtag sollen, soviel die Deposition anbelangt, mit soviel Priestern, als der Landesart nach aus allen umliegenden benachbarten Herrschaften und Orten immer möglich zu bekommen sind, jeder der andern Tage aber soll mit zwanzig Priestern, abends mit einer Vigil und morgens mit Seelenmessen, Seelenamt und Leichenpredigt (welche Predigten durch einen Pfarrer zu Embs zu verrichten) christkatholischer und der h. römischen Kirche Gewohnheit gemäss begangen und an jedem dieser Tage 50 Gulden den Armen ausgetheilt werden. Ferner soll bei der ersten Leichenpredigt der Deposition benannter Pfarrer in seinem Namen von männiglich Urlaub (Abschied) und Verzeihung, wenn er jemanden beleidigt, begehren und das Volk bitten, den allmächtigen Gott für ihn treulich anzurufen. Bei dieser Begräbniss sind so viele arme Knaben in Schwarz zu kleiden als der allmächtige Gott ihm Lebensjahre wird vergönnt haben. Diese Knaben sollen mit Lichtern versehen der Deposition, dem Siebenten und Dreissigsten beiwohnen und nach beendeter Feier ihnen solche Kleider und Röcke zum Almosen gelassen werden. Auch soll sein Namen alsbald in das gestiftete gross Jahrzeitbuch und Zedell, wie auch in das Frohnfasten-Jahrzeit zu Embss und Thorenbeuern fleissig eingetragen und für ihn bis auf den ersten Jahrtag alle Sonntag das gemain Gebet, wie es mit seinen Vordern auch bräuchig gewesen, gehalten werden.

Andere Stiftungen als Frühmesse, auch andere Pfründen und Kirchensachen, so er vor diesem bei lebendigem Leibe aufgerichtet, die zum Theile im Jahrzeitbuch von seiner Hand bekräftigt sind, wie solche Namen haben oder seines Willens erfunden werden, sollen in allweg in Kräften verbleiben und von seinen Erben steif und fest darob gehalten werden.

2. Er habe — sagt er — die Einnahme der jährlichen Zinsen von den verliehenen Lehenhöfen und Gütern, welche nach klarer Angabe der neuen und alten Urbare auf Wohlgefallen und Widerruf verliehen gewesen, seit 1604 erhöhet und gesteigert, weil auch die Lehenträger alle Victualien, die sie aus denselben ziehen, höher verkaufen; gleicherweise habe er den halben Theil der Güter, die vom seligen Grafen Johann Christoph von Hohenembs († 1603) dessen Erben innehatten, von ihnen theuer angekauft. In der Sorge nun, es möchten etliche schlechtere oder ärmere Lehenträger mit ihren jährlichen Zinsen nicht folgen, habe er jeder Zeit die Absicht gehabt zuzusehen und keinen derjenigen, welche aus redlichen Ursachen nicht zu folgen vermöchten und solche Güter von ihren Altvordern her schon lange besessen hätten, desshalb von Haus und Hof zu vertreiben, darum wolle er seine Erben ermahnt und ihnen befohlen haben, hierin gebührliche Discretion und gegen die Armen Barmherzigkeit zu gebrauchen. Zu Gnaden seiner Unterthanen zu Embs verordnet er Frohnen halber, dass künftighin bei den Fuhren für den Fuhrmann 1 Batzen, den Wagen 1 Batzen und ein Ross 1 Batzen, für zwei Rosse 4 Batzen, für drei Rosse

5 Batzen und für vier Rosse 6 Batzen gerechnet und bezahlt werden. Gleichergestalt sollen sie bei beschehener schriftlicher Schenkung des Wiczgäws[1]) verbleiben.

3. Zur Zeit, als der Graf sein Testament machte, waren noch fünf eheliche Töchter am Leben, namentlich: Anna Maria, Hortensia, die schon als Nonne in Valduna ihre Gelübde abgelegt hatte und zu deren Abfertigung und Aufnahme dem Kloster der alte Zinsbrief von 2000 Gulden, welchen Erzherzog Sigmund von Tirol gegen Gertruten von Sebaw (Seben), geborne von Embs, im J. 1461 aufgerichtet hatte, eingehändigt und zugeeignet war, ferner Dorothea, Maria Clara und Eleonora[2]). Den genannten vier ledigen Töchtern wolle sein fürstlicher Bruder Marx Sittich zu Salzburg mit Hilf, Rath und That beistehen und sein älterer Sohn (respective deren Bruder) sie standesmässig verheiraten und mit Kleidern, Kleinodien und gebührender Nothdurft aussteuern und mit dem Heiratgut, mit dem Schuldbrief von 12.000 Gulden, den Herr Sigmund Freiherr von Welsperg und Primör, sein geliebter Schwager seliger Gedächtniss, gegen ihn im J. 1590 aufgerichtet hat, woraus jeder 3000 Gulden zukommen, abfertigen. Hiemit sollen sie sich von aller anderen Erbschaft entschlagen und vor einem qualificirten Notare und genugsamen Zeugen auf dieselbe verzichten.

4. Die beiden Söhne waren **Jakob Hannibal** II., damals 19 und **Franz Maria** im 6. Lebensjahre, in Betreff deren verordnet der Vater, dass, wenn jener eheliche männliche Nachkommen haben sollte, dieser zur Ehre Gottes in den geistlichen Stand treten und in diesem Falle besonders durch seinen Bruder (resp. Oheim), den Erzbischof, versorgt und promovirt werden möge und somit nicht viel von dem väterlichen Nachlasse bedürfen würde.

Er vermacht ihm jedoch, möge er geistlich werden oder im weltlichen Stande verbleiben, die Grafschaft Gallara mit allen Pertinenzien, wie auch das eigenthümliche Haus und den Garten alldort sampt allem darinnen, Mobilien, so wie er alles kraft verfertigten Instruments im J. 1606 seinem vorgedachten Herrn Erzbischofe allein ad dies vitæ und mit der Verbindlichkeit nicht das Geringste davon zu alieniren und zu verwenden übergeben, dieser aber ddo. Salzburg am 6. März 1614 an denselben wieder cedirt hatte. Der Sohn Franz Maria soll alles dieses als sein Patrimonium inhaben, geniessen und besitzen und damit ausgesteuert sein und heissen, ihm soll aber diese Grafschaft erst nach erreichtem 20. Jahre seines Alters (d. i. am 22. August 1628) eingeräumt, aus dem Einkommen die gebührende Sustentation und Verschickung zu den Studien und dergleichen seinem Stande gemäss genommen und der Überrest fleissig zusammengehalten werden, um aus diesem Silbergeschirr, Tapezereien und Mobilien zu kaufen.

5. Nach all diesem setzt und ordnet er zu seinem Universal- und einzigen Erben aller seiner hinterlassenen Hab' und Güter, liegender und fahrender Lehen und Eigen, wie die genannt und wo die gelegen sind, es sei an Vestung, Schlössern, Palästen, Häusern, Dörfern, Flecken, Weilern, Höfen, Leuten und Gut mit derselben hohen und niederen Obrigkeiten und Gerichten, Zwingen, Bännen, auch forstlichen Obrigkeiten und Wildbännen, Vogtrechten, Herrlichkeiten, Kirchensätzen, geistlichen und weltlichen Lehenschaften, Lustgärten, Baumgärten, Weingärten, Gütern, Alpen, Renten, Zinsen, Gülten, Freveln, Fällen,

---

[1]) Im Witzgl heisst es von einigen Grundstücken, die bei Schwefel in der Nähe des sogenannten Witzgibaches, welcher die Grenze zwischen Hohenembs und Götzis macht, gelegen sind.

[2]) Deren Schwestern Caecilia und Christina waren nach S. 38 gestorben.

Gelässen, Klein- und Grosszehnten, Fischenzen, Weihern, Wäldern, Hölzern, Vogteien, Pfandschaften, Pfandschillingen und sonsten gemeiniglichen alle und jede seine unbewegliche und bewegliche Güter, Barschaft, Melioramenta der Lehen, Kleinode, Silbergeschirr, Guarderobe, Kleider, Hausrath, verbriefte und unverbriefte Zinsbriefe, Schulden, Pferde. Harnisch, Geschütz, Gewehr und alles anderes was und wie viel er jetzo von den Gnaden Gottes habe und hinfüro überkommen möchte, wie und was gestalt solches in Erbs-, Kaufs- oder einiger anderer Weise an ihn gekommen wäre und noch kommen möchte, gar und gänzlich in kein Weg nichts davon ausgenommen, vorbehalten, noch hintangesetzt, seinen geliebten und ältesten Sohn **Jakob Hannibal Grafen** von **Hohenembs** etc., dass er solches alles innhabe, besitze, nutze und niesse allermassen und gestalt er (der Testator) solches alles selbst besessen, genutzt und genossen habe, doch dass er alle vorgesetzte Legata und Beschwerden alliglich treulich und gehorsamlich verrichte.

6. Wann aber Graf Jakob Hannibal über kurz oder lang ohne männliche Leibserben (da Gott vor sei) mit Tod abgienge, substituirt und bestimmt er seinen andern Sohn Franciscus Maria zum Universal- und einzigen Erben allermassen und gestalt wie vorgeschrieben steht; wenn denn auch (was der Allmächtige gnädiglich verhüten wolle) beide Söhne ohne eheliche männliche Leibserben Tods verfahren, substituirt er zum Universal-Erben seines vorgedachten älteren Sohnes älteste Tochter und in deren Ermangelung seines anderen Sohnes älteste Tochter, und allso gradatim, wie deren vorhanden sind.

7. Was die Lehen betrifft, nämlich den Vorhof zu Embs, der vermöge Urthelbriefs des kaiserlichen Hofgerichts von 1434 und darin inserirten kaiserlichen Lehenbriefs vom J. 1333 ein Burglehen auf Söhne und Töchter ist, wie auch die Pfandschillinge, welche kraft der alten Lehenbriefe die von Embs und ihre Erben bis nach Abzahlung der Pfandschillinge inne haben sollen, sollen die Töchter sich ihrem Stand' und Herkommen gemäss mit einem Grafen oder Freiherrn verheiraten, welcher wo möglich die kaiserlichen und österreichischen Embsischen Lehen an sich erhandle und erwerbe und sich hiebei weder Müh' und Arbeit noch Unkosten dauern lasse, damit wo möglich Lehen und Eigen bei einander mögen bleiben. Solcher Graf oder Freiherr, den er in solchem Falle tanquam filium adoptivum annehme, soll auch, sobald er mit solcher Gräfin von Embs seine eheliche Hochzeit und sein Beilager vollbracht, sich seines Namens als Grafen zu Hohenembs, wie auch desselben Wappens, bei Verlust obstehender Substitution nichts daran geändert, gebrauchen.

8. Sollten obgenannte beide Söhne ohne eheliche Leibserben männlichen und weiblichen Geschlechtes absterben, so ernennt er als Universal-Erben seine älteste Tochter Anna Maria alles mit vorbestimmter Bescheidenheit, dass nämlich ihr ehelicher Gemahl allerdings, wie so eben verordnet ist, sich verhalte, und nach dieser seiner Tochter Absterben ihren ältesten Sohn und in Ermangelung der Söhne ihre älteste Tochter, und so gradatim so lange als die Linie sich erstrecken mag. Wenn sie ohne eheliche Nachkommen hinscheiden sollte, ernennt er hiezu seine andere Tochter Dorothea und nach deren kinderlosem Abgange ihre älteste weltliche Schwester und so gradatim wie oben bestimmt wurde.

9. Sollte die substituirte Person in dem einen oder anderen Puncte sich säumig erzeigen, so hat die andere dieser Substitutions-Ordnung gemäss in der Universal-Erbschaft ipso facto et sine declaratione zu folgen, wie denn diese gesammte Erbschaft jederzeit ungetheilt in einer Hand verbleiben und die Andern jederzeit davon abgewiesen sein sollen, so dass dem

Universal-Erben sein ältester Sohn succediren, die anderen Söhne jährlich mit 3000 Gulden Deputatgeld unterhalten, die Töchter aber mit 3000 Gulden Heiratgut ausgesteuert und ohne weitere Ansprüche abgefertigt werden sollen, solches zur Erhaltung und Aufnehmung des Stammes.

10. Der Graf will, dass all sein Hab' und Gut, es sei liegendes Gut, Zins und Schuldbrief oder was er bei lebendigem Leibe in Kaufs-, Erbs- oder anderer Weise überkommen und nicht mehr veräussern möge, wie nicht weniger alle Kleinode, Silbergeschirr, Tapezereien, Betten, Umhänge und Gemälde, ein rechtes ewiges **fidei commissum** sein und heissen sollen, d. i. dass der Universal-Erbe hievon keines, weder wenig noch viel, aus keinerlei Ursache zu verkaufen, versetzen, vertauschen oder wie immer zu aliniren das Recht habe: alles bei Verlust der Universal-Erbschaft, in welcher, wie in vorgenannten Fällen der nächste Substituirte folge, und dass, wer dieser Gesammt-Erbschaft fähig sein will, der römischen katholischen Religion und keiner andern bei Verlust derselben anhängig sein soll.

11. Im Falle, dass er in zweiter Ehe Kinder erzeugte, so sollen diese alle in der Ordnung wie die vorigen und benannten Kinder und in Ermangelung oder Abgang gradatim folgen, und wie geordnet, allweg der Mannsstamm dem weiblichen vorgehen; wenn sein anderer Sohn F r a n z mit Tod abgienge, so soll in solchem Falle dem ältern Sohne, den er (der Testator) etwa bekäme[1]), die Grafschaft Gallara allermassen und gestalt wie sie dem Grafen Franz zugeordnet gewesen, folgen; so aber jener am Leben verbliebe, sollen diesem und dessen etwaigen Brüdern, jedem sonderbar, oder ihren Erben 3000 Gulden zu seinem (ihrem) Unterhalte unfehlbar gereicht werden. Nachkommende Töchter aber, so deren vorhanden sind, sollen mit ihrer Aussteuerung und auch dem Heiratgute der 3000 Gulden wie die vorigen gehalten werden. — Sollte aber bei seinen Lebzeiten die Grafschaft Gallara verkauft werden, so sind seinem Sohne Franz auch die 3000 Gulden und nichts mehr zu seinem Deputat zu reichen und zu geben.

12. Um die Unkosten der Vormundschaft zu ersparen, verordnet der vorsorgliche Vater dass stracks nach seinem Ableben sein Sohn J a k o b H a n n i b a l in den vollen Besitz der Universal-Erbschaft und in die Regierung der Schlösser, Dörfer und Unterthanen der Grafschaft eintrete und mit Hilfe und Rath Seiner hochfürstlichen Gnaden seines Herrn Bruders (resp. Oheims) eine Gemahlinn, seinem Stande, Herkommen und Vermögen gemäss sich wähle; ferner soll er noch fünf Jahre nach seinem Tode gebrauchen und sich bedienen der Hilfe und des Rathes seiner hinterlassenen und hiezu nöthigen Räthe, Beamten und Officiere, welche er ohne sonderbare ehehafte Ursache nicht verändern, sondern in ihrem Dienste und in ihrer Besoldung verbleiben lassen solle. Auch ordnet er seinem Sohne zu Dienern seiner Person seinen Hofmeister J o h a n n l a C u r (sic) und J o h a n n J a k o b E m b s e r n[2]), seinen jetzigen Kammerdiener, bis auf besagte Zeit, in ihrer Besoldung, wie sie dieselbe von ihm gehabt, zu unterhalten und die Haushaltung und Anderes soll mit Vermeidung aller übrigen Unkosten bestellt und das aus dem Einkommen Erübrigte alsbald angelegt werden.

13. Er verordnet und befiehlt seinem Sohne und Erben, dass seine jetzige geliebte Gemahlinn, die wohlgeborne Frau **Anna Amalia** Gräfinn zu **Hohenembs**, geborne Gräfinn zu **Salz**, so lange sie im Witwenstande verharret, dieselben gebührenden Ehren erhalte und

---

[1]) In zweiter Ehe erzeugte Graf Kaspar den Sohn F r a n z L e o p o l d, angeblich geboren anno 1620.

[2]) Wahrscheinlich einer der vier Söhne des Grafen Jakob Hannibal I., die er, als er Witwer war, mit einer Embserinn erzeugte (S. 31).

ihr der obere Boden im Vorhof über ihrem jetzigen Zimmer, der durchaus und rings herum frei und rubig ist, eingegeben werde; falls sie aus besonderen Ursachen daselbst nicht bleiben wollte oder könnte, soll ihr im Schloss zu Feldkirch[1]) der gebührliche, ihrem Witwenstande gemässe Unterhalt gegeben und in diesem Falle alles verabfolgt werden, was in ihrem Heiratsbrief, so noch aufzurichten, begriffen ist. Wenn aber dieser Brief inzwischen nicht aufgerichtet würde, soll sie mit der Widerlage, Morgengabe und dem weiblichen Deputate ganz nach dem Inhalte des Heiratsbriefes seiner vorigen Gemahlinn sel. gehalten werden.

14. Da nach seinem Ableben die kaiserlichen wie auch die österreichischen Lehen von Neuem empfangen werden müssen, hat solche sein Sohn und Erbe als Lehenträger zu empfangen.

15. Zum Schlusse erwählt und ernennt er zu Executoren dieses gegenwärtigen Testaments, wie auch zu Protectoren seines Universal-Erben und aller seiner hinterlassenen Kinder den hochwürdigsten, durchlauchtigsten Fürsten und Herrn Maximilian Erzherzogen zu Österreich etc., Administrator des Hochmeisterthums in Preussen, Meister des deutschen Ordens in deutschen und welschen Landen, Grafen zu Tirol etc. oder dessen Successor in den oberösterreichischen Landen, Erzherzogen zu Österreich etc., und in ihrer Abwesenheit oder Ermangelung deren Statthalter und Regimentsräthe der oberösterr. Lande, und den hochwürdigsten Fürsten und Herrn Herrn Marx Sittichen, Erzbischofen zu Salzburg und Dompropsten des Hochstiftes Constanz, seinen gnädigsten Herrn Bruder, also und dergestalt, dass, wenn Seine fürstliche Durchlaucht oder Seine hochfürstlichen Gnaden, sein Herr Bruder, sämmtlich oder einer allein, von seinen hinterlassenen Erben in vorfallenden wichtigen Streitigkeiten oder hohen Nothdurften sollten angerufen werden, solche oder selbige dies sein Testament und letzte Willensanordnung ihm zu besonderen Gnaden exequiren und wider männiglich handhaben lassen, wie er Se. fürstliche Durchlaucht und Se. hochfürstlichen Gnaden unterthänigst und zum höchsten gebeten und obgenannte seine Erben in Dero fürstliche Huld und Protection ganz unterthänigst empfohlen haben will.

Dass seine lieben Söhne allen obverzeichneten Puncten wirklich nachkommen für sich selbst und alle seine Erben — ist des Testators endlicher letzter Wille, Meinung, Befehl und Verschaffen.

16. Er behält jedoch sich vor, diesen seinen letzten Willen zu mindern, zu mehren, ganz oder zum Theile abzuthun und zu widerrufen, welches alles er — weil er solches wegen gewöhnlicher Blöde seines Hauptes selbsten nicht schreiben mögen — mit eigenen Handen unterschrieben und vor glaubwürdigen Zeugen verschlossen hat. Er habe, sagt er, nachbenannten Zeugen, die alle gegenwärtig waren, dieses sein Testament mit seiner eigenen Hand geboten und sie gebeten dasselbe zu unterschreiben und neben sich zu versiegeln. Actum in Embss am 14. Mai 1614. — Hierauf heisst es:

„Ich Caspar Graff zue Hochen Embss, Gallara, vnd Vaduez etc. Bekhenn mit diser meiner aignen handtschrifft, daz diss mein letster will, und Testament darin Ich zue meinem Universal Erben eingesoezt, meinen Elttern Sohn Jakob Hanibaln etc.

Nun folgen die Unterschriften und Sigille des Testators und der sieben Zeugen, je vier Namen in einer Reihe neben einander, die wir hier unter einander setzen, als:

---

[1]) Das ist in der, somit damals noch in gutem bewohnbarem Stande erhaltenen Schattenburg, als dem Sitze des Vogtes der Grafschaft Feldkirch, in der Graf Friedrich VI. von Toggenburg, der Letzte seines Geschlechtes, am 30. April 1436 gestorben ist.

Ich Caspar Graff zu Hochen Embss, Gallara, vnd Vaduez Bekhenn, daz diss mein Testament vnd letster willen ist, daz bezeug ich mit diser meiner aignen Handtschrifft.

(L. S.)

(So haben auch die nachstehenden sieben Zeugen ihre Siegel beigedruckt.)

Ich David Pappuss Haubtmann, Bekhenn daz Ich zur uerfertigung dises Testaments zu gezeugen erbetten worden, daz bezeüg Ich mit diser meiner aignen Handschrifft[1]).

Ich Jörg Friez Vudervogt Bekhenn daz Ich etc. (wie sein Vordermann Pappus).

Ich Mathias Zürcher Alter Burgermeister, Bekhenn etc. etc.[2]).

Ich Anthoni Frey, Bekhenn etc. etc.

Ich Zacharias Zürcher Bekhenn etc. etc.

Ich Hans Welti Bekhenn etc etc.

Ich M. Hector Weltin bezeüg mit diser meiner Handschrifft daz ich zue uerferttigung diss Testaments zu gezeugen erbetten worden bin.

———

Um den Glanz und die Würde seines Geschlechtes für die Zukunft aufrecht zu erhalten, bittet Graf Kaspar ddo. Salzburg 17. Jänner 1615 Seine römisch kaiserliche Majestät diesen schriftlich beigeschlossenen letzten Willen und die Institution eines ewigen Majorats · oder Primogenii allergnädigst zu bestätigen und fügt bei, schon sein geliebter Vater Jakob Hannibal habe im J. 1584 eine gleichmässige Verordnung auf seine Person, welche auch ihren Effectum ohne einige Contradiction seiner damals beeder Gebrüder wirklich erlangt, ganz wohlbedächtlich aufgerichtet und allso Majoratûs Institutio in der Grafen von Embs Familie nichts absolut Neues, sondern vielmehr eine Continuation der alten, schon introducirten, auch observirten Disposition und nur die kaiserliche Confirmation rathsam ist. „Datum Salzburg, den 17. Januarij Anno 1615. E: Röm: Khays: Mit: — — Allervnderthenigster gehorsambster verpflichter Diener Caspar Graff zu hohen Embs m/p.

Von aussen: die Adresse mit vollem Titel an Kaiser Matthias und des Grafen kleines Siegel: der rechtshin aufsteigende Steinbock mit den noch lesbaren Worten: CASPAR GRAF HOCHENEMBS. Unten liest man in anderer Schrift „Reichshofraht", an den demnach die Sache gelangte.

Die kaiserliche Confirmation ist damals nicht erfolgt, indem im k. k. geheimen Haus-, Hof- und Staatsarchive eine andere Bittschrift des Grafen Kaspar ddo. Embs am 1. März 1625 sich vorfindet, laut welcher er Seine Majestät Kaiser Ferdinand II. bittet, als höchste Obrigkeit im Reiche sein Testament sammt beigeheftetem Fideicommiss und Erb-

---

[1]) Die Pappus, ein altes, noch bei Kempten seit 1718 im Freiherrenstand blühendes Geschlecht, waren vordem in Feldkirch und Lindau, und dienten im Krieg und Frieden, sowohl der Kirche als auf dem Katheder und in der Magistratur. Besonders erwähnenswerth ist Leonhard Pappus aus Feldkirch, Domherr zu Constanz († 1677), dessen Epitome rerum Germanicarum ab anno 1617—1648 Herr Dr. und Prof. Arndts in Wien 1857 mit trefflicher Einleitung wieder herausgegeben hat.

[2]) Die Zürcher sind der Sage nach aus Zürich nach Bludenz eingewandert, wo Mehrere Ämter verwalteten. Matthias Z. war mit Barbara Frey, und dessen Tochter Anna mit Hector Welti verehelicht; dessen Sohn Wunibald Z. ward 1645 auf kurze Zeit Abt zu Hirschau, starb als Stift Weingarten'scher Administrator der Herrschaft Blumenegg 1664 und ruht zu Thüringen unweit Bludenz. Zacharias Zürcher war Bürgermeister zu Bludenz. Der letzte dieses Namens starb vor etlichen Jahren.

einigung nicht allein zu confirmiren und zu ratificiren, sondern auch, falls von dem einen oder anderen seiner hinterlassenen Söhne oder Nachkommen angegriffen, gebrochen oder violirt werden sollte, dessen allergnädigster Beschützer, Beschirmer und Vertheidiger zu sein.

Von aussen: Die volle Adresse an Seine kaiserliche Majestät und beigesetzt: „Wien", wahrscheinlich dürfte der Graf selbst dem Kaiser seine Bittschrift überreicht haben. Das Sigill ist etwas grösser als das vorige, mit der Umschrift: CASPARVS*COMES*IN*ALTAEMBS: GALLARA : ET*VADVZ.

Bestätigung des Fideicommisses von K. Ferdinand II. im J. 1626.

Kaiser Ferdinand II. bestätigt ddo. Wien am 12. September 1626 des Grafen Kaspar Fideicommiss, das uns dessen nicht unbedeutende Besitzungen, Hab' und Gut, kurz ganzen Vermögens- und Hausstand (vgl. S. 38) summarisch namhaft macht und mit dem Testamente vom J. 1614, welche beide einen klaren Einblick in des Grafen Sinnen und Denken gewähren, in engem und natürlichem Zusammenhange steht. Das Fideicommiss oder der Erbeinigungsbrief ist, da nun der Graf in zweiter Ehe den Sohn **Franz Leopold** erzeugt hatte, für drei Söhne und deren ganze eheliche Posterität errichtet. Von keinem seiner Erben und Nachkommen sollen seiner Tochter, Schwester oder Base mehr als 3000 Gulden Heirathsgut und 1000 Gulden Abfertigung, oder davon so viel an Kleidern und Kleinodien etc. gegeben werden. Im Falle dagegen gehandelt würde, substituirt er den Erzherzog Leopold zu Österreich und nach dessen Abgang den künftigen Herrn und Landesfürsten der oberösterreichischen Lande. Dieses Fideicommiss ist unterschrieben von dem Grafen Kaspar, der damals 53 Lebensjahre zählte, von seinen beiden älteren Söhnen, dem volljährigen Grafen Jakob Hannibal II., und dem noch minderjährigen Grafen Franz Maria sowohl von ihm selbst als auch von seinem zu diesen Sachen erbetenen Rathe und Vogte Hanns Werner Edlem von Raitnow, endlich von Anna Amalia Gräfinn von Hohenembs, gebornen Gräfin von Sulz, im Namen ihres etwa sechsjährigen Sohnes Franz Leopold.

Graf Kaspar, der für den dauernden Glanz seines Geschlechtes durch seine Anordnungen sorgsamst bedacht war, welche aber von seinen entarteten Enkeln völlige Verkennung und Missachtung fanden, starb zu Embs am 10. September 1640 in einem Alter von 67 Jahren. Seine zweite Gemahlinn Anna Amalia † am 26. April 1658.

Dessen Grabmonument und Inschrift. — Noch bei seinen Lebzeiten im J. 1635 liess er sich sein Monument an der rechten Mauer (vom Hochaltare aus) der dortigen Pfarrkirche errichten. Seine aus rothem Marmor kunstvoll gearbeitete Gestalt ruht auf dem graumarmornen Sarkophage, der mit der lateinischen Inschrift nebst seinem und seiner beiden Frauen Wappen geziert ist. Der Graf in vollem Anzuge, mit Goller, schön gefältelter Halskrause, Wamms und ungürtetem Degen, Pumphosen, die bis zum Knie reichen, und Schuhen mit geschlungenen Maschen, stützt sich mit dem rechten Ellbogen auf ein Kissen, so dass das edelgeformte Haupt auf der flachen Hand ruht, die Linke, die besonders schön geformt ist, hält einen Rosenkranz. Das Monument ist nach der Messung des hochwürdigen Herrn Franz Amor, Pfarrhelfers in Hohenembs, 7 Fuss 9 Zoll Wiener Masses lang, 2 Fuss 4 Zoll breit oder tief, Sarkophag und Figur zusammen haben 5 Fuss 8 Zoll Höhe.

Inschrift:

CASPARVS COMES IN ALTAEMBS, GALLARA ET VADVZ,
CVM AD ANNVM ÆTATIS LXII. REGIMINIS VERO
FAMILIÆ, ET SVBDITORVM XXXXVIII. PERVENISSET,
IN QVIBVS MVLTOS FORTVNÆ LAPSVS SVSTINVISSET,
ET DEVM OPTIMVM MAXIMVM SIBI PROPITIVM HABVISSET,
MORTIS, ET EXTREMI IVDICII NVNQVAM IMMEMOR,
SVMMÆ MISERICORDIÆ DEI, ET DEVOTORVM PRECIBVS
 HVMILITER SE COMMENDANS
VIVENS HOC SIBI MONVMENTVM PRÆPARAVIT
 ANNO SALVTIS MDCXXXV.

Sein, wie auch seiner beiden Gemahlinnen Porträte zieren den Corridor zu Bistrau. Die Namen der z w ö l f K i n d e r erster Ehe sind nach dem oben S. 37 beschriebenen Votivgemälde zu Hohenembs nach ihrem Alter genannt; drei Töchter vermählten sich: A n n a M a r i a mit F o r t u n a t Freiherrn von Wolkenstein; D o r o t h e a mit Johann Franz Freiherrn von R a i t e n a u, der 1658 starb; und E l e o n o r a mit Johann Georg Freiherrn und seit 1665 Reichsgrafen von K ö n i g s e c k zu Aulendorf etc., der Erzherzoge Ferdinand Karl und Sigmund Franz von Tirol Oberstkämmerer, kais. geheimem Rathe, des oberösterreichischen geheimen Rathes Präses und Director zu Innsbruck etc., wo er am 11. Februar 1666 starb. E l e o n o r a war Mutter von 22 Kindern, von denen aber nur zwei Söhne und fünf Töchter gross erwachsen sind.

Deren Bruder **Franz Maria**, geboren 1608, vermählte sich nach Kaiser S. 390 am 9. Februar 1612 mit S u s a n n a H e d w i g Freiinn von Raming mit voller Pracht im Schlosse zu Vaduz. Die zu dieser Feier eingeladene Erzherzoginn Claudia, Regentinn-Vormünderinn in Tirol und den Vorlanden, sandte dahin als ihren Stellvertreter den so eben genannten Freiherrn von Königseck. Franz Maria hatte mitten im Kriegslärm und Elend, das allenthalben herrschte, das Schloss zu Vaduz verschönert, den Schlossgarten mit einer Mauer umzogen und an denjenigen Stellen, wo die Aussicht besonders schön ist, Lusthäuschen angelegt. Er genoss aber nicht lange seine Herrlichkeiten: das Vermählungsjahr war sein Todesjahr. Er hinterliess kein Kind.

Ein Sohn zweiter Ehe[1]) war Graf **Franz Leopold**, der nach dem Tode des Canonicus Marquard von Schwendi am 19. August 1634 D o m h e r r zu S a l z b u r g wurde, wo er am 6. December 1642 gestorben ist[2]).

Jakob Hannibal II. Graf zu Hohenembs etc., Fortpflanzer seines Geschlechtes, geb. 1595 und gestorben 1646.

Graf **Jakob Hannibal** II. war des Grafen Kaspar von Hohenembs und der Freiinn Eleonora Philippine von Welsperg erstgeborner (20. März 1595) Sohn. Von seiner Erziehung und

---

[1]) Pater Gabriel Bucelin, der viele Jahre zu Feldkirch in der Nähe von Hohenembs als Prior lebte, reihet in seiner Rhaeti sacra et profana Ulmae 1666, pag. 3-6 jenen zwölf Kindern aus Kaspar's erster Ehe (S. 37 f.), wiewohl ganz irrig, noch an: Victoria, die zu Landsberg 1616 begraben wurde, dann die Söhne Karl, geb. 1618, und Franz, geb. 1620, und aus zweiter Ehe war allein der Canonicus Franz Leopold, der mit dem vor ihm genannten Franz eine und dieselbe Person sein dürfte. Von diesen Kindern zweiter Ehe lebte im J. 1626, wie aus des Grafen Kaspar Fideicommiss erhellet, allein noch Graf Franz Leopold.

[2]) Nach einer Mittheilung des Herrn kais. Rathes Ludwig Ritter von Köchel zu Salzburg aus dem Capitel Protocoll de Anno 1642, 19. Dec. fol. 101 im dortigen Landesarchive.

7 *

ersten Jugend, ob er sie zu Hohenembs oder in Mailand und Gallarate, wo sein Vater zeitweise weilte, oder in Deutsch- und Welschland wechselnd, verlebt habe, ist uns unbekannt. Zuerst finden wir ihn mit seinem Vater in einem Alter von siebzehn Jahren an dem glänzenden Hofe seines Oheims zu Salzburg, an dem er nach S. 53 die Würde eines Oberst-Hofmarschalls bekleidete. Schon im Jahre 1616 war er, wohl auf Zuthun dieses seines Oheims, mit der Herzoginn Anna Sidonia von Teschen, wie uns der S. 53 folgende Ehevertrag angibt, vermählt. Aus all dem erhellet, dass der junge Graf kaum eine höhere, besonders militärische Ausbildung genossen habe, wenn er auch den Titel eines k. spanischen Kriegsrathes und Obersten führte. Er nennt nämlich im Fideicommiss-Brief vom J. 1626 sich einen kaiserlichen Kämmerer, k. spanischen Kriegsrath und bestellten Obersten, des Erzherzogs Leopold V. zu Österreich Rath, Kämmerer und (laut Bestallung vom 22. März 1620) nach seinem Vater Vogt der Herrschaft Feldkirch und Neuburg. Seine militärische Unbrauchbarkeit zeigte er im Jahre 1632. Je mehr nämlich die Furie des dreissigjährigen Krieges gegen Oberschwaben und den Allgau vordrang, bedurfte Vorarlbergs Nordgrenze wachsamer Vorsicht, der Blockhäuser, Schanzen und Verhaue in langer Strecke. Als der siegreiche Schwedenkönig Gustav Adolf von Augsburg, wo er am 14/24. Mai feierlich eingezogen, nach Baiern vorrückte, besetzten schwedische Schaaren Kempten, Isni und Wangen und fielen in Weitnau[1]) verheerend ein, wurden aber von des Grafen Jakob Hannibal Regimente, das er im J. 1631 auf Kosten des Königs Philipp IV. von Spanien angeworben hatte, zurückgeworfen. Dieser nahm nun sein Lager rückwärts gegen Bregenz bei Scheidegg, das durch seine Lage ihm Schutz gewährte. Am 26. Mai kam der Feind raubend, mordend und brennend wieder nach Weitnau, indess der Graf, unwürdig seiner tapfern Ahnen, im nahen Ebratshofen in ruhiger Gleichgiltigkeit zusah und sich dann abermals nach Scheidegg zurückzog. Herzog Bernhard von Weimar überraschte am 11. Juni den Sorglosen, welcher nicht einmal Wachtposten ausgestellt hatte, durch einen Überfall in aller Frühe in seinem Lager und nahm ihn im Nachtkleide mit seiner (zweiten) fürstlichen Gemahlinn Francisca von Hohenzollern und einem Sohne im Zelte gefangen[2]). In Ulm löste er später mit Geld sich aus.

Wir finden ihn und sein Kriegsvolk gar bald wieder auf dem Felde, das ihm so wenig Ehre brachte. Kaum hatten die Schärfenbergischen Reiter[3]) Schwangau an Tirols Grenze geräumt, als am 30. August 1632 Hohenembsisches Kriegsvolk unter dem Oberstlieutenant Frantzin — gegen 400 Mann mit 173 Pferden — nachfolgte, welcher vier Wochen in dieser Herrschaft verblieb. Acht bis zehn Fähnlein lagen in der Herrschaft und der Oberst Graf **Jakob Hannibal** II. nahm ohne weiters sein Quartier auf dem Schwanstein. Erst Gustav Horn's Belagerung von Coustanz im September 1634 zog endlich die Spanier rasch an den Bodensee, doch mit den Hohenembsern gab es noch kein Ende, Schongau war ihnen als Winterquartier angewiesen, allein die Bürger waren klug und entschlossen genug, ihnen die Thore vor der Nase zu sperren und sie mit Kugeln und Pfeilen zu begrüssen.

---

[1]) Der Markt Weitnau, in der damals österreichischen Herrschaft Hohenegg gelegen, gehört nun zum k. baierischen Landgerichte Weiler.

[2]) Vgl. Weizenegger-Merkle's Vorarlberg Bd. III, 280 f., und meine Mittheilungen in den Denkschriften der philos.-histor. Classe der kais. Akad. Bd. IV, 123 f.; in den Separatabdrücken S. 91.

[3]) S. die goldene Chronik von Hohenschwangau vom Freiherrn von Hormayr. München 1842, S. 214 und daselbst Urkunde Nr. 53, S. 39.

Die Unholden kehrten am 20. Jänner 1634 unter dem Marschcommissär Otto von Forstenhausen nach Schwangau zurück, wo sie die grössten Ausschweifungen verübten und dem kleinen Gebiete grossen Schaden zufügten.

Als man den Isolanischen Croaten, von denen bei 500 am 19. März 1634 zu Schwangau angekommen waren, von Seite der Stadt Füssen die begehrten 500 Pfund Brot in das Ereshulz (zwischen Füssen und Schwangau) convoyirte, kamen die Hohenembsischen, welche zu Schwangau, Niederhofen und Trauchgauer Pfarre lagen, rannten das Convoi an und nahmen von dem Brote, das den Croaten übel gefallen und der Bürgerschaft zum Besten diente; denn am Abend desselben Tages zog Frantzin, des Hohenembsischen Volkes Oberst, und Hauptmann Eglof auf Füssen zu, um da mit Gewalt Quartier zu nehmen. In der äussern Vorstadt angelangt, gaben die Soldaten Feuer, die Bürger schossen in ihrer Gegenwehr aus den Häusern und auf den Gassen, und beim Scharmutziren blieb der Oberst Frantzin mit etlichen Officieren und bei 40 Soldaten todt und verwundet. Schon dieses Kriegstreiben und die grossen Verluste, welche auch die Grafen von Hohenembs bei der Einnahme von Hohenbregenz 1647 erlitten, wirkten zum schnellen Falle des Wohlstandes dieses Hauses mit.

Leicht wäre Bregenz schon damals überrumpelt worden, wenn nicht durch Wallenstein, der sich bei Nürnberg gelagert hatte, des Schwedenkönigs Hauptmacht dahin gezogen worden wäre. Später erscheint Graf Jakob Hannibal II. nicht mehr bei den Kriegsangelegenheiten des Vaterlandes. Es ward bei vielen Mühen und Leistungen von Seite des Landes wegen schlechter und wechselnder Führung in der Umgegend des Bodensees, wir nennen Keller, Viezthumb von Eckstadt, Loy, wenig vollführt; tüchtig waren die heimischen Führer Valentin Schmid († 12. April 1639), Gabriel Feuerstein, Ahnherr der am 12. März 1858 mit dem Obersten Anton zu Pressburg erloschenen Grafen von Feuerstein, Kaspar Schoch.

Graf Jakob Hannibal II. starb nach Kaiser S. 390 und 436 am 10. April 1646 in einem Alter von fünfzig Jahren. Seine Gemahlinnen waren:

A. **Anna Sidonia**, ältere Tochter Adam Wenzel's, Herzogs zu **Teschen** und Grossglogan, und Elisabethens, Tochter des Herzogs Gotthard von Curland, geboren im März 1598, vermählt 1616.

Nicht ohne Interesse ist der Ehevertrag zwischen beiden Familien, von dem ich aus dem Archive zu Teschen durch die besondere Güte des erzherzoglichen Cameral-Directors Herrn Matthias Kasperlik eine getreue Abschrift erhalten habe. Hier im Auszuge das Wesentliche: Von dem Erzbischof Marx Sittich zu Salzburg wurde anstatt seines Bruders Kaspar wegen des Letztern Sohnes **Jakob Hannibal** II. einestheils, und von Adam Wenzel Herzog zu Teschen und Grossglogan, der römisch kaiserlichen Majestät Rathe und Kriegsobersten, wegen seiner vielgeliebten Tochter, des Fräuleins **Anna Sidonia**, anderestheils durch beiderseitige Abgeordnete auf dem herzoglichen Schlosse zu Teschen am 30. Juni 1616 der Ehevertrag mit dem Beding der Ratification von Seite der beidertheiligen Committenten geschlossen, welcher die Vermählung auf den 31. October desselben Jahres daselbst auf des Herzogs Unkosten festsetzt, die der Heimführung aber sind vom Grafen zu tragen. Der Vater gibt der Braut 10.000 Gulden rheinisch (zu 60 kr.) sammt Schmuck, Kleidern, Kleinodien, wie dies im Hause Teschen bei einer Ausstattung gebräuchlich ist, und überdies zu rechtem Heirathgut noch 10.000 Gulden, die in Jahr und Tag nach dem Beilager zu Wien oder Krems zu zahlen sind; dagegen verschreibt der Bräutigam der Braut die gleiche Summe als Widerlage und zur Morgengabe ein Drittel derselben, d. i. 3333 fl. 20 kr. in gleicher

Während auf die Grafschaft Vaduz und die Herrschaft Schellenberg, die in Jahr und Tag nach dem etwaigen frühern Ableben des Grafen der Witwe bar erlegt werden sollen. Der Witwensitz soll ihr und ihren Erben in Vaduz oder Schellenberg, wo es ihr gefällig sein wird, und von ihrem Heiratgut und der Widerlage, den genannten 20.000 Gulden die Zinsen zu 6 Percent, d. i. 1200 Gulden jährlich eingeräumt werden. Über diese Summe werden ihr von ihm und seinen Erben noch 4000 Gulden rheinisch nebst Beholzung, nebst deren Zufuhr und anderen Bedürfnissen in den genannten Herrschaften versprochen. Ferner könne er, so lange der Vater lebt, mit seiner Gemahlinn seine beharrliche Residenz und den gräflichen Unterhalt am erzbischöflichen Hofe und seiner täglich zu leistenden getreuen Dienste willen, so lange er regiert oder wenigstens so lange sein Vater lebt, zu **Salzburg** continuiren, welches mehr zu seinem Nutzen als Schaden sein wird. Sollte aber der Fürst-Erzbischof vor seinem Bruder, rücksichtlich Vater mit Tod abgehen, so tritt dieser seinem Sohne Vaduz und Schellenberg alsbald wirklich ab, was Graf Kaspar nach dem Beilager brieflich vergewissern und verschreiben will; auch kann Fräulein **Anna Sidonia** ihre Morgengabe ganz oder zum Theile bei ihrem Leben oder auf dem Todbette ohne irgend eine Beirrung oder Einrede, wie, wem und wohin sie will, vermachen, jedoch hat erst nach des Grafen Jakob Hannibal Ableben die bare Bezahlung und Überantwortung von Seite der Erben zu geschehen; dessgleichen soll sie ihre Kleider, Kleinodien, Schmuck, Gebände, Gold- und Silbergeschirr, von wem sie immer herkommen mögen, beliebig zu vergeben und zu vermachen Gewalt haben. Sollte sie aber vor ihrem Gemahle ohne oder mit Leibeserben mit Tod abgehen, so soll er die 10.000 Gulden Heirathgut sammt deren Hab und Gut, was sie bei ihrem Leben nicht verschenkt oder vermacht hat, sein Leben lang ganz in seinem Besitz haben, den Nutzen geniessen und nach seinem Tode diese 20.000 fl. ihrem Vater, ihrem Bruder oder der Schwester oder ihren andern nächsten Erben zufallen ohne längeren Verzug und ohne deren Kosten in Jahresfrist.

Sollte er früher ableben, sei es mit Kindern aus dieser Ehe oder nicht, so sollen dem Fräulein ihre Morgengabe, wie auch ihre Kleider, Kleinode, Edelgestein, Schmuck etc., wie obgenant, folgen und sie darüber nach Gefallen verfügen können. Mehr sollen ihr zu ihrem Wittbum die Betten, Bettgewand und aller gemeiner Hausrath, welcher für die Zimmer ihrer Hofmeisterinn, Jungfrauen und Dienerinn verordnet und im täglichen Gebrauch ist (darunter jedoch Silbergeschirr oder Gold nicht begriffen sein soll) ohne Widerrede folgen und sie soll Jahr und Tag mit gebührendem gräflichen Unterhalt wohl versehen werden. Nach Ablauf von Jahr und Tag sollen derselben: *a)* die 3333 fl. 20 kr. rheinisch Morgengabe bar erlegt; *b)* die Interessen von den 20.000 Gulden Heirathgut und Widerlage zu 6 Percent gerechnet, d. i. 1200 Gulden und überdies noch *c)* die versprochenen 4000 Gulden rheinisch zu witiblichem Unterhalte jährlich des Grafen Jakob Hannibal Erben und künftige Inhaber der Grafschaft Vaduz und der Herrschaft Schellenberg ohne allen Abgang zu erlegen schuldig sein. Sie soll keine Schulden ihres Gemahles zu übernehmen oder zu bezahlen haben, sondern damit ganz unbeschwert bleiben. So lange sie ihren Witwenstand nicht verändert, soll sie bei ihrem Wittbum und Vermächtniss geruhiglich sitzen und bleiben und von des Grafen Erben getreulich geschützt und geschirmt werden.

Sollte sie aber nach dieses ihres Gemahles Hinscheiden sich wieder verehelichen, so soll ihr das zugebrachte Heirathgut frei und die Widerlage gegen genugsame annehmliche Bürgschaft oder Versicherung (damit dass des Grafen Erben solche nach Abgang der Prinzessinn wieder sicher zu bekommen haben) von dessen Erben zugestellt und überantwortet werden, oder wenn sie solches nicht begehrte, die gebührenden oberwähnten Interessen gereicht werden, dagegen der vom Grafen versprochene wittibliche Jahresunterhalt von 4000 Gulden rheinisch allerdings aufzuhören hat. Sollte aber eines von ihnen Beiden vor dem Beilager mit Tod abgehen, so soll diese ganze Verhandlung todt und ab sein und keinen Theil binden. Endlich erhält sie von seiner Seite noch 200 Gulden jährlich zu täglichem Gebrauch, d. i. Nadelgeld.

Diese Verbindung gab dem jungen Grafen ein erhöhtes Ansehen und die Aussicht auf eine reiche Erbschaft, leider aber starb die Prinzessinn, vielleicht in Salzburg, zumal unseres Wissens in Hohenembs von ihr keine Notiz sich findet, vielleicht im Wochenbette oder in Folge desselben, da Hübner II, Tab. 503 ihr ein Töchterchen J o h a n n a E l e o n o r a zuweiset, von dem nichts weiteres bekannt ist. Sie dürfte noch im Jahre 1619 gestorben sein [1]).

B. Im Jahre 1620 war der Graf nach dem Porträte Nr. 20 in Bistrau wieder vermählt mit **Francisca Katharina**, Tochter des von K. Ferdinand II im J. 1623 in den Reichsfürstenstand erhobenen Grafen J o h a n n G e o r g von **Hohenzollern-Hechingen**, geboren um 1598. So ward der Graf ausser mit diesem neufürstlichen Hause noch mit den Häusern und Familien Baden, Fürstenberg, Isenburg, Königseck, von der Mark und Trantson, an die Francisca Katharina's Schwestern vermählt waren, verschwägert.

Kinder aus der zweiten Ehe sind:

1. M a r i a F r a n c i s c a; Gemahl: L e o p o l d Graf von Wolkenstein-Trostburg.
2. **Karl Friedrich**, S t i f t e r der ältern Linie zu **Hohenembs**, geboren den 11. November 1622, † 1675.
3. A n n a K a t h a r i n a, geboren 1626, war mit dem Grafen Ulrich von S u l z kinderlos vermählt und trat nach dessen Tode († 1650) im J. 1660 in das Kloster Inzighofen bei Sigmaringen, legte am 1. März 1662 das Gelübde ab, erhielt den Namen Maria C a r o l i n a und starb am 20. October 1666 im Rufe der Gottseligkeit. Des Grafen Ulrich Testament, in welchem seine Gemahlinn und deren jüngerer Bruder Graf Franz Wilhelm I. vornehmlich bedacht sind, s. Anmerk. X.
4. **Franz Wilhelm** I., S t i f t e r der jüngern Linie zu **Vaduz**, geb. 1627, † 19. Sept. 1662.
5. M e l c h i o r, nach Hübner's genealog. Tab. II. 503 geboren und gestorben im J. 1629.

Karl Friedrich Graf zu Hohenembs von 1646—1675.

Schon mit dem Grafen Jakob Hannibal II. begann das Geschlecht der von Embs zu sinken und kam hauptsächlich durch die Schuld seiner Söhne und Enkel in allmählichen Verfall. Es erwahren sich an ihnen die Worte:

Dilapidam permagna patrum bona saepe n e p o t e s,

Et genus et nomen praecipitata ruunt!

---

[1]) Ihrem Vater Herzog A d a m W e n z e l († 1617) folgte sein einziger Sohn F r i e d r i c h W i l h e l m, der als letzter Herzog zu Teschen am 9. November 1625 auf einer Reise in einem Alter von 24 Jahren starb. Anna Sidoniens jüngere Schwester Elisabetha L u c r e t i a. geb. 1599, ward 1623 mit Gundaker Fürsten von Liechtenstein, in Gegenwart des Cardinals Franz Fürsten von Dietrichstein, der diese Ehe stiftete, im Lustgarten zu Eisgrub vermähl. Sie prägte Thaler, s. von Madai Nr. 1084, abgebildet in Dewerdeck's Silesia numismatica. Jauer 1711. Tab. XXV. Nach ihrem Tode († 19. Mai 1653) ward das Herzogthum Teschen der Krone Böhmen einverleibt.

Karl Friedrich wurde nach seines Vaters Ableben Herr aller Güter, wie sie im grossväterlichen Haupturbar vom J. 1613 verzeichnet sind, verzichtete aber nach Kaiser S. 390 am
10. Mai 1651 zu Gunsten seines Bruders Franz Wilhelm auf die Erbstammlehen im
Salzburgischen, über welche das Nähere in Anmerk. XI enthalten ist. Im zweiten Jahre
seiner unglücklichen Regierung ward Vorarlberg von der Geissel des dreissigjährigen Krieges
noch vor seinem Ende auf das Schwerste heimgesucht. Bregenz, das nördliche Thor des
Landes, eroberte am 4. Jänner 1647 der Feldmarschall Karl Gustav Wrangel und unermess-
liche Beute, angeblich an vier Millionen Gulden im Werthe, fiel dem Feinde in die Hände.
Es hatten die reichen Abteien und der Adel Oberschwabens ihre beste Habe und Kostbarkeiten
dahin in vermeintliche Sicherheit gebracht, namentlich ging das Mobilarvermögen der Grafen
von Hohenembs, Waldburg-Zeil und Königseck verloren, Abgeordnete der vorarlbergischen
Städte und Gerichte unterhandelten in Bregenz eine Brandschatzung, jedes Haus zu Stadt und
Land sollte achtzehn Gulden bezahlen. Eine Abtheilung Schweden rückte landaufwärts und
besetzte Hohenembs und die Veste Neuburg, die als österreichisches Pfandlehen der Graf
von Hohenembs inne hatte, wo sie nach Kaiser S. 392 nur einen Mann fanden, der ihnen
das Thor öffnete, dann Feldkirch mit der Schattenburg, die ihnen einen festen Haltpunct
darbot. Von da an streifte eine Truppe an der Ill thaleinwärts bis zum Frauenkloster St.
Peter bei Bludenz, in dem zwei ältere Nonnen verblieben waren, eine andere aufwärts bis
zur alten, im Schwabenkriege viel umstrittenen Veste Gutenberg am Fusse des St. Lucien-
steiges, den die Graubündner stark besetzt hielten. Dies war der südlichste Punct in Deutschland, bis zu welchem die Schweden vordrangen. In dem armen Ländchen Vaduz erpressten
sie die Brandschatzung von 8000 Thalern. Mit der Beute und der schweren Summe zogen
sie am 7. März wieder ab (vgl. Kaiser S. 392). Die Veste Neuburg hatten sie mit 90 Mann
zu Fuss und 15 Pferden wohl besetzt, um damit die Contributionen einzutreiben. Dem Commandanten zu Feldkirch war der Befehl zugekommen, alle eisernen Stücke und Thore zu
sprengen und mit den Soldaten abzuziehen. Aber während er in der Arbeit war, kam der Befehl
solches zu unterlassen und nicht abzuziehen. Die schwedischen Commissarien forderten aller
Orten die auferlegte Contribution streng ein und man musste an deren Statt viele Pferde her-
beischaffen. Auch gingen Schweden über den Rhein, besonders nach St. Gallen und kauften
allerhand Provision ein. Feldkirch musste 4000 Gulden und andere Orte nach Verhältniss
Rançon zahlen; auch die hohen Officiere brandschatzten bei ihrem Abzuge stark ihre assig-
nirten Orte[1]. Der Feldmarschall Wrangel liess am 8. März das Schloss auf dem St. Gebhards-
oder sogenannten Pfauenberg ob Bregenz sprengen und an den folgenden Tagen das Block-
haus und die Verschanzungen vor der dortigen Klause rasiren, worauf er sich in's Franken-
land zog (Theatr. Europ. V. 1273). Bregenz und Hohenembs wurden sogleich wieder befestigt. In unserem Vorarlberg war die Veste Neuburg allein noch von dem Feinde besetzt
und der Graf Karl Friedrich von Hohenembs im Werke die dortige Besatzung auszu-
treiben. Der schwedische Commandant in Überlingen hatte einen Anschlag über den Bodensee
herauf unternommen, als er aber befunden, dass Bregenz und Embs wieder befestigt seien
und der kaiserliche Feldzeugmeister Adrian Freiherr von Enckevoirt[2] mit 1500 Mann aus

---

[1] S. Theatrum Europaeum, Frankfurt 1651. Bd. V, S. 1273.
[2] Adrian von Enckevoirt aus einem niederländischen Edelgeschlechte, dem der Cardinal Wilhelm von Enckevoirt († in
Rom 1534) angehört, diente im dreissigjährigen Kriege mit Auszeichnung durch alle Grade hinauf und war in seiner zweiten

Tirol von Neuburg gekommen sei und den Ort beschiesse, kehrte er unverrichteter Sache wieder zurück. Am 26. April lag der General noch vor der Veste und beschoss sie; von der tapfern kaiserlichen Besatzung zu Lindau wurden 100 Mann dahin commandirt (daselbst S. 1287 und 1298). Da F. Z. M. von Enckevoirt den Belagerten hart zusetzte und der ersehnte Entsatz nicht heranziehen konnte, ward zwischen ihm und Richard Graham, Capitän und schwedischem Commandanten zu Neuburg, in Embs ein Accord auf sieben ehrenvolle Punete abgeschlossen, als:

1. Es soll der Commandant nebst seinen hohen Officieren sammt allen ihren Dienern, eigener Bagage und Pferden, ausgenommen den Ihrer kaiserlichen Majestät mit Land- und Kriegspflicht verbundenen Lieutenant zu Pferd Michael Georg von Krems, freien Abzug haben und nach Überlingen begleitet werden;

2. sollen auch die ihm unterstehenden commandirten Knechte zu Fuss gleicher Gestalt dieses Abzuges geniessen und nicht weniger mit Sack und Pack, Ober- und Untergewehr, doch ohne brennende Lunten abmarschiren;

3. welche aber von denselben hievor unter der kaiserl. Majestät oder erzfürstlichen Durchlaucht [1]) und dem h. römischen Reiche gedienet haben, sollen diesseits verbleiben, wie auch sonst bei Jedem Dienst zu nehmen frei stehen;

4. sollen zwar auch die Reiter freien Abzug haben, doch anders nicht als mit Hinterlassung ihrer Pferde und ihres Gewehrs, aber auch nur diejenigen, so der Krone Schweden allein gedienet haben;

5. hingegen soll der Commandant vor seinem Abzuge auf Begehren alles was an Proviant, Stücken, Gewehr und Munition noch vorhanden ist, treulich anzuzeigen, zu überantworten und nichts zu hinterhalten, auch dass keine verborgene und gefährliche Mine angelegt sei, genugsam Versicherung zu thun schuldig sein;

6. soll er auch hiemit und kraft dieses Accords nicht allein alle und jede hierum in höchstgedachter fürstlicher Durchlaucht und andern Herrschaften ausgeschriebenen und stehenden Contributionen, sondern auch die an den gräflich Embsischen Secretarius Johann Strahlen begehrte Ranzion fahren lassen und gänzlich cassiren, massen er dann hiemit thun und gethan haben solle;

7. wenn dieses alles geschlossen, so soll er alsbald den Vorhof abtreten und selben allerseits nach Gefallen besetzen lassen, er aber morgenden Tages Vormittags zwischen 8 und 9 Uhr seinen wirklichen Abzug nach gedachtem Überlingen nehmen, wohin er mit nöthigen Fuhren bis nach Fussach an das Wasser, und dann von da folgends zu Schiff mit einem Trompeter, jedoch gegen Hinterlassung genugsamer Geisel bis zu deren und aller Zugehör unverletzter Zurückkunft etc., sicher begleitet werden solle. — Zur wahrhaftigen Bekräftigung dieses Accordes wurden gleichlautende Exemplaria verfertigt, das eine von Seite des Herrn General-Feldzeugmeisters Freiherrn von Enckevoirt, das andere vom schwedischen Commandanten unterschrieben und mit ihren Petschaften bestätigt. Actum Embs den (13.) 23. Mai 1647.

Hälfte einer der hervorragendsten Generale. Er war kais. Kämmerer und erhielt als Obrister am 13. März 1635 den Freiherrnstand, wurde 1634 Feldmarschall und am 15. November 1658 in den Grafenstand erhoben (nach den Reichsadels-Acten, und starb 1663. Seine Gemahlin Anna Camilla Tochter des Oberhofkanzlers Johann Baptist Grafen von Verdenberg, gebar ihm den Sohn Ferdinand Leopold, Herrn zu Ledetsch etc. in Böhmen, dann der Herrschaften Grafeneck, Grafenwerth etc. bei Krems etc., der sich 1670 mit der Gräfin M. Francisca von Hohenembs vermählte (s. S. 62).

[1]) D. I. Erzherzog Ferdinand Karl von Tirol, der am 9. April 1646 von seiner Mutter-Vormünderinn Claudia die Regierung übernommen hatte.

Die Veste Neuburg ward in Folge dieses Accords am 24. an den Herrn Feldzeugmeister übergeben, worauf die Schwedischen in 60 Mann gen Überlingen abzogen, in 25 Mann aber, so vor diesem dem Kaiser und römischen Reiche gedient hatten, untergestellt wurden (s. Theatr. Europ. V. 1320 f.). Nach der Entfernung der feindlichen Truppen zeigte sich wieder die kaiserliche Macht unter dem mehrgenannten Feldzeugmeister am Bodensee, Reiter und Fussvolk schifften in Constanz und Radolfzell sich ein und fuhren den See herauf nach Bregenz, wo sie die Klause wieder besetzten.

Die Höfe Widnau und Haslach in der Schweiz. — Forderungen der Grossmutter Anna Amalia Gräfinn von Hohenembs und der schweizerischen Gläubiger an den Grafen Karl Friedrich.

Die Edlen von Embs hatten von den Grafen von Werdenberg im J. 1395 den alten Reichshof Lustnau sammt Zugehör jenseits des Rheines pfandweise erhalten und im J. 1526 als volles Eigenthum an sich gebracht. Die Widnauer am linken Ufer des Flusses suchten durch die Eidgenossen ihre Lösung von dem Hofe Lustnau durch Kauf zu erwirken (29. September 1529). „Merkh Sittich von Embs zu der Hohenemps, kön. Mt. zu Hungern vnnd Beheim etc. Rat vnnd vogt zu Bregenz" erwiedert in einem eigenhändigen Schreiben, er und seine Vorfahren seien schon seit 120 Jahren im Besitze von Widnau und haben es mit dem Hofe zu Lustnau inne gehabt. Es habe ihn nicht wenig befremdet, indem sie laut brieflicher Urkunde, die er in Handen habe, keine Gerechtigkeit zur Lösung oder zum Wiederkauf haben[1]). Somit unterblieb damals diese Lösung, nun ward aber am 22. December 1649 zwischen dem hiezu bereitwilligeren Grafen Karl Friedrich zu Hohenembs, Gallara und Vaduz, Herrn zu Schellenberg, Dornbüren und Lustnau, der sich auch der römisch kaiserlichen Majestät und der fürstlichen Durchlaucht des Erzherzogs Karl Ferdinand zu Österreich Kämmerer, Oberster und Vogt der Herrschaften Feldkirch und Nenburg nennt, und den VIII Orten, als Herrschaft im Rheinthale, ein Vertrag geschlossen, um die ewige Befreiung des Reichshofes Widnau und Haslach von allen Auflagen, Reichssteuern und Kriegscontributionen, zu welchen sie wohl früher und besonders im J. 1647 gezogen wurden.

Der junge Graf brauchte mehr als seine Kräfte erlaubten, er war ein Verschwender. Ob seine römische Base Cornelia, wer oder was sonst ihn hiezu verleitete, vermag ich aus Mangel an sichern Quellen nicht anzugeben. Sicher ist es, dass er seine Stiefgrossmutter Anna Amalia, geborne Gräfinn zu Sulz, in ihrem vorgerückten Alter darben liess. Diese sucht in ihrer kümmerlichen, elendiglichen Lage, wie es in den bezüglichen in Zürich verwahrten Actenstücken heisst, Abhilfe gegen ihren herzlosen Stiefenkel bei Kaiser Ferdinand III. und den acht Orten. Sie klagt schriftlich beim Kaiser, dass ihr laut eines Extractes von ihrem Gemahle, dem Grafen Kaspar (wohl in einem Nachtrage zu seinem am 14. Mai 1614 verfassten Testamente) vermacht seien: zu ihrem rechten Witwensitz das Haus zu Embs, der Ausserhof genannt, darin — wie der Testator sagt — ich lange gewohnt, mit Tischen, Stühlen, Bänken, Kästen, Bettstätten, Bettgewand, und allem dem, so darin ist, sammt dem nothwendigen Gartengewächs aus meinem Garten und einem Schlüssel über den Gang bis in

---

[1]) Aus dem grössern Cantzley-Register der Statt Zürich, Bd. II, worin S. 807 fl. Aufzeichnungen über Hohen-Embs enthalten sind. Truchen 50, Fascik. I, Nr. 3. Dieses und die andern Notizen über Hohenembs excerpirte ich am 3. September 1858 im Staatsarchive zu Zürich durch die Güte des gelehrten, allzufrüh dahingeschiedenen Archivars Gerold Meier von Knonau † 1. Nov. 1858.

die Pfarrkirche, sammt ihrem gewöhnlichen Orte im Stuhle alldort; ferner die Kleider und Kleinodien, was ich ihr geschenkt und sie von mir bekommen und erworben; auch soll ihr zugestellt werden der grosse Silberbecher, den ihr Herr Vater sel. zu unserer Hochzeit verehret, darauf der Herrschaft Schellenberg Namen stehet. Sodann ist nach dem Heiratbrief zu verzinsen: das ihr zugebrachte Heiratgut, d. i. 2000 Gulden sammt den 2000 Gulden Widerlage und 2000 Gulden Morgengabe, dann zu witiblichem Unterhalte und gebührlicher Nothdurft jährlich 1000 Gulden; alles von dem ihrem jungen Sohne verordneten Antheil, er bleibe am Leben oder nicht, hat ihr zu folgen. Wenn sie aber ihren Witwenstand in einem oder anderem Wege verändern würde, sollen alsdann der genannte Witwensitz sammt der darin geordneten Fahrniss, wie auch der witibliche Unterhalt, desgleichen nach ihrem zeitlichen Ableben, vermöge ihres am 16. October 1616 aufgerichteten Testaments, alle ihre Kleider, Kleinodien, Ketten, Schmuck, Gebänd, Geld, Schulden und alles Andere ihrem hinterlassenen Sohne, und wenn er nicht mehr am Leben sein oder hernach ohne Leibeserben abgehen sollte, dem hernach folgenden Inhaber und Erben folgen und zustehen.

Der Kaiser bestimmte eine kaiserliche Commission zur Austragung dieser ekeln Sache und zwar den Bischof zu Constanz, Franz Johann von Prasperg, am 26. Februar 1650.

Sie klagt bei den acht Orten und sagt, sie habe in neun Jahren (somit schon von ihrem Stiefsohne Jakob Hannibal II.) nichts als 904 Gulden erhalten und ihr Leben mit Verkaufung von Kleidern und Kleinodien gefristet, und bittet im J. 1650, dass sie nicht in den Concursus Creditorum gezogen und ihr ohne Aufschub ihre Forderung bezahlt werde. Ihre Schuldforderung betrug um diese Zeit 8000 Gulden (das. S. 808, Nr. 15). Eine weitere Klageschrift richtet sie aus Rheinau (in der Nachbarschaft ihrer Heimat) am 3. Februar 1653 an die bei der Tagsatzung zu Baden im Aargau anwesenden Räthe und Gesandten der regierenden acht Orte, in welcher sie sagt: „Und wiewohl ich bei der röm. kais. Majestät auf mein nothgedrengtes flehentliches Erklagen so viel Hülfe gefunden, dass Sie schon hie bevor an den Herrn Bischof von Constanz Commission (deren Abschriften sie beigelegt hat) mir zur gebührenden Bezahlung zu verhelfen ertheilet, so hat jedoch gedachter Herr Graf von Embs den ergangenen kaiserlichen Befehl und die darüber von Sr. fürstlichen Gnaden zu Constanz gethanen ernstlichen Erinnerungen bei ihm das Wenigste verfangen lassen, sondern deren Execution mit solcher Vorsetzlichkeit und geschwinder Listigkeit zu meinem höchsten Schaden verzaigert (d. i. verzögert), dass ich ohne die geringste Hülfe gleichsam vor Kummer elendiglich verschmachten muss u. s. w." Sie bittet zum Schlusse, dass die im Rheinthale im Schweizer Gebiete gelegenen Hohenembsischen Güter und deren Nutzung mit wirklichem Arrest belegt und ihr davon die ihr vor Gott und der Welt gebührende Alimentation erfolget werde.

Ferner hatte an den Grafen Karl Friedrich nach Nr. 13 der Herr Oberste Brügger zu Maienfeld im J. 1651, nach Nr. 16 hatten Herr Hauptmann Karl von Salis, Herr Hauptmann Johann Anthoni Pestalutz und Herr Junker Hanns Luci von Moos, genannt Gugelberg, an die Grafen von Hohenembs Schuldforderungen. Laut Nr. 17 bittet der Landvogt im Rheinthale seine Obrigkeit um Befehl, ob er auf Anhalten der genannten Püntner'schen Creditoren einen Arrest und ein Verbot auf des Grafen Wein und Früchte erlauben soll. Im selben Jahre 1653 begehrt (Nr. 18) Graf Karl Friedrich Bericht, wer auf seine Güter im Rheinthale einen Arrest verlangt habe; ferner Nr. 19 beschwert derselbe sich bei der auf den 15. November 1653 nach Rheineck von der Püntnerschen Creditoren wegen angesetzten Conferenz zu erscheinen und bittet bemeldte Creditoren an die kaiserliche Commission zu weisen und ihnen keine Arreste zuwider der Erbeinigung zu gestatten. Seite 809, Nr. 20 handelt von dem Kaufe der Herrschaft Liebenfels und enthält den Bericht, dass die Stadt St. Gallen von dem Grafen von Hohenembs Wydnau und Hasslach *(ganz oder nur Gerechtsame?)* im J. 1654 erkauft habe.

Nach S. 811, Nr. 1 liess im J. 1654 der Graf die im Rheinthale mit Arrest belegten Früchte gewaltthätig hinwegführen. Nach Nr. 2 klagen die von Widnau und Haslach wegen ihres Zustandes bei den Eidgenossen und bitten höchlich, dass man sie bei Erörterung des Spans, den der Graf mit seinen Püntnerschen Creditoren habe, bedenken wolle, und dass sie ihrer zu Lustnau ennert Rheins liegenden und in ihren Hof gehörigen Güter auch rüwigh-lich (ruhig) geniessen mögen. Die unerquickliche Sache kam bis an den kaiserlichen Hof, indem nach Nr. 3 der Hohenembsische Anwalt mit dem Begehren wider seine Kläger von demselben abgewiesen wurde, und laut Nr. 4 bleibt es nach wiederholtem Ansuchen des Anwalts abermals bei der Abweisung und bei dem vorigen Conclusum. Wenig achtete der Graf den erflossenen Ausspruch, da laut Nr. 9 die gemein drei Pündte im J. 1657 bitten, ihre Landleute in Betreff des Grafen von Hohenembs bei den ergangenen Urtheilen zu schirmen, im folgenden Jahre 1653 begehrt nach Nr. 10 der Graf die Sache seiner Püntnerschen Cre-ditoren an den kaiserlichen Hof zu weisen, indess die Gemeinden von Widnau und Haslach ihre Beschwerden gegen den Herrn Grafen von Hohenembs richten.

Dieses heillose Hin- und Herzerren der Dinge, welchen der Graf voll Eigensinnes nicht abzuhelfen beliebte, musste mit Recht ihn und das ganze Haus in völlige Missachtung bringen.

Graf **Karl Friedrich**, **Stifter** der **Linie** zu **Hohenembs**, verkaufte mit Einwilligung seines Bruders Franz Wilhelm I. die Grafschaft **Gallarate**, jedoch mit Vorbehalt des Titels, an Theobald Visconti und starb nach Kaiser S. 404 am 20. October 1675. Seine Gemahlinn war **Cornelia** Lucia, Peter's Duca's von **Altaembs** römischer Linie Tochter (vgl. S. 10), die als eine sehr andächtige Dame gelobt wird. Vermählungs- und Sterbejahre sind uns unbekannt. — Die vier Kinder dieser Ehe sind:

1. Maria Claudia, geb. 14. März 1646, gest. in Wien am 31. December 1694.

2. **Franz Karl Anton**, geb. 1. August 1650, studirte im J. 1665 mit Johann Anton von Furtenbach, Johann Franz von Halden in Haldenegg an der Universität zu Ingolstadt[1]), nannte sich dann Graf zu Hohenembs, Gallarate und Vaduz, Herr zu Schellenberg. Dorn-büren und Lustnau, wohnte mehrentheils im Schlosse Herbruck im schweizerische Rheinthale, im J. 1699 zu Constanz. Er liess sich zur linken Hand Franciska Schmidlin von Lebenfeld, eines Oberpflegers (oder Amtmanns) seiner Herrschaft Tochter, antrauen[2]), die er aber gar bald, da die erste Gluth vorbei war, wieder von sich liess. Sie lebte nach einer Aufzeichnung im J. 1702 auf dem Schlosse Herbruck in einem mässigen Zustande, obwohl sie keine Kinder mit einander erzeuget hatten. Später lebte sie auch in Constanz und starb den 19. Februar 1728 im 74. Jahre ihres Lebens zu Hohenembs, wo sie begraben wurde.

---

[1]) Cf. Joh. Nep. Medocer Annal. Ingolstad. 1782. Tom. II. 365.

[2]) Nach Schumann's genealog. Handbuch. Leipzig 1742. II. 54. — Johann Schmidl oder Schmidlin von Lebenfeld, der oberösterreichischen Hofkammer Rait- d. i. Rechnungsrath, erhielt am 19. Dec. 1678 den rittermässigen Adelstand; einer seiner Brüder, Alexander, war Oberstwachtmeister, ein anderer, Andreas, Rittmeister unter General Grafen v. Hatzfeld und beschloss sein Leben gegen die Schweden (nach den Adels-Acten). Nach Prugger's Veldkirch (1685) S. 69 war damals Herr Antonius Dominicus Schmidlin von Lewenfeld Hubmeister daselbst.

Von des Grafen weiteren Lebensverhältnissen ist mir nichts Näheres bekannt. Er starb, der Letzte dieser ältern Linie der Grafen von und zu Hohenembs, am 16. März 1713, wie aus einem Briefe aus Embs an Herrn Hanns Ulrich Marént in Schruns erhellet, und lag etliche Tage scheintodt. Der Original-Brief, den mir Herr Kaiser junior, Doctor der Rechte in Bregenz, zur Einsicht zugeschickt hat, lautet wörtlich:

„Hochgeehrter Herr Vetter. Es würdt meinem hochgeehrten Herrn Vettern schon bekandt sein, das Ihro Excellenz der Herr Graff Karl Frantz den 16. huius von dem allmächtigen gott ist beruffen worden, wie man selben dann ohngefehr vmb 5 Vhr abendts todt im Beth gefunden hatt, will dahero nur ein wunderlichs accidens berichten, nemblich: Als selber angeklaidt worden, vnd vnnderhalb in den Palast in ein gewölb dem gemeinen Volk zu sehen exponirt worden, so hatt er, so offt man sein schidung (Hinscheiden) geleüthet (welches alle Tag eine stundt lang gewehret vmb die stundt der verscheidung) angefangen zue schwitzen, vnd wan man den schweis abgewüschet, wie ich selbsten gesehen vnnd gethan, ist gleich wider ein oder anderer nachgefolgt, auch hatt er gestern abendt da man ihn in die Crufften gelegt allezeit sehr starkh geschwitzet, sonsten ist sein leib allezeit weich vnd sehr schön geferbet, vnd vollkommen gewest. Was nun dieses bedeüte ist dem höchsten gott bekandt. ist aber zue merkhen, das sobald es aufgehört zue leüthen der Leichnamb aufgehört zue schwitzen, bitte es Herrn Grossvatter auch zu berichten; mit nechstem ein mehrers wormit (ich) mich dem gantzen haus und angehörde schönstens Empfehle vnnd verbleibe Meines hochgeehreten Herrn Vetteren schuldigster Diener Jo: Fr: Fitsch. Embs den 19. Mertz 1713.[a]

3. Anton Joseph, geb. 17. Jänner 1652, † 1674, war Domherr zu Constanz.

4. Maria Katharina, geb. 6. Mai 1653, † 9. Juni 1699. Gemahl: Maximilian Wunibald, des h. römischen Reichs Erbtruchsess, Graf zu Trauchburg und Friedberg, Freiherr von Waldburg, Herr zu Scheer und Dürmentingen, Bussen und Kisslegg, residirte zu Friedberg und starb 1717.

Die Vaduzer Linie der Reichsgrafen von und zu Hohenembs.

Franz Wilhelm I., des Grafen Jakob Hannibal II. und der Fürstinn Francisca von Hohenzollern-Hechingen zweiter, im J. 1627 geborner Sohn, erhielt wahrscheinlich bald nach seines Vaters Tode (1646) in einem Alter von neunzehn Jahren die Grafschaft Vaduz, wie sie vordem sein Oheim Franz Maria († 1642) besessen hatte, und ward der Stifter der jüngeren oder Vaduzer Linie des reichsgräflichen Hauses von und zu Hohenembs. Welchen Antheil der junge Graf im J. 1647 zur Zeit der Einnahme von Bregenz, der Besetzung Vorarlbergs und des seiner natürlichen Lage nach dazu gehörigen Ländchens Vaduz durch die Schweden, von welchen Ereignissen wir in Lebensabrisse seines ältern Bruders Karl Friedrich gesprochen, genommen habe, vermögen wir nicht anzugeben; sehr wahrscheinlich keinen oder ganz untergeordneten, da unseres Wissens seiner nirgends erwähnt wird. Dagegen trat bei Gelegenheit seiner baldigen Vermählung eine um so grössere Thätigkeit hervor, er richtete nämlich aus Vaduz ddo. 1. Februar 1649 seine Einladung an gesammte XIII Orte der Eidgenossen zum hochzeitlichen Beilager mit **Eleonora Katharina**, Tochter des 1631 zu Wien verstorbenen Grafen Wratislaw von **Fürstenberg**, Ritters des goldenen Vliesses und Reichshofraths-Präsidenten und der Lavinia von Gonzaga, auf den 14. Februar in der Schlosscapelle zu Stühlingen. Die Heimführung erfolgte gen Vaduz und er bat zum Empfange aus deren (der

Eidgenossen) Mittel eine seinen Landen nächstgesessene Person nachbarlich zu seiner grossen Ehre und Freude abordnen zu wollen. Es wurden die beiden Landvögte im Rheinthale zu Rheineck und zu Sargans vom Landammann und Rath zu Glarus am 6. Februar hiezu bestimmt und ein hübscher Becher als Hochzeitgabe im Namen aller Orte verehrt [1]).

Graf Franz Wilhelm I. machte bei beschränkten Einkünften, die seine Herrschaften abwarfen, gleich seinem Bruder allzu grossen Aufwand, unternahm viele Bauten und unterhielt einen kostspieligen Haushalt. Er forderte ausserordentliche Dienste, ohne sie zu vergüten, erhöhte die Abgaben, liess alle seine Forderungen mit unerbittlicher Strenge eintreiben, und verlangte noch, dass die Landschaft die rückständigen Reichs- und Kreislasten tragen sollte. Er errichtete für den Dienst des Königs von Spanien eine Compagnie, die sein Sohn Ferdinand Karl übernehmen sollte, und bat den Abt von Pfävers, dass er ihm erlaube: „im Flecken Ragaz bei Trommelschlag zu werben“. Dieses Soldatenspiel verschlang grosse Summen und fiel dem Lande sehr zur Last. Die Landammänner und Gerichtsleute von beiden Herrschaften, d. i. von Vaduz und Schellenberg, übergaben desshalb dem Grafen im J. 1662 eine Beschwerdeschrift, worin sie gegen die in jüngster Zeit eingeschlichenen Neuerungen protestirten und um deren Abstellung baten. (Die fünf Beschwerde-Puncte finden sich in des Herrn Professors Kaiser trefflicher Geschichte des Fürstenthums Liechtenstein S. 402.) — Zu jener Zeit wurden auch in diesem Ländchen das Menschengefühl empörende Hexenprocesse geführt, die schon im J. 1634 begannen und am ärgsten von 1648—1651 und von 1666—1680 wütheten (Kaiser S. 393—400).

Am 19. September 1662 starb Graf Franz Wilhelm I. zu Chur und ruht in der Familiengruft zu Embs. Es heisst nämlich nach den dankenswerthen Mittheilungen des fürstlichen Hofcaplans Herrn Johann Franz Fetz (aus Welschembs) zu Vaduz im Todtenbuche zu Schän, wohin Vaduz [2]) früher eingepfarrt war: „1662 die 19. Septemb. obdormivit in Dno Ill(ustris) D° Franc. Guilielmus Comes de Alt'Embs, rite provisus per R. P. Danielem Capucinum Missionarium Curiæ Rhætorum, die. 20. funus Vaduzium, die 21. Veldkirchium et die 22. Embsium deductum ibique terræ mandatum in Crypta.“

Von dessen Gemahlinn, die an den Folgen einer schmerzhaften Wassersucht starb, heisst es eben daselbst: „1670. die 18. Feb. obdormivit in Dno Ill^(ma) Dna Eleonora Catharina Comitissa de Alten Embs nata Comitissa de Fürstenberg, Heiligenberg et Werdenberg, rite provisa, die. 19. funus Veldkirchium, die denique 20. Embsium deductum ibique terræ mandatum in Crypta.“ Somit ist die Angabe Wissgrill's III. 171, dass sie im J. 1680 gestorben sei, zu berichtigen.

Die fünf Kinder dieser Ehe sind:

1. Maria Francisca, geb. 1650, vermählte sich am 29. September 1670 mit Johann Ferdinand Leopold Franz Grafen von Enckevoirt, Herrn zu Grafeneck etc., dessen Vater Adrian nach S. 57 mit dem schwedischen Commandanten Graham zu Embs am 23. Mai 1647 die Capitulation wegen Räumung der Veste Neuburg geschlossen und zu jener Zeit mit der

---

[1]) Aus dem grössern Cantzlei-Register der Stadt Zürich, Bd. II, 807. Trube 50. Fascik. I, vgl. oben S. 58, Anm. 1

[2]) Vaduz hatte früher eine Capelle zu Ehren des h. Florin (nicht Florian) mit der Grablätte der Grafen von Werdenberg-Sargans-Vaduz und der aus dem Bernerlande eingewanderten Freiherren von Brandis, die mit Sigmund am 18. November 1507 erloschen. Dessen Denkmal ist eine plumpe Holztafel, worauf in Goldgrund das Familienwappen gemalt ist, mit folgenden Worten in Mönchsschrift: „Anno Dni XVCVII Jar uf Sant Martinus achtenden Tag starb der Edel und wolgeporen her Sigmund der letzte (nicht rischs — wie es bei Kaiser S. 300 heisst) Fryher von Brandis her ane Vaduz dem got genad.“

gräflichen Familie Bekanntschaft gemacht hatte. Sie gebar ihrem Gemahle sechs Söhne und sechs Töchter, starb im Schlosse zu Grafeneck am 10. Februar 1705 und ruht in der Familiengruft in dem Kapuzinerkloster mit dem wunderlichen Namen U n d zwischen Stein und Krems, welches nach dessen Brand des Grafen Grossmutter M. Katharina Gräfinn von Verdenberg im J. 1656 neu aufgebaut hatte (s. meine Medaillen II, 352). Ihr erstgeborner Sohn W e n z e l A d r i a n, am 16. Juli 1671 in Wien geboren, vermählte sich am 1. Februar 1698 mit der Gräfinn M. J o s e p h a von W e i s s e n w o l f und beschloss den Mannsstamm am 20. August 1738. Seine Witwe, deren Porträt der Corridor zu Bistrau verwahrt, starb am 4. Mai 1743 im gräflich Enckevoirt'schen Hause am Kohlmarkte zu Wien, das dermals mit Nr. 278 zusammengebaut ist (nach dem Wiener Diarium von 1743, Nr. 37).

2. **Ferdinand Karl Franz**, geb. am 29. December 1650, gest. 1686.

3. Maria A n n a, geboren 1652, vermählte sich am 21. April 1681 mit Johann Georg Reichsgrafen von O p p e r s d o r f (geb. 27. Mai 1649), Freiherrn von Aich und Friedstein, Herrn auf Oberglogan, Frideck und Schloss Ratibor, der römisch kais. Majestät wirklichem Rathe und Landeshauptmann der schlesischen Fürstenthümer Oppeln und Ratibor, der am 23. November 1693 zu Ratibor starb; sie starb zu Schreibersdorf am 8. September 1715 [1]).

4. **Jakob Hannibal III. Friedrich**, geb. am 7. März 1653, gestorben in Wien 1730.

5. **Franz Wilhelm** II., geb. 1654, gestorben zu Peterwardein am 29. August 1691.

Graf Ferdinand Karl Franz von 1650—1686.

Nach des Grafen Franz Wilhelm I. Hinscheiden († 1662) entstand wegen der vormundschaftlichen Regierung unter den nächsten Verwandten ein Streit, den Kaiser Leopold I. dahin schlichtete, dass er die Mutter der jungen Grafen und deren väterlichen Oheim, den Grafen Karl Friedrich von Hohenembs, als Vormünder einsetzte, welcher seinen Mündeln durch sein Betragen, wie er es gegen seine Stiefgrossmutter gezeigt hatte, zu keinem Vorbilde dienen konnte. Das Haus, dem Graf Kaspar eine möglichst feste und dauernde Unterlage geben wollte, hatte schon unter seinem Sohne und seinen Enkeln mehr und mehr zu sinken angefangen und sank fort unter den Urenkeln, so dass Vaduz und Schellenberg demselben verloren gingen. Die Hauswirthschaft war in zwei Generationen so zerrüttet, dass nach Kaiser S. 404 die ordentlichen Renten zum Unterhalte der jungen Herrschaft nicht ausreichten und die Landschaft Vaduz und Schellenberg im J. 1671 von Seite der vormundschaftlichen Regierung um einen Beitrag ersucht wurde. Sie bewilligte jährlich auf die Dauer von vier Jahren 1500 Gulden mit der Verwahrung, dass solches keinerlei Recht für die Zukunft begründen solle.

Als die jungen Herren in die Länder (d. i. auf Reisen) und nach M a l t a abgefertigt werden sollten, begehrte man abermals die Summe von 900 Gulden, welche die Landschaft gab gegen den Revers, dass aus dieser Verwilligung, wie aus der frühern, weder jetzt noch künftig eine Schuldigkeit gezogen werden solle. Auch der Krieg, den K. Ludwig XIV. gegen Kaiser Leopold I. und das deutsche Reich von 1672—1679 führte, brachte beiden Landschaften grosse Unkosten.

---

[1]) S. in Joh. S i n a p i i des Schlesischen Adels anderem Theile, Leipzig und Breslau 1728, S. 163.

Der Graf Ferdinand Karl, der nach seines Oheims Tode (1675) die Regierung selbst übernahm und zu Verschwendung, Willkür und Gewaltthätigkeiten geneigt war, achtete — wie Herr Kaiser S. 405 sagt — kein Recht und folgte allein den Stimmungen seines heftigen und leidenschaftlichen Temperaments. Über den Vertrag vom 22. April 1614 [1]), in welchem Graf Kaspar für sich und alle seine Erben und Nachkommen die feierliche Versicherung gab: „von beiden Landschaften nie ein Mehreres zu fordern und sie bei gedachtem Schnitz (S. 38) verbleiben zu lassen, ihn nicht zu erhöhen und zu steigern, ob in dem Reiche viel oder wenig angelegt werde, sie auch von allen Reichs- und Kreisanlagen, Unterhaltung des Kammergerichts und des schwäbischen Grafencollegiums zu entheben, zu vertreten und in alle Wege schadlos zu halten“, und die nun geforderten Kriegssteuern und Anlagen, als in jenem Vertrage nicht mitbegriffen, kam es zwischen dem Grafen und der Landschaft zum Streite, und der von dieser angegangene Rechtsgelehrte Dr. Hagen sprach sich in seinem Gutachten für ihr Recht aus. All die Lasten, welche die Bedürfnisse der Zeit erheischten, und noch mehr die bodenlose Verschwendung des Grafen, mussten das Missvergnügen der Unterthanen im vollsten Masse erregen. Die Landschaft wandte sich, da der Graf keinen Vorstellungen Gehör gab, an den Kaiser, der den Fürstabt zu Kempten, Rupert von Bodmann, zu seinem Commissarius ernannte, um die Sache zu untersuchen. Der Graf aber, weder auf die Mandate des Kaisers noch auf die Schreiben des Fürstabtes hörend, trieb die Landleute auf's Äusserste, fuhr gegen alles Verbot mit Confiscationen und Executionen fort, und die Sache kam vor den Reichshofrath, dessen Entscheidung sich verzögerte, indess die Lage der Landschaft dem Grafen gegenüber immer schlimmer und schwieriger wurde.

Nun traten der Landammann und mit Vaduz und Schellenberg auch die übrigen Gemeinden zusammen und es begab sich mit einer Vollmacht vom fürstlichen Commissarius je ein Mann von Vaduz und Schellenberg zum Kaiser, bei dem sie am 10. Jänner 1684 Zutritt fanden. Sie baten um Schutz und überreichten eine ausführliche Denkschrift ihrer Beschwerden mit vielen Zeugnissen und Beilagen. Die Landschaft hatte nämlich seit mehr als einem halben Jahrhunderte viel gelitten, erst im Mantuanischen Kriege (1630) durch Durchzüge, im Schwedenkriege (S. 52), in welchem sie auch ihre Mannschaft bald in die Festung Lindau, bald nach Bregenz und Hohenembs schicken und unterhalten musste; ferner hatte sie für den Grafen Jakob Hannibal II. 19.000 Gulden aufgenommen und sich für 5000 Gulden verbürgt, in den Jahren 1675—1678 ward ihr von Seite des schwäbischen Kreises bald ein Infanterie-, bald ein Cavallerie-Regiment in die Winterquartiere eingelegt, wozu sie kraft des Vertrags von 1614 nicht verpflichtet war, auch hatte der Graf nichts an die Kriegscassa bezahlt, was denn nach dem Reverse der Schadloshaltung vom Grafen die Landschaft that. Um die Landschaft, welche auf Bezahlung drang, zu befriedigen, wies der Graf sie für 8700 Gulden auf die confiscirten Güter derjenigen Personen an, welche in den Jahren 1678 und 1679 wegen Zauberei (S. 62) hingerichtet und verbrannt worden. Als die Erben der Hingerichteten bei der kaiserlichen Commission Klage erhoben und Revision der ergangenen Urtheile verlangten, wurde von dieser jedes gerichtliche Einschreiten wegen des noch nicht bezahlten confiscirten Gutes eingestellt, den Erben der Regress an den Grafen vorbehalten, überhaupt jeder Hexenprocess niedergeschlagen und denen, welche desshalb an Leib und

---

[1] S. Kaiser's Geschichte des Fürstenthums Liechtenstein. S. 369, 407 und 413.

Ehre gekränkt worden, gleichfalls der Regress gegen den Grafen offen gelassen. So gingen jene 8700 Gulden in Nichts auf (Kaiser S. 408).

Die sechs Beschwerde-Artikel von anwidernder Art, welche den Grafen in all seiner nackten Jämmerlichkeit zeigen, sind bei Kaiser S. 409 ff. enthalten. Die Abgeordneten baten um den kaiserlichen Schutz, ja ihnen einen Schutzbrief zu ertheilen und den Fürstabt als Stellvertreter Seiner Majestät zu ernennen. Der Kaiser willfahrte ddo. 17. Jänner 1684 der Bitte, bestellte den Fürsten zu seinem Commissarius, die Sache zu untersuchen und an den kaiserlichen Hof Bericht zu erstatten. Der Graf ward nun der Regierung entsetzt und die arme Landschaft von seinen Gewaltthätigkeiten befreit, aber die Gläubiger nicht bezahlt, die Reichs- und Kreisanlagen häuften sich, weder die Dienerschaft des Grafen noch die Handwerker erhielten ihren Lohn, die kaiserliche Commission, von welcher das Volk schleunige Abhilfe erwartet hatte, vertröstete auf Zuwarten und Gedulden. Das Volk ward schwieriger und hielt am Eschnerberge geheime Zusammenkünfte bedenklicher Natur. Endlich erschienen im Juli 1684 Commissarien des Fürstabtes zu Feldkirch, wohin Abgeordnete der Landschaft und des Grafen Ferdinand Karl zu einer Verhandlung über die dem Kaiser eingereichte Klagschrift eingeladen wurden. Jene bewiesen und begründeten die Wahrheit alles dessen, was in dieser Schrift vorgebracht worden, ja noch mehr, was sie aus Achtung vor Seiner kaiserlichen Majestät verschwiegen hatten.

Nachdem die kaiserliche Commission beide Theile verhört und sich über den Sachverhalt hinlänglich unterrichtet hatte, gab sie unter Vorbehalt der allerhöchsten Genehmigung am 26. Juli 1684 einen Spruch in neun Artikeln: Über Kriegs- und Frohndienste, Wahl des Landammanns und Besetzung des Gerichts, über Taxirung des Weins, über die Alpen, Wälder und Weiden der Gemeinden, in die sich die Herrschaft nicht einzudrängen hat, über den Schutz, den die Herrschaft und deren Beamten der Landschaft künftighin besser als bisher vor fremden Landgerichten angedeihen lassen soll u. s. w. (Kaiser S. 412—415). Dieser Entscheid wurde am 20. Mai 1685 dem Kaiser vorgelegt und am 11. Februar 1686 bestätigt und beiden Theilen eine gleichlautende Urkunde zur Nachachtung zugestellt.

Zum Glücke des Landes starb Graf Ferdinand Karl am 18. Februar 1686, kinderlos von seiner Gemahlinn M. Jakobäa Eusebia Gräfinn Truchsess von Waldburg-Wolfegg, mit der er sich am 1. Juli 1674 vermählt hatte. Sie starb am 5. September 1693.

Jakob Hannibal III. Graf von und zu Hohenembs etc., Herr zu Bistrau in Böhmen, Stifter der älteren Linie.

Dem Grafen Ferdinand Karl folgte sein Bruder **Jakob Hannibal III.** in der Regierung, ohne dass die kaiserliche Commission förmlich aufgehoben wurde. Dieser wie sein jüngerer Bruder Franz Wilhelm II. verlebten bei den Verhältnissen, wie wir sie dargelegt haben und wie ihre Beschwerdeschrift vom 30. Jänner 1679 an Kaiser Leopold uns belehrt, eine vernachlässigte und traurige Jugend. Sie klagen, es habe derselbe jedem von ihnen jährlich 300 Gulden, und jeder der beiden Schwestern 150 Gulden ausgeworfen, dieselben aber nicht verabfolgt, so dass sie sich kümmerlich hin und her unterbringen müssen, während der ältere Bruder jährlich etliche tausend Gulden aus der väterlichen Hinterlassenschaft beziehe. Solchem nach fehle es ganz an einer standesmässigen Erziehung, Erlernung adeliger Exercitien und Sprachen und Durchreisung der Länder (damals für Edelleute ein besonderes Mittel der

Ausbildung), wodurch ihnen ein unwiederbringlicher Schaden entstehe. Sie bitten Seine Majestät so schleunig als möglich zu bewirken, dass ihnen die gehörigen Subsistenzmittel verabreicht würden. Des Kaisers Mandat blieb vom verschwenderischen, herzlosen Bruder unbeachtet. Den fernern Verlauf dieser höchst anwidernden Dinge hat Herr Professor Kaiser actenmässig erhoben und in seiner Geschichte S. 409—434 dargelegt. Wir heben das Wesentliche heraus, um die Leiden der armen Unterthanen einer so verwalteten Reichsgrafschaft den Lesern in weiteren Kreisen bekannt zu geben; niemand wird bestreiten, dass in unsern Tagen derlei Zustände in irgend einem Winkel unseres Vaterlandes unmöglich geworden sind. War auch Graf Jakob Hannibal gegen das Volk ein leutseliger Herr, so waren die inneren Verhältnisse der Landschaft in einem trostlosen Zustande versunken, von aussen her brachten die andauernden Kriege gegen Frankreich ihr durch Winterquartiere grosses Ungemach, Kreisexecutionen und Beitreibungen von Seite der Capitalisten, bei denen sie sich verbürgt hatte, dauerten in erhöhtem Masse fort, indem der Türkenkrieg noch nicht beendet und der französische ausgebrochen war. Da zudem alle Gefälle und Leistungen von der Herrschaft und der kaiserlichen Administration mit unerbittlicher Strenge eingetrieben wurden, ward das Gut derjenigen, die man schätzen sollte, förmlich preisgegeben. Die gedrückte Landschaft bestürmte den Principalcommissarius, den Fürstabt von Kempten, und den Grafen Jakob Hannibal. Endlich kam es am 9. April 1688 zu einem neuen Vertrag wegen des Schnitzes (S. 64) zwischen beiden Parteien in VIII Puncten, welcher vom Fürstabte genehmigt und vom Kaiser bestätigt wurde. Was half der Vertrag, da 1689 wieder der Krieg mit Frankreich begann, das Contingent gestellt und die Kosten an die schwäbische Kreiscasse abgetragen werden mussten. Die armen Unterthanen vermochten die Schulden, für die sie sich verbürgt hatten, weder abzutragen noch zu verzinsen, und es sollten nicht allein die laufenden, sondern auch die rückständigen Anlagen bezahlt werden.

Endlich als die Geduld der so lang und unablässig gequälten Landschaft riss, wandte sie sich durch eine Deputation an den Kaiser und bat ihn um seinen Schutz und die Gewährung derjenigen Rechte, welche ihr durch die Verträge von 1614 und 1688 zugesichert worden; sie stellte dar, dass Jakob Hannibal nicht nur die alten Schulden nicht bezahlt, sondern noch neue im Betrage von 20.000 Gulden gemacht habe. Der Kaiser liess die Klagen der Landschaft untersuchen, sie wurden nur zu wahr erfunden und hatten die Einstellung der gräflichen Regierung und die Verwaltung von Vaduz und Schellenberg durch die kaiserlichen Commissarien zur Folge. Im Februar 1693 liessen die beiden kaiserlichen Administratoren, der Fürstbischof zu Constanz und der mehrgenannte Abt von Kempten, welche Untercommissarien oder Subdelegirte ernannt hatten, durch diese von beiden Landschaften die Huldigung einnehmen, welche sie auch unter Vorbehalt des alten Herkommens und der Verträge von 1614 und 1688 leisteten.

Die kaiserliche Administration von 1693—1712. — Die kaiserliche Administration suchte zuerst von der ganzen Schuldenmasse die nöthige Kenntniss zu gewinnen, bestätigte die bisherigen vier Amtleute, erhöhte deren kargen Gehalt von 800 auf 1200 Gulden; hiezu kamen die Kosten der Administrationsräthe, die Botenlöhne und viel Anderes, was aus den Herrschafts-Einkünften bestritten werden musste, wodurch sie zur Verzinsung oder Abzahlung der Schulden und zur Tilgung der Reichs- oder Kreisanlagen immer schwächer wurden.

Bei der Liquidirung der auf der Grafschaft Vaduz und Freiherrschaft Schellenberg lastenden Schuldenmasse stellte sich eine so grosse Summe heraus, dass die jährlichen

Herrschafts-Einkünfte keineswegs ausreichten, dieselben neben den unvermeidlichen jährlichen Ausgaben zu tilgen, alles Rechnen, Um- und Abtheilen der Schulden und Abgaben
half nichts, die Landschaft war abermals getäuscht und gekränkt, fortleidend und fortzahlend
wandte sie sich wieder an den Kaiser, selbst der Fürstbischof Ulrich VI. zu Chur mit dem
gesammten Domcapitel unterstützte deren Gesuch beim Kaiser (23. September 1694).

Die Gläubiger in Graubünden, des Harrens müde, drohten mit Beschlagnahme auf ihre
Besitzungen und Effecten, welche der Landschaft oder deren Privaten auf Bündner'schem
Gebiete gehörten. Es waren nämlich Capitalien, welche die Herrschaft aufgenommen und
für welche die Landschaft sich verbürgt hatte.

Zu diesen Drohungen kamen noch die Forderungen der schwäbischen Kreiscasse, an sie
1000 Gulden sogleich zu entrichten, widrigenfalls die Execution im Anzuge sei. Wenn auch
nach dem Vertrag von 1688 diese Zahlung der Herrschaft oblag, musste doch die Landschaft
trotz aller Protestation und Reservation, ohne den erbetenen Aufschub zu erhalten, dieselbe
leisten, weil alle Herrschafts-Einkünfte gleichsam erschöpft seien (21. April 1695).

Endlich versammelten sich der Landammann und das Gericht nebst den aus allen
Gemeinden berufenen Ausschüssen bei 400 Mann am 15. Juni 1695 unter der weitschattigen
Linde zu Vaduz, luden den kaiserlichen Notar Johann Kaspar Scherer als Zeugen ein, dass
sie nicht Rebellen und Aufrührer seien, dessen man sie zeihen wollte, verlasen ihre alten
Rechte und Verträge von 1614 und 1688 und die ergangenen kaiserlichen Rescripte und
berichten über ihre heillose Lage. Nach erfolgter Abstimmung schickten sie Abgeordnete an
den Reichshofrath, erstatteten über beide Herrschaften Bericht und baten um baldige
Entscheidung, die sich verzögerte, weil sowohl die kaiserliche Administrations-Commission
Bericht zu erstatten hatte, als auch der Graf Jakob Hannibal seine Memorialien einsandte, in
welchen er besonders den Fürstabt mit beleidigenden Ausdrücken hart angriff, welche ihm
der Kaiser selbst in einem sehr scharfen Schreiben verwies.

Am 21. Mai 1696 war Commissionssitzung zu Hohenembs. Graf Jakob Hannibal III.
beschwerte sich seinerseits, dass die ihm und den Seinigen angewiesenen Deputatgelder nicht
bezahlt und durch gegenwärtige Verwaltung schon Grundstücke angegriffen würden, bat
um Aufhebung der kaiserlichen Administration und versprach ein Abkommen mit den Gläubigern; die Landschaft andererseits richtete verschiedene, vollbegründete Forderungen, wie
sie Professor Kaiser S. 423 aufzählt, wider den Grafen, welcher — da er nicht allein gegen
die Commission Verleumdungen ausgestossen, sondern auch ganz besonders den Fürstabt und
die von ihm verordneten Administrations-Statthalter öffentlich angegriffen und in einem „bos-
haften Manifest" verleumdet hatte — in Folge ihrer Klage beim Kaiser auf allerhöchsten
Befehl Abbitte leisten musste.

Auch der Gedanke der so lange und schwer gedrückten Landschaft, sich von der Herrschaft loszukaufen, ward aus Misstrauen gegen dieselbe zu nichte. Über diese jeden Leser
anwidernden, schleppenden Vorgänge gibt ein gleichzeitiger Aufsatz unter dem Titel:
„Vaduzische Regierungsart" uns einige Aufschlüsse über das beklagenswerthe Spiel,
das man mit der Landschaft, ihrem Glück und Wohlstand trieb. Man hat den Grafen in der
Verwaltung seines Bruders suspendirt, weil er den Rescripten und Pönalmandaten des Kaisers
nicht nachkam, seine Vertragspflichten gegen die Landschaft nicht hielt, und weil er die von
seinen Voreltern ererbten Schulden nicht bezahlte, sondern neue dazu machte, indem er nach
Kaiser S. 425 zum Dienste des Erzhauses Österreich drei Compagnien unterhielt und dabei

nicht auf seinen Vortheil sah. Die Administratoren, der Bischof zu Constanz, Marquard Rudolf von Rott und der Fürstabt von Kempten, waren auf die Berichte ihrer Subdelegirten und diese auf diejenigen der Beamten, welche, zum Theil unter sich verschwägert, für sich und ihren Herrn sorgten, angewiesen, und die kaiserliche Administration zahlte die Reichs- und Kreislasten eben so wenig, als sie der Graf bezahlt hatte. Die Commission kam den Rescripten und Pönalmandaten des Kaisers eben so wenig nach als früher der Graf, und in dritthalb Jahren waren 25.000 Gulden neue Schulden aufgelaufen. Trotz der kaiserlichen Commission sanken der Graf und die Landschaft nur noch tiefer in's Verderben. Die Gläubiger wollten bezahlt sein und drangen auf Execution. Die Verwaltung war schlecht, Vieles ging in Privatsäckel, man sorgte weder für den Grafen, noch für die Landschaft. Der Graf und seine Kinder litten. Man hätte den Kindern des Grafen Vormünder geben sollen, damit sie die Beamten hätten in Schranken halten können. Wir haben hier ein trauriges aber treues Bild, welchem unentwirrbaren Zustande, welchem Drucke und welchen Plackereien derlei arme Unterthanen zu jener Zeit gleichsam hingeopfert waren.

Verkauf der Freiherrschaft Schellenberg 1699. — Man kam endlich dazu, den kleineren Theil dieser Herrschaft, nämlich **Schellenberg** zu verkaufen, um die Schulden zu tilgen. Die Forderungen der Landschaft betrugen in Folge der Liquidation vom 22. December ber 1696 — 44.731 fl. 24 kr., über welche unter Mitwirkung der kaiserlichen Commission zu Feldkirch am 29. December ein Vergleich abgeschlossen wurde. Auch mit den übrigen Gläubigern, deren gegen 243, darunter arme Dienstboten, Taglöhner und Handwerker waren, verglichen sich ebenfalls die Commissarien. Der Stand der Gesammtschulden des Grafen Jakob Hannibal III. belief sich nach beträchtlichen Nachlässen, welche die einzelnen Gläubiger eingingen, auf 84,618 Gulden 24 Kreuzer (s. Kaiser S. 427).

Der Fürst Johann Adam Andreas von Liechtenstein bot für die Freiherrschaft Schellenberg 115.000 Gulden mit kaiserlichem Rescripte vom 20. October 1697 an den Fürstabt von Kempten, der hiedurch von des Fürsten Anerbieten in Kenntniss gesetzt wurde, und nun begannen die Unterhandlungen über den Kauf, der am 23. Februar 1699 zum Abschluss kam. Der Fürst Rupert nahm den Kaufschilling in Empfang und befriedigte die Gläubiger [1]).

So waren die Grafschaft Gallarate und die Freiherrschaft Schellenberg noch im XVII. Jahrhunderte in fremde Hände gekommen, auch Vaduz war nicht mehr zu retten, nur das uralte Stammeigen, nämlich die Reichsgrafschaft Hohenembs verblieb der Familie, wahrscheinlich auch mit Schulden belastet. Uns sind ihre Geschicke während dieser ganzen Zeit allzuwenig bekannt. Wir wissen jedoch, dass Graf Franz Karl am 22. April 1676 von K. Leopold I., dann Jakob Hannibal III. am 23. September 1715, dann dessen Sohn Graf Franz Rudolf nach der an ihn geschehenen väterlichen Cession am 4. April 1718 von Kaiser Karl VI. sie als Reichslehen empfangen haben. Wir sehen näherem Detail von Herrn Professor Joller

---

[1]) Fürstabt Rupert IV. Freiherr v. Bodmann, ein alter und neuer Sprachen wohlkundiger, geschäftsgewandter Mann von einnehmendem Charakter, ward von Kaiser Joseph I. als Principalcommissär zur Visitation und Reformation des Reichskammergerichts ernannt, und weilte zu Wetzlar von 1707—1712, und schrieb täglich seine Bemerkungen über diese Visitation nieder; auch ward er am 21. Nov. 1708 zum Reichshofraths-Präsidenten ernannt, kam aber nicht nach Wien an's kaiserliche Hoflager und resignirte diese Stelle 1713. Er starb 84 Jahre alt in seinem Stifte am 10. November 1728. — Als im spanischen Successionskriege der Feind nach Oberschwaben und in's Gebiet von Kempten im Spätherbste 1703 heraufzog, begab sich der Fürstabt mit einigen Capitularen nach **Hohenembs**, die übrigen flüchteten sich nach Lana in Tirol, wo er 1698 ein Rebgut gekauft hatte, oder in die Schweiz. S. Haggenmüller's Geschichte der Stadt Kempten. Bd. II. 218.

entgegen, der uns in dem Programm des k. k. Gymnasiums zu Feldkirch für das J. 1860 mit 124 die Ritter von Embs betreffenden Urkunden (von 1315—1537) erfreut hat.

Die Frage, wie gerade das fürstliche Haus Liechtenstein im fernen Österreich Käufer von Schellenberg geworden, lässt sich durch die Verschwägerung beider Familien, indem des Grafen Jakob Hannibal jüngerer Bruder Franz Wilhelm II. († 1691) mit der Fürstinn Louise Josepha von Liechtenstein vermählt gewesen, leicht erklären.

Die Reichsgrafschaft Vaduz verblieb fortan bis zum Jahre 1712 in kaiserlicher Verwaltung unter dem Administrationsrathe und Landvogte Joseph Leonhard Bettschardt und sollte gleichfalls an das Haus Liechtenstein, das reichsfürstlichen Rang und Titel hatte, aber bisher ohne Besitz eines Reichslandes war, kaufsweise übergehen.

Wie kam die Herrschaft Bistrau in Böhmen an die Grafen von Hohenembs? Die Herrschaft Bistrau mit dem gleichnamigen Städtchen im Chrudimer Kreise an der mährischen Grenze gelegen, die bis 1557 mit der Burg Swojanow vereint war und historisch bedeutsame Namen unter ihren alten Besitzern zählte, wurde von den Erben der Gräfinn Anna Katharina von Martinitz († 27. August 1685) am 24. Jänner 1686 an Johann Paul Freiherrn, seit 2. März 1686 Grafen von Walderode um 175.000 Gulden verkauft. Dieser hatte einen, die Unterthanen drückenden Hauptmann Namens Anton Tiderle, und der Graf war angeblich wegen Untreue in des Kaisers Ungnade gefallen, entfloh aus Furcht vor einer Strafe und starb 1694 zu Znaym. Die Herrschaft Bistrau wurde nun durch die Prager Buchhalterei bis 1712 verwaltet.

Graf Jakob Hannibal III., welcher nach den vorerwähnten unerquicklichen Vorgängen sich öfter und lieber in Wien und Grafeneck (bei Krems), wo seine älteste Schwester Maria Franeisca, vermählte Gräfinn von Enckevoirt, wohnte und bis 1705 lebte (S. 62), als in seiner Heimat aufhielt, richtete sein Augenmerk nach Böhmen, um da ansässig zu werden. Von der Sequestration der Herrschaft Bistrau war er sicherlich um so mehr in Kenntniss, da er mit der gräflichen Familie von Walderode, wenn auch etwas entfernt, verschwägert war. Graf Jakob Hannibal bittet um das Incolat im Königreiche Böhmen. Die Schrift (im Archive des k. k. Ministeriums des Innern) an K. Joseph I. lautet: „Euer Röm. Kay: und Königl. Maj. erinnern allergehorsamst, dass die Graf Walderodische im Chrudimer Kreise wegen Schuldwesens in Sequester gelegte Allodial-Herrschaft Bystri modo meliori zu verkaufen Dero in Sachen verordneter kais. und kön. Commission zu Prag aufgetragen und mitgegeben worden sey.

Da nun Ich als Graff Walderodischer Anverwandter auf Kays. allergnäd. Bestätigung eventualiter vorbesagte Herrschaft Bystri einen Kauf per 234.000 Gulden neben dem Schlüsselgeld getroffen, dieses pretium auf erlangten kais. Reichsconsens aus dem Hohenembsischen Fideicommiss dahin eadem qualitate hernehme und hoffe, dass Eu. Maj. in Ansehung meiner um das h. Röm. Reich, die Krone Hispanien, auch Dero Erzhaus Österreich, wie die Historien voll (sind), als gewesie Grand von Spanien, Reichs-Generalen und Staatsministri, mit dem Hause Medicis, den Markgrafen von Baden, Fürsten von Zollern etc., Grafen von Waldstein, Harrach und vielen andern ungarantirten, wohl meritirten Altvordern, auch meiner lebenslang in Militaribus und sonst geleisteter treuester Dienste willen diese k. böhmische Herrschaft Bystri zu besitzen, auch uns weiters anzukaufen das hiezu erforderliche Jus incolatûs allergnädigst zu conferiren belieben werden." Er unterzeichnet sich: Jakob Hannibal Friedrich Graf von Hohenembs, Gallara und Vadutz, k. k. Kämmerer, ohne Angabe eines Militärranges. Vom Kaiser wurde auf Einrathen des Fürsten von Lamberg und der Grafen von Traun, Bucelleni, Trautson und Obizzi, ddo. in Favorita (d. i. im heutigen Theresianum zu Wien) 14. September 1708 dem Bittsteller und dessen ehelichen Nachkommen beiderlei Geschlechtes die Landmannschaft in Böhmen und den incorporirten Landen anjetzo und hinfüro allergnädigst verliehen.

So war das Incolat im Königreiche Böhmen erworben. Mittlerweile hatte der Fürst von Liechtenstein die Mittel zum Ankaufe der sequestrirten Herrschaft Bistrau dargereicht und sie — um den Reichstitel zu erlangen — darauf gegen die Reichsgrafschaft Vaduz vertauscht, welcher Act mit k. k. Bewilligung am 30. Jänner 1710 der Art geschah, dass Vaduz zu 290.000 und Bistrau zu 234.000 Gulden gerechnet wurde, so dass dem Grafen ein Überschuss von 56.000 fl. verblieb. Ein geringes Surrogat nach den späteren Preisen unmittelbarer Reichslande!

Nachdem Graf Jakob Hannibal III. so die Herrschaft Bistrau an sich gebracht hatte, legte er am 8. Mai 1711 den Erbhuldigungseid bei der k. böhmischen Hofkanzlei ab. Schon war mit Consens K. Joseph's I. ddo. Wien am 23. November 1708 das auf der Reichsgrafschaft Vaduz und der Herrschaft Schellenberg haftende Kaspar Graf von Hohenembsische Fideicommiss auf Bistrau übertragen und wurde nun dem landtäfelichen Instrumentenbuche am 10. Juni 1712 einverleibt. Durch diese Erwerbung von Bistrau und die nachherige Stellung im Dienste des kaiserlichen Hofes ward der Graf, kurz die ganze Familie, dem Lande Vorarlberg mehr und mehr entfremdet, bis sie ausser Landes erlosch. Man ersieht aus allem, dass das reiche Fürstenhaus von Liechtenstein bei dieser Angelegenheit in seinem eigenen Interesse nicht unthätig war, indem es die Mittel bot, dass bis nach Erwerbung des böhmischen Incolats und erlangter Übertragung des Fideicommisses von Vaduz auf Bistrau diese Herrschaft dem Grafen von Hohenembs nicht entgehe.

Nun wurde dem Fürsten Anton Florian von Liechtenstein, kais. geheimen Rathe und Obersthofmeister, die Erhebung von Vaduz und Schellenberg, die zum schwäbischen Kreise gehörten, zu einem unmittelbaren Reichsfürstenthume mit Auslassung des dem Schlosse und Markte vormals gegebenen Namens Vaduz und Annahme des neuen Namens **Liechtenstein** vom K. Karl VI. ddo. Wien am 23. Jänner 1719 bewilliget und dieses Fürsten († 11. October 1721) Sohn Johann Joseph Adam erhielt 1723 Sitz und Stimme im Reichsfürsten-Collegium.

Was Graf **Jakob Hannibal** III., der nach S. 67 drei Compagnien zum Dienste des Hauses Österreich zu seinem Nachtheile unterhalten hatte, auf dem Felde der Ehre gegen den Erbfeind im Osten oder im Westen geleistet und zu welchem militärischen Range er es gebracht habe, ist uns unbekannt. Glänzend mag seine Kriegslaufbahn nicht gewesen sein, indem hievon im k. k. Kriegsarchive nichts verzeichnet ist. Am 1. Jänner 1720 cedirte er die Herrschaft Bistrau seinem Sohne Franz Rudolf. Er ward, wohl durch Einfluss des Fürsten von Liechtenstein, der verwitweten Kaiserin Eleonora († 19. Jänner 1720) Kammerherr, dann geheimer Rath und Obersthofmeister bei der Erzherzogin M. Magdalena [1]), und starb am 14. August 1730 in Wien im Orellischen Hause bei den Franciscanern, 78 Jahre alt (s. Wiener Diarium 1730, Nr. 65, fin.). Dessen Leichnam wurde zuerst nach Bohnau, einem

---

[1]) Jüngere Schwester K. Karl's VI., ward 1725 Statthalterin in Tirol und starb unvermählt in Wien am 1. Mai 1744.

Pfarrorte der Herrschaft Bistrau, gebracht und später durch seinen Sohn in der Gruft zu Bistrau beigesetzt. Ich copirte mir aus der Sterbe-Matrikel der dortigen Stadtpfarre folgende Worte: ad annum 1756. 21. Apr. Advectum est corpus (P. T.) Illustrissimi ac Excellentissimi D. D. Iacobi Hannibalis S. R. I. Comitis ab Hohen-Embs, quod corpus interim Bonae repositum fuit, quo de voluntate Excellentissimi Franc. Rudolphi et licentia Archi-Episcopali, haec translocatio in privato facta est.

Dessen Gemahlinn war Anna Ämilia (nicht Amalia), Tochter des Freiherrn Julius Rudolf von Schauenstein und Ehrenfels in Graubünden, geboren 1652, vermählt 1676, erscheint öfter und noch zum letzten Male als Taufpathinn zu Schan, und stirbt nach Einigen am 20. April 1734, nach Andern 1735, wo?

Kinder: 1. Joseph Leopold, bei Hübner II. 503. Im Todtenbuche zu Schan, wohin Vaduz damals noch eingepfarrt war, heisst es im J. 1691: „Gnedige Herschaft ein Kind den 20. Jenner", welches dieser oder der folgende Knabe sein dürfte.

2. Am 17. September 1678 wurde mit den Namen der Taufpathen daselbst getauft: Hermann Ferdinand Bonaventura Johann Karl. Die Pathen waren: Hermann Prinz von Baden; Graf Ferdinand Bonaventura von Harrach, Ferdinand Karl Graf von Hohenembs und Vaduz. Die Pathinnen: Frau Emilia von Schauenstein; Frau M. Francisca Gräfinn von Enkhenfort (sic, vgl. S. 62), geb. Gräfinn von Hohenembs und Vaduz, endlich M. Victoria Gräfinn von Montfort-Tettnang, geb. Gräfinn von Spaur[1]).

3. Am 17. Juni 1680 wurde die zu Vaduz geborne Tochter **Ämilia** Antonia Carolina getauft, deren Taufpathen waren: Ferdinand Karl Graf von Hohenembs, Prinz Hermann von Baden, von 1681 bis 1692 Präsident des kais. Hofkriegsrathes, und alle Vorgenannten. Diese Dame verdient vor Allen ihres Geschlechtes aus dem gräflichen Hause von Hohenembs unsere Aufmerksamkeit. Ohne Zweifel lebte sie zeitweilig in und um Wien bei ihren väterlichen Anverwandten, wie bei der Tante M. Francisca Gräfinn von Enkevoirt u. s. w. Sie war zuerst mit einem uns völlig unbekannten Cavaliere aus Schlesien, vielleicht durch ihre jüngere Tante M. Anna Gräfinn von Oppersdorf (vgl. S. 63), vermählt; dann reichte sie im J. 1703 dem am 9. Oct. 1668 gebornen Christoph Adam Vöhlin von Frickenhausen, Freiherrn zu Illertissen und Neuburg (an der Kammel), Kämmerer K. Joseph's I., ihre Hand[2]). Da unter dessen Regierung der vielseitig gelehrte Schwede Karl Gustav Heraeus[3]) als Münzen- und Antiquitäten-Inspector an den kaiserlichen Hof gekommen war, mochte die talentreiche Dame ihre Musse besonders der Münzkunde zugewendet und hier in Wien, stets einem Hauptsitze der Numismatik, zu sammeln angefangen haben. Als ihr Gemahl bei dem Bruder der verwitweten Kaiserinn Eleonora, dem Kurfürsten Karl Philipp von der Pfalz (n. 1716—1742), Oberststallmeister und geheimer Rath geworden, kam auch sie an den Hof nach Mannheim, wo Freiherr von Vöhlin nach Johann David Köhler's histor. Münz-Belustigungen Bd. IV, 16 im J. 1732 noch lebte, aber im November desselben Jahres gestorben sein dürfte[4]). Köhler, bei dem sie irrig

[1] Hier in Kürze die einfache Angabe der Namen der Taufpathen, wie sie mit ihrer breiten Titulatur in lateinischer Sprache mir Herr Hofcaplan Fetz aus Vaduz mitgetheilt hat.

[2] Die Vöhlin (auch Vehlin) von Frickenhausen etc. gehören zum alten Adel Schwabens; Johann Christoph erhielt am 1. Juni 1565 den Freiherrnstand etc., das Geschlecht erlosch im Mannsstamme 1786.

[3] Über Heraeus meine Medaillen etc. Wien 1857, Bd. II. 391—424.

[4] Die Angabe im geneal. Reichs- und Staats-Handbuche, Frankfurt bei Varrentrapp für MDCCLVI S. 145, dass er im J. 1752 gestorben, ist durchaus irrig, da seine Gemahlin von Köhler im VIII. Bande im J. 1737 wiederholt Wittwe genannt wird, wahrscheinlich durch Versehen des Schreibers oder Setzers.

Amalia statt Ämilia heisst, nennt sie an angeführter Stelle eine sehr gelehrte und mit unvergleichlichen Tugenden begabte Dame, die eine schöne Bibliothek und ein vortreffliches Cabinet sowohl von antiken als modernen Münzen nebst vielen andern schönen Seltenheiten besitzet, die sie gesammelt und mit grosser Accuratesse rangirt hat. Es verblieb ihr nach dem frühzeitigen Tode ihrer beiden Söhne: Franz Karl und Ludwig Philipp um so mehr Zeit sich ihrer Neigung hinzugeben. Köhler, welcher ddo. Göttingen 1. März 1737 den Band VIII seiner inhaltreichen Münz-Belustigungen mit Nennung aller ihrer und ihres Gemahles Titel widmet, sagt in dieser Widmung:

Die hochgräfliche Excellenz habe seinen geringen Münzbögen jederzeit ein gnädiges Auge gegönnet, solche mit verschiedenen vortrefflichen goldenen und silbernen Schaustücken aus Ihrem ansehnlichen Cabinete bezieret und sich auch gnädig gefallen lassen, ein und andere sonderbare Anmerkungen nach Dero beiwohnenden grossen Wissenschaft ihm dazu mitzutheilen. Diese huldreichen Bezeigungen verbinden ihn, mit diesem achten Bande seinen schuldigsten Dank abzustatten, und obwohl, führt er fort, das hochgräfliche Haus, viele Cardinäle, Fürsten und grosse Helden, die sich einen unsterblichen Ruhm erworben haben, aufzählen kann, so sei aus demselben noch niemals eine Gräfinn entsprossen, welche eine solche Hochachtung und Neigung zur Gelehrsamkeit, zur Historie und zur Münz-Wissenschaft löblichst bezeiget, als wie Ihre hochgräfliche Excellenz, was alle diejenigen nicht genugsam rühmen können, welche die Gnade haben Ihrer Excellenz gehorsamst aufzuwarten. Am Schlusse vergleicht er sie mit der gelehrten, im byzantinisch kaiserlichen Purpur gebornen Prinzessinn Anna Comnena († um 1148), die der berühmte Jesuit P. Peter Possin für die zehnte Muse und wiedergeborne griechische Pallas mit allgemeinem Beifall der Gelehrten gründlich achtet. Sie mildert die traurige Einsamkeit ihres Witwenstandes durch angenehme Unterhaltung mit den edelsten Wissenschaften.

Auch war sie Sternkreuzordens-Dame, dann Obersthofmeisterinn der jungen Kurfürstinn Maria Elisabetha Auguste, die sich 1742 mit Karl Theodor vermählt hatte. Sie starb zu Mannheim, wo nach Herrn Prof. Fickler's Mittheilung im Liber Defunctorum von 1700—1752 eingetragen ist: 1752. December 10. Frau Oberhofmeisterinn von Vehlen (sie statt Vöhlin). Da von ihrem Gemahle im dortigen Sterbebuch keine Erwähnung geschieht, scheint er anderwärts gestorben zu sein. — Nach ihrem Tode dürften ihre Münzen und Seltenheiten in's kurfürstliche Cabinet in Mannheim und später nach München gekommen sein.

4. Des Grafen Jakob Hannibal III. und der Freiinn Ämilia von Schauenstein drittes Kind ist Francisca Eleonora Katharina, die am 12. März 1682 zu Schan getauft wurde und wahrscheinlich in zartem Alter starb. Taufpathen: Rudolf von Salis, Canonicus zu Chur im Namen Seiner Excellenz des Grafen Johann Franz Arese, k. spanischen Rathes und Gesandten in Bünden und in der Schweiz, und N. N. statt des Herrn Vincenz Parvicini, Obersten; dann Ämilia von Schauenstein und Frau Margaretha, geborne Freiinn von Schauenstein (vgl. Burelini Rhaetia etc. pag. 384).

5. **Franz Wilhelm Rudolf**, geboren zu Vaduz und getauft zu Schan am 10. December 1686. Taufpathen bei der Nothtaufe durch Franz Schickh, Caplan zu Vaduz: Communis Rhaetia (wie es im lateinisch geschriebenen Taufbuche lautet), somit das Land Graubünden, und die (obgenannte) Gräfinn ... von Detlang, d. i. von Montfort-Tettnang; etliche Tage später wurde das Kind vom Pfarrer zu Schan, Herrn Karl Gasser von Strassberg, Canonicus zu Chur, in Gegenwart dreier Abgeordneten aus Bünden getauft.

6. Im Dome zu Chur findet sich nach Herrn P. Joller's Mittheilung folgendes Epitaphium: Bartholomaeus | Vdalricus | Jacobus Hanibal | Comes de Alta . Embs | Schelleberg | et Vaduz | Obiit 1. Martij 1692. Diesen Bartholomaeus etc. halte ich für einen Sohn Jakob Hannibal's III.

Der so eben genannte Graf Franz Wilhelm Rudolf, gewöhnlich Franz Rudolf genannt, welcher gleich den ruhmvollsten seines edlen Geschlechtes den Waffen folgte, wurde auf Ansuchen seines Vaters mittels kaiserlichen Rescriptes im J. 1707 bei seinem Eintritte in Militärdienste zum Rittmeister im Graf Falkenstein'schen Kürassier-Regimente ernannt, und obschon Prinz Eugen von Savoyen gegen diese Begünstigung Einsprache erhob[1]), so wurde er doch dem genannten Regimente aggregirt, anfänglich zwar ohne Gage, später aber auch mit den seiner Charge anklebenden Gebühren, so wie es im kaiserlichen Rescripte ausdrücklich bestimmt war[2]).

Im Jänner 1710 wurde der Graf gleichfalls auf Ansuchen seines Vaters zum General-adjutanten befördert und befand sich eine Zeit lang bei der Armee des Prinzen Eugen von Savoyen, woselbst er zu Anfang des Jahres 1715 zum Oberstlieutenant in seiner Anstellung ernannt wurde. Im September 1716 kam er qua talis zum Battée'schen Dragoner-Regimente und nach dessen Auflösung im J. 1722 zum Fürst Johann Joseph v. Liechtenstein'schen Dragoner-Regimente. Bei Gelegenheit der feierlichen Krönung K. Karl's VI. zum Könige von Böhmen am 5. September 1723, wurde auch er zum k. k. Kämmerer ernannt und am 1. October zum Obersten, am 27. October 1733 zum Generalmajor und am 9. Juni 1734 als Preis seiner in den italienischen Feldzügen bewiesenen Tapferkeit zum Feld-marschall-Lieutenant befördert; am 4. Jänner 1735 verlieh ihm der Kaiser das Kürassier-Regiment Jung-Savoyen (dermals Nr. 8)[3]). Am 17. April 1736 wurde er wirklicher Hof-kriegsrath, am 12. März 1741 General der Cavallerie. Sowohl er als sein Regiment nahmen thätigen Antheil an beiden schlesischen Kriegen. Fünf Schwadronen seiner Kürassiere fochten in der Schlacht bei Mollwitz den 10. April 1741; am 4. März 1742 sass der Graf von Hohenembs mit andern hohen Generalen im Kriegsrathe des Oberbefehlshabers, des Herzogs Karl von Lothringen, zu Neuhaus in Böhmen, in welchem es sich hauptsächlich um die Deckung Wien's gegen die Preussen und Sachsen handelte[4]). In der Schlacht bei dem Dorfe Chotusitz oder Czaslau am 17. Mai 1742 commandirte er die Reiterei des rechten Flügels unter dem so eben erwähnten Herzoge, woran der Friede zu Breslau am 11. Juni dem ersten schlesischen Kriege ein Ende machte (vgl. von Orlich I, 244 und 274).

Im folgenden Jahre führte der Graf unter dem Oberbefehle des Herzogs Karl von Lothringen ein Armee-Corps gegen K. Karl VII., Kurfürsten von Baiern. Zu Anfang des Monats März finden wir ihn als Commandanten dieses Corps zu Ried im damals baierischen

---

[1]) Die Gründe des Prinzen gegen derlei Begünstigungen hat Alfred Arneth in seinem Prinzen Eugen von Savoyen Bd. III, 82 f. klar dargelegt.

[2]) Diese und die folgenden Daten über des Grafen militärische Laufbahn verdanke ich den gefälligen Mittheilungen aus der Registratur des k. k. Kriegsministeriums in Wien.

[3]) Dieses berühmte böhmische Regiment Nr. 8 wurde im J. 1618 errichtet und hatte unter andern als Inhaber Dampier; 1631 St. Hilair; 1648 Jean de Werth; 1680 Karl Herzog von Lothringen etc., 1710 Thomas Emanuel Prinzen von Savoyen, der als k. k. F. M. L. am 28. Dec. 1729 gestorben ist. Dieser hinterliess von der Prinzessin Theresia Anna von Liechtenstein den Sohn Eugen Johann Franz, seit 1730 Inhaber dieses Regiments (daher Jung-Savoyen genannt), Ritter des goldenen Vliesses, k. k. Generalmajor, welcher am Nervenfieber zu Mannheim am 24. November 1734 starb.

[4]) Geschichte der schlesischen Kriege nach Original-Quellen von Leopold von Orlich. Berlin 1841 Bd. I. 99, 194.

Innviertel, wo er am 3. den vom F. M. Grafen Traun bei Campo Santo am Panaro den 8. Februar über die Spanier erfochtenen Sieg durch ein Dankfest, nämlich durch ein Hochamt mit Ambrosianischem Lobgesang und eine grosse Tafel feierte[1]). Am 6. Mai setzte die Haupt-armee der Königin M. Theresia über den Inn, unser Graf Franz Rudolf aber befehligte das Observations-Corps von 10.000 Mann diesseits des Flusses bei Altheim östlich von der befe-stigten Stadt Braunau, welche die feindliche Besatzung tapfer vertheidigte. Am 9. ward vom Herzog von Lothringen der baierische F. Z. M. Graf Minuzzi bei Simbach (Braunau gegen-über) mit dem Verluste von 4000 Mann total geschlagen und gefangen genommen, und in der folgenden Nacht nahm der Graf von Hohenembs dem Feinde das Kloster Ranshofen ab und machte 84 Gefangene (vgl. Extrablatt zu Nr. 40 des W. Diariums). Hierauf blockirte er die Festung Braunau, aus welcher wegen Mangels an Lebensmitteln eine Menge von Deser-teuren zu seinen Truppen kam, übergab aber bald diese Blockade dem General Grafen von Gaisruck und zog mit fünf Regimentern zur Hauptarmee in Niederbaiern ab. Auf diesem Marsche gelang es ihm auf die Nachricht, dass der Feind Burghausen verlassen hätte, durch ein Detachement diese Stadt in Besitz zu nehmen, wo man nebst einiger Munition und etwas an Proviant einen grossen Vorrath an Salz im Werthe von 80.000 Gulden gefunden hat (s. Extrablatt ad Nr. 55). Am 24. Mai kam er bei der Armee an und ward zur Deckung der bei Nieder-Altaich über die Donau geschlagenen Communications-Brücke beordert.

Da das französische Hilfsheer, welches die Donau decken sollte, aber durch fortwäh-rende Verluste sehr geschwächt war, das Land verliess und General Baron von Steutsch in dasselbe aus Kufstein her einfiel, ward der Feind nach und nach über die Isar und den Lech zurückgedrängt. So bedrängt schloss der kaiserliche und baierische F. M. Graf von Secken-dorf am 27. Juni im Kloster Nieder-Schönfeld (unweit Rain) mit dem F. M. Ludwig Andrä Grafen v. Khevenhüller einen Vertrag, welcher der siegreichen M. Theresia Baiern einräumte und dem Kaiser Karl VII. den Rest seiner Truppen rettete.

Am 8. Juli überschritt der Graf von Hohenembs mit der zweiten Colonne der dreige-theilten Armee bei Rain den Lech und zog über Esslingen (17.) und Kenzingen (11. August) in's Breisgau. Zu Ende August erging nach Neuenburg am Rhein an ihn der Befehl gegen Burkheim hinabzurücken, und am 4. September war Berathung wegen des Übersetzens der Truppen über den Strom. Der Herzog Karl von Lothringen und F. M. Graf von Kheven-hüller hatten ihre Stellung zu Alt-Breisach und F. Z. M. Karl August Fürst von Waldeck oben bei Rheinweiler und zu Neuenburg, wo gegenüber der Feind sich verstärkt hatte, unser Graf von Hohenembs, mit fünf Cavallerie- und sechs Infanterie-Regimentern, sollte die Bewe-gungen jenseits des Rheins beobachten und wo möglich den Übergang gewinnen, den aber dichter Nebel vereitelte. Auch zu Hochstetten bei Alt-Breisach traf man Anstalten zum Über-setzen, das aber nicht erwirkt wurde. Am 21. September stand Graf von Hohenembs (nach Nr. 79 des W. Diariums) zu Milla (Müllen?). Als der Herbst eingetreten, traf man im October Vorsorge für den nahenden Winter und versah Freiburg mit allem Erforderlichen, um dort eine starke Besatzung überwintern zu können. Am 21. October gingen der Herzog und F. M. Graf von Khevenhüller dahin in die Winterquartiere, wo F. M. L. Graf Karl von Batthyany das Commando hatte. Ein Theil der Truppen zog in die Waldstädte, ein anderer in die obere

---

[1]) S. Wienerisches Diarium vom J. 1743 (Nr. 22) vom 16. März.

Pfalz und der Herzog zu Sachsen-Gotha ward in Bregenz zu stehen bestimmt (Nr. 88), und die genannten beiden Oberfeldherren reisten über München (29. und 30. Oct.) nach Wien ab, wo am 7. Jänner 1744 der Herzog mit der Erzherzogin M. Anna, Schwester M. Theresia's, sich feierlichst vermählte, und Graf von Khevenhüller nach kurzer Krankheit am 26. Jänner starb. Da der Graf Franz Rudolf von Hohenembs bei diesen Festlichkeiten unter dem Hof- und hohen Adel nicht genannt wird, so war er wohl nicht in Wien, vielleicht in Hohenembs oder Bistrau?

Als im Jahre 1744 der Krieg am Oberrhein fortgesetzt wurde, marschirte der Graf Franz Rudolf von Hohenembs als Commandant der zweiten Colonne mit sechs Regimentern am 3. Mai von Rain am Lech ab und kam über Ellwangen am 17. nach Nekar-Sulm. Am 29. Juni finden wir ihn bei Ladenburg, wo der Herzog Karl von Lothringen ihm und dem Grafen von Grünne den rechten Flügel längs des Rheines hin anvertraut hatte. Von nun an begegnen wir unserm Grafen in den Armeeberichten, welche das Wienerische Diarium über die Kriegs- ereignisse dieses Jahres veröffentlicht hat, nicht mehr, indem er eine anderweitige Bestim- mung, vielleicht im Hofkriegsrathe erhalten haben dürfte.

Wir wollen jedoch dem Leser nicht auf dem betretenen Wege stehen lassen, sondern der weitern Vorgänge am Oberrhein in aller Kürze erwähnen, um so mehr, da dem Feinde im Spät- herbste sogar Vorarlberg zu erobern gelüstete.

Am 1. Juli passirte die Armee der Königinn M. Theresia bei Schröck (jetzt Ludwigs- hafen) den Rhein, besetzte Lauterburg, Kron-Weissenburg (5. Juli), Sulz, Bramath etc., und rückte gen Strassburg hinauf und der Herzog Karl war nahe daran, das Erbe seiner Väter wieder zu erobern. Dieser Zug aber hatte die Folge, dass Frankreich, das bisher nur als Hilfsmacht des Kaisers oder Baierns thätig gewesen war, nunmehr als kriegführende Macht auftrat und an die Königinn von Ungern und Böhmen den Krieg erklärte. Da K. Friedrich von Preussen, in Sorge sein frisch erobertes Schlesien wieder zu verlieren, am 15. August 100.000 Mann nach Böhmen geworfen hatte, ward Herzog Karl eiligst aus dem Elsass zurückberufen und die Vorlande lagen dem Feinde bloss und offen. Die Baiern und Franzosen folgten den sich zurückziehenden auf dem Fusse nach und der Kaiser-Kurfürst zog am 23. October wieder in München ein, um am 20. Jänner 1745 in seiner Residenz zu sterben und den Frieden zu Füssen am 22. April herbeizuführen. Das Corps des Marschalls Bellisle rückte, da der Krieg nicht dem deutschen Reiche, dessen Oberhaupt mit Frankreich ver- bündet war, sondern der Königinn von Ungern und Böhmen galt, unangefochten durch den Schwarzwald über Donaueschingen (13. September), Stockach und Ratolfzell gegen die österreichische Stadt Constanz, die am 10. October sich ergab, und richtete seinen Blick gegen Vorarlberg.

Die Franzosen vor Bregenz und am Sulzberg 1744. — Als die Franzosen Constanz besetzt hatten, war ihr weiteres Ziel Bregenz, die nördliche Pforte von Vorarlberg, oben am See. Bei der herannahenden Gefahr arbeitete der verdoppelte Landes-Ausschuss an den Festungswerken im ganzen Lande und an der neu angelegten Linie am Bodensee. Weder schwere Drohungen noch die schönen Versprechungen der beiden in der nahen Reichs- stadt Lindau weilenden französischen Commissäre deutschen Blutes, Namens Schmid und Raitzenstein, fanden bei den Ständen des Landes Gehör. Am 25. October rückte der Feind von Lindau her über das Grenzflüsschen Leiblach und zündete in Leiblach zwei, dann auch in Hohenweiler, Lienhards und Berg Häuser an, um durch Schrecken das Volk einzuschüchtern. Am Wellenstein, Fürstenwalde, am Besenreis etc. vor der Klause ward am 25., 27. und 30. bis in die sinkende Nacht mit erbitterter Hitze gefochten; auch wurde unter dem Marquis de Chatelet von Wasserburg her mit fünf Schiffen am 30. eine Landung bei der Mehrerau versucht, alles erfolglos. Die vor der Klause gelegenen fünf Gerichte Simmerberg, Grünenbach, Hobeneck, Altenburg, d. i. Weiler und Kelhof hatten den Drohungen der feindlichen Übermacht am 26. October sich im Lager bei Wangen ergeben; hingegen die beiden Gerichte Hofrieden und Sulzberg widerstanden. Die Sulzberger, vom Terrain begünstigt, rüsteten sich unter ihrem Ammann Martin Vögel zu tapferer Abwehr, die Männer des Gerichts Hofrieden, in dessen Hauptorte Herbranz der französische Commandant Marquis de Clermont[1]) vom 30. October bis 6. November sein Hauptquartier hatte, verliessen auf Zureden ihres Ammanns Placidus Romberg und des Gerichtsmannes Bartholomä Mager Haus und Hof und stellten sich zum Kampfe zu denen hinter dem Passe. Der Feind plünderte und verheerte diesen Landstrich.

In der Nacht auf den 1. November liess der Commandant 1200 Mann zu Fuss und 200 Pferde durch gewinnsüchtige Wegweiser nach Weiler führen, um über den Sulzberg in's Innere des Landes einzudringen und Bregenz mit seiner Klause im Rücken zu nehmen. Die Leute waren an diesem Feiertage in der Kirche, nur der Hauptmann Stöckler stand mit 150 Mann in der Verschanzung am Sulzberg. Voll Zuversicht griff der Feind an, aber auf den ersten Flintenknall eilten die Weiber, welche während des Gottesdienstes das Haus bewachten und das einfache Mittagsmahl bereiteten, mit Äxten, Hacken, Gabeln, Sensen etc. in solcher Anzahl den Schanzen zu, dass er, über diese Amazonen[2]) stutzend, von der Bestürmung der Schanzen abliess und nur im gegenüber liegenden Walde das Kleingewehrfeuer fortsetzte. Nun eilten auch die Männer herbei, welche vom Ammann Vögel geordnet, sich den Tag über gegen eine dreifach überlegene Macht so vertheidigten, dass sie sich Abends nach Weiler zurück zog. Auch die Angriffe in den folgenden vier Tagen schlugen die Schützen der Umgegend und des Bregenzerwaldes mit gleichem Muthe und gleichem Erfolge ab. Sturmfeuer, die auf allen Gebirgen im ganzen Lande emporflammten, versammelten am 6. November innerhalb 24 Stunden 8000 wehrhafte Männer (ohne jene Arbeiter an den Schanzen) zur Abwehr bereit. Noch ein Sturm gegen den Unnoth[3]), das äusserste Vorwerk vor Bregenz, ward wiewohl vergeblich versucht.

Clermont, welcher meist Cavallerie, vier Husaren-Regimenter unter sich hatte und einsah, dass er mit derselben im Schnee und Gebirge sich nicht erhalten und gegen das tapfere und einmüthige Volk mit Erfolg agiren könne, hielt Kriegsrath und beschloss abzuziehen. In der Nacht vom 6.—7. zogen die Franzosen auf fünfzig Schiffen den Bodensee gen Constanz hinab, und am 7. zu Land an Lindau und Wasserburg vorüber. Am 15. rückten sie alle von Constanz nach dem festen Freiburg, das nach scharfer Belagerung und muthvollster Vertheidigung am 6. November sich ergeben hatte.

---

[1]) Gaspard Marquis, später Duc de Clermont-Tonnerre, war damals General der Cavallerie, am 17. September 1746 Marschall und starb 1781.

[2]) Über die Aufreibung einer schwedischen Truppe (1647) durch die mannhaften Weiber an der rothen Egg bei Grossdorf im Innern Bregenzerwalde s. meine Mittheilung in des Freiherrn v. Hormayr Archiv 1824. Nr. 116 und 117.

[3]) Unnoth, wie auch das runde, mit rundem Thurme versehene Bollwerk zu Schaffhausen (im Volksmunde in Munoth entstellt) heisst und das man durch munitio erklären wollte, hat wohl seine Benennung von un- in seiner intensiven Bedeutung sehr, und noth, wie Unmensch, Unthier etc.; so sagt das Volk: es thut unnoth, d. i. sehr, überaus noth.

Der Berichterstatter[1]) dieser Ereignisse ertheilt der Vaterlandsliebe, dem ausdauernden Muthe und der Treue der Vorarlberger das vollste Lob. In Ermangelung der Artillerie höhlten die Bauern Klötze zu Kanonen aus, aus welchen sie vier- bis fünfpfündige Kugeln schossen; auch erfanden sie Maschinen, auf welchen sie am engen Wege Blöcke niederrollen liessen, die eine lange Reihe von Soldaten vernichten konnten.

Im zweiten schlesischen Kriege wurde der Graf mit seinem Regimente wieder verwendet. Er ward Commandant des bei Jaromiřz in Böhmen aufgestellten Armeecorps und erhielt im December 1744 den Auftrag, Anordnungen für die Winterpostirungen zu treffen und befehligte 9318 Mann Infanterie und 4548 Reiter; von denen 5652 Mann Infanterie und 2593 Pferde sich auf Postirung befanden (s. v. Orlich II, 51, 96 und 111). Ferner nahm er Antheil an dem Treffen bei Habelschwert unter Wenzel Grafen von Wallis am 13. Februar 1745, dessgleichen fochten sechs Schwadronen seiner Kürassiere am 4. Juni in der Schlacht bei Hohenfriedberg; zum letzten Mal finden wir ihn und sieben Schwadronen seines Regiments auf dem linken Flügel in der Schlacht bei Soor unweit Trautenau am 30. September 1745 (s. v. Orlich II, 121, 166, 228, vgl. S. 451 und 453).

Vor dem Ende dieses Krieges finden wir unsern Grafen als **Feldmarschall** (seit 9. October dieses Jahres 1745), als welcher er mit 10 regulären Bataillons, 4 Bataillons Landmiliz, 4 Cavallerie-Regimentern und 700 Husaren die Grenzen Böhmens zu decken und in Jaromirz sein Hauptquartier zu nehmen und sich zugleich mit dem Feldmarschall Esterhazy in Verbindung zu setzen hatte.

Am 26. October bezog er mit seinem Corps ein Lager bei Semonitz. Als nach dem siegreichen Gefechte der Preussen gegen den sächsischen General Buchner bei Katholisch-Hennersdorf (23. Nov.) der Feind wieder Böhmen bedrohte, befahl der Prinz Karl von Lothringen dem F. M. Grafen von Hohenembs Königgrätz, Pardubitz und Hohenmauth zu besetzen, die Grenze durch die Husaren und die Landmiliz decken zu lassen und mit den übrigen Truppen seines Corps sich mit ihm zu vereinigen (vgl. v. Orlich II, 276 und 295). Hierauf benachrichtigte er aus Liebau (in der Oberlausitz), wo er mit den ihm untergebenen Regimentern stand, den Herzog von Lothringen zu Leitmeritz von der Verhinderung an seinem weitern Vorrücken durch die Diversion des Generals Nassau gegen Landshut in Schlesien, welcher acht Dragoner-Compagnien des österreichischen Regiments Philibert angegriffen und zum Rückzuge gezwungen hatte. Später zogen die Regimenter Hohenembs und Serbelloni sich unter dem F. M. L. St. Ignon wieder nach Trautenau und Jaromiřz zurück (vgl. von Orlich II, 302), bald darauf am 25. December ward der Frieden zu Dresden geschlossen. Am 7. August 1751 ernannte ihn das Reich zum katholischen General der Cavallerie. In den letzten Jahren seines Lebens war er commandirender General von Mähren zu Brünn. Dies seine Kriegslaufbahn!

Im Jahre 1718 übernahm Graf Franz Rudolf von seinem bejahrten Vater die Regierung der Grafschaft Hohenembs und wurde gleichfalls durch väterliche Cession vom 1. Jänner 1720 Herr der Herrschaft Bistrau, für deren Wohl er, wie aus allem erhellet, sorgsam bedacht war. Am 8. Juni 1722 legte er den Grundstein zur Pfarrkirche, einem grossen, schönen Gebäude auf einem freien Hügel mitten im Städchen gleichen Namens, mit dem gräflichen Wappen, dem Steinbocke, über dem Hauptportale. Sie wurde am 2. Mai 1736 zu Ehren des heil. Johann des Täufers eingeweiht, das Hochaltarblatt, die Taufe Christi darstellend, ist von Joseph Rotter aus Brünn 1751 gemalt.

Östlich von dem Städtchen baute er auf einer Anhöhe von Grund aus das geräumige, wohnliche Schloss Frischenberg[1]), von einem Stockwerke, dessen langen Corridor Familien-Porträte und einige andere Gemälde zieren, hinter dem Schlosse liegt ein schöner Garten, dann Stallungen und Wirthschaftsgebäude. Auch liess er im Waldl anderthalb Stunden von Bistrau, beim sogenannten Goldbrünnel, im J. 1740 ein hölzernes Bad- und Schänkhaus aufbauen, welche beide im J. 1833 in Stein aufgeführt wurden (s. die Mineralquelle des Goldbrünnels auf der Herrschaft Bistrau, von Eiselt 1837). Zu Wien am 28. Februar 1747 empfing er vom Kaiser Franz I. die Belehnung mit der alten Embs, dem Vorhofe im Flecken zu Embs, dem Blutbanne zu Embs und Dornbirn, mit der neuen Burg zu Embs in der Reute, dem Burgstall Glober (sic) mit 60 Pfund Häller jährlicher Gült, dem silbern und bleiern Ärzt und dem Bergwerk und Schwefelbad bei Embs, und der Schildhube im Bregenzerwalde mit allen ihren Rechten und Freiheiten, Gerichten, Zwingen, Bännen, Pürschen, Gejeyden, Fischenzen, Hölzern, Nutzen, Renten und Zugehörungen, nichts ausgenommen, so von Uns (dem Kaiser) und dem heiligen Reiche zu Lehen rühren, und jüngsthin Graf Franz Karl 1676 und Graf Jakob Hannibal III. im J. 1715 empfangen haben. (Vgl. Abth. I in d. Denkschr. Bd. X, 117, in den Separatabdrücken S. 25.)

Graf Franz Rudolf starb zu Brünn am 21. April 1756, zwanzig Jahre nach dem Prinzen Eugen von Savoyen, in dessen Kriegsschule er gewesen, und ruht zu Bistrau in der Gruft, die mir dessen letzter Sprosse, Freiinn von Langet, am 5. August 1857 öffnen liess. Es heisst im dortigen Pfarrbuche: 1758. 21. April. Brunae pie in Domino obiit mane hora quarta P. T. Excellentissimus ac Illustrissimus D. D. Francisus Rudolphus S. R. I. Comes ab et in Hohen-Embs, Dominus Dominii Bistrensis, Patronus Ecclesiarum, et munificentissimus Benefactor earundem. Eximius Pater Langer è Soc. Jesu, Regens Seminarii Brunensis eundem providit omnibus Sacramentis. die 23. Aprilis advectum est corpus ejusdem Brunâ Bistram, quod in capella Hartmanicensi excepi (sc. ego parochus), ac in capella arvensi (d. i. Feldcapelle) deposui, 26. verò in Ecclesia Parochiali in sua crypta sepultum est. Requiescat in pace.

Dessen drei Gemahlinnen waren: 1) Lida, Ludwig Karl's de Hautfort, Marquis' de Surville Tochter, geboren 17. Jänner 1694, vermählt 1711, ward nach der Europäischen Fama 1712, S. 951, Sternkreuzordens-Dame am 14. September 1712, starb kinderlos 1715.

2) M. Anna Margaretha, des Freiherrn Gallus Anton v. Thurn[2]) und Valsassina († 1742) und der Freiinn M. Anna Rink von Baldenstein Tochter, geboren 22. October 1694,

[1]) Dieser Name scheint mir übergetragen von Frischenberg, einem alten Burggemäuer bei Hohensax von Valuz aus jenseits des Rheins im Bezirke von Werdenberg. Hohensax und Frischenberg hatten die Freiherren von Sax zu Besitzern und wurden 1405 von den Appenzellern während ihres ersten Freiheitskrieges zerstört. Am 16. December 1517 schenken die acht alten Orte und Appenzell Ulrichen Freiherrn von Hohensax das Dorf Sax, den Burgstall Frischenberg und Lienz. S. Zellweger's Urkunden zur Geschichte des Appenzeller Volkes. Bd. III. Abtheil. 2. N. DCLXXIX.

[2]) Auch diese Thurn stammen aus Italien. Nach von Arx III, 361 liess Junker Ludwig von Thurn sich 1512 in Wil im St. Gallischen nieder. Sein und Sibyllens v. Tschudi Sohn Fidel ward ein ausgezeichneter Geschäfts- und Staatsmann, 1658 Landshofmeister, 1675 Erbmarschall der Abtei St. Gallen, er rieth zum Bündniss mit Österreich und war k. k. oberösterreichischer geheimer Rath, erhielt am 1. April 1683 den Freiherrnstand, † am 10. März 1719 und ruht in Rorschach. Sein älterer Sohn Joseph bildete die Linie zu Berg, der jüngere Gallus Anton die zu Wartegg. Joseph's Sohn Fidel II erhielt am 31. December 1730 den Grafenstand für das Reich und die Erblande (nach den Reichsadels-Acten), vgl. Knebel's genealog. Handbuch 1792, Theil II, 281.

vermählt am 9. Juni 1718, Sternkreuzordens-Dame, starb nach dem Sterbebuche zu Hohenembs daselbst am 2. Mai 1730 kinderlos.

3) Franciska Romana de la Roche, vermählt 1733, eine Dame von hoher Schönheit, starb 20. August 1752 und ruht in der Gruft zu Bistrau. In der Sterbematrikel daselbst liest man: 1752, 20. Aug. Excellentissima ac Illustrissima Dna Dna Franciska Romana Comitissa ab Hohen-Embs. Conthoralis Excellentissimi Dni Dni Feldmarschalli Rudolphi Francisci Comitis ab Hohen-Embs (Tit.) nata La Rochiana circiter 40. annorum. Mit dem Beisatze: Eximio Patri Rectori Litomisslicensis Collegii Patri Augusti: à S. Ambrosio confessa, dein sacrâ synaxi refecta ac Extreme vncta, ac Exemplariter pro morte felici disposita, piè in Domino obiit circa, seu potius inter secundam et tertiam horam pomeridianam. 22. Aug. sepulta ad cryptam Bistricensem in medio.

Anmerk. Der Knabe „Karl Graf von Hohenembs, der nach Herrn P. Toller am 23. April 1744 gestorben ist", scheint ein Sohn des Grafen Franz Rudolf aus dieser Ehe gewesen zu sein.

Weibliche Nachkommen der gräflich Franz Rudolfischen oder ältern Linie vom Jahre 1756—1860.

Die beiden Töchter des Feldmarschalls Grafen Franz Rudolf aus dritter Ehe, zu deren Curator und Vormund von Seite des Judicii delegati militaris mixti Franz Rodeni Freiherr von Hirzenau, k. k. Rath und Landrechtsbeisitzer in Mähren, bestellt wurde[1], waren:

a) **Caroline** Gräfinn von **Hohenembs**, geboren zu Bistrau um 1733, vermählte sich nach dem Jahre 1762 mit dem nachmaligen FML. Johann Baptist de **Vos** und starb kinderlos zu Luxemburg im Jahre 1772 und setzte ihre minderjährige Nichte Caroline, deren Taufpathinn sie war, zur Erbinn ein. Da das Fideicommiss von ihrem Vater Franz Rudolf auf seinen Vetter, den Grafen Franz Wilhelm III., und von diesem auf seine Erbtochter Rebecca (S. 83) übergegangen war, so blieb Franz Rudolf's beiden Töchtern, wie aus allem erhellet, ein geringes Vermögen. Carolinens Nachlass, rücksichtlich Erbschaft betrug 9745 fl. 38 kr. in Barem und Pretiosen im Werthe von 2646 fl. 46 kr.; zusammen 12.392 fl. 24 kr.

De Vos, ein geborner Niederländer, zeichnete sich im siebenjährigen Kriege, in welchem er wohl auch nach Böhmen gekommen ist, als Major im Ingenieur-Corps 1758 durch seine bei Sonnenstein angelegten Werke, 1759 bei der Belagerung von Dresden ganz besonders aus und ward am 22. December 1761 mit dem Maria-Theresien-Orden geschmückt[2]. Im Jahre 1779 ward er Generalmajor und Genie-Director in den Niederlanden, am 1. April 1783 zum Feldmarschall-Lieutenant mit 6000 Gulden Besoldung und 840 Gulden Quartiergeld befördert, und starb am 4. September 1783 als Witwer zu Brüssel. Er besass daselbst zwei grössere Häuser im Werthe von 45,200 Gulden, und acht kleinere Häuser im Werthe von 54,000 Gulden, zusammen 89.200 Gulden[3].

b) **Franciska** Gräfinn von **Hohenembs** finden wir am 2. Mai 1761 schon vermählt mit Johann Franz Freiherrn von **Kulhanek** von Claudenstein und Potpnsch, der am

---

[1] In der Registratur des k. k. Kriegsministeriums — 1756. Protocoll. in pupillaribus pag. 451, vgl. Wissgrill II. 199.

[2] Einen Lebensabriss, in dem er Franz Joseph de Voss genannt wird, sieh in Dr. Hirtenfeld's trefflichem Werke: der Militär-Maria-Theresien-Orden und seine Mitglieder. Wien 1857, S. 132.

[3] Nach Acten in der genannten k. k. Registratur, in die ich durch die dankenswerthe Güte des Herrn Directors Wilhelm Faber Einsicht genommen habe.

6. November 1772 in den Grafenstand erhoben wurde[1]). Er besass im Jahre 1774 die Güter Stecknitz und Mraditz, dann Neusattel und Pröhlich, sämmtlich im Satzer Kreise gelegen, im Schätzungswerthe von 92,100 Gulden, die nach und nach Schulden halber, welche von früher her auf diesen Gütern schwer lasteten, verkauft wurden. Graf Kulhanek starb angeblich zu Stecknitz um 1798 und seine Gemahlinn in Prag. Kinder dieser Ehe waren:

1. Johann Graf von Kulhanek etc. starb etwa 30 Jahre alt als k. k. Hauptmann in den französischen Feldzügen in den Niederlanden zu Brüssel. Gemahlinn: Emanuela Maria, Tochter des vielfach ausgezeichneten k. k. obersten Justiz-Präsidenten, Leopold Kaspar Grafen von Clary und Aldringen († 1800), geb. 18. März 1760, ward am 2. Mai 1780 in's herzoglich Savoyische Damenstift aufgenommen und starb kinderlos[2]).

2. **Rudolf** Graf von **Kulhanek** und Claudenstein etc., der letzte seines Namens, zu Stecknitz geboren 1770, starb als pensionirter k. k. Titular-Major am 27. April 1839 zu Kaschau in Oberungern. Gemahlinn: Anna Freiinn von Payen, † daselbst 27. Mai 1838.

3. **Carolina**, Gräfinn von **Kulhanek**, geb. zu Stecknitz[3]) 1765, vermählt 1792, gestorben zu Kaschau am 16. Juli 1835. Gemahl: Franz Ludwig Freiherr von **Langet**, um 1754 zu Gross-Topolczan in Ungern geboren, wo sein Vater Karl Ludwig, Oberst von Hohenzollern-Kürassier war, wünschte als Eleve in die orientalische Akademie einzutreten und sich für die diplomatische Laufbahn auszubilden, wurde aber von seinem Vater in's Regiment genommen, und starb als Platzhauptmann zu Rovigo im Venetianischen am 3. October 1822, alt 68 Jahre.

Die Familie **Langet**. — Die Gebrüder Christoph und Georg Langetl wurden sammt ihren ehelichen Nachkommen von Kaiser Ferdinand III. am 10. April 1652 mit dem Prädicat von Langet in den Adelstand erhoben, jener war Juris Utriusque Doctor und fürstlich Passauischer Hof- und Kammerrath, dieser diente noch unter Erzherzog Leopold Wilhelm im Hochstifte Passau, dann verwaltete er von vielen Jahren her das Stadtrichteramt in Linz (nach dem Reichsadels-Archive). Wir nennen hier noch ein Paar dieses Namens, welche mit diesen beiden verwandt sein dürften: Am 2. December 1712 ward in Wien dem Obersten und Commandanten des löblichen Daunischen Regiments Philipp von Langetl und seiner Frau Gemahlinn M. Anna, geb. B. Pestaluzzin, die Tochter M. Philippina geboren (s. Wiener Diarium von 1742. Nr. 878 fin.). Ferner: Prinz Eugen von Savoyen hatte, als er in Rastatt zu den Friedensverhandlungen mit dem Marschall Villars am 26. November 1713 zusammentrat, bei sich die beiden F. M. L. Baron von Falkenstein und den Grafen von Königseck, den kaiserlichen Regierungsrath von Bentenrieder und den von Langetel als Secretär (cf. Eugenius nummis illustratus. Norimbergae 1738, pag. 321 und Alfred Arneth's Eugen von Savoyen Bd. III, 493).

Des Freiherrn Franz Ludwig von Langet und der Gräfinn Carolina von Kulhanek einzige Tochter **Ernestine** wurde zu Prag am 3. März 1804 geboren, verlebte einen Theil ihrer Jugend im Venetianischen, zu Venedig und Rovigo etc., und rühmt dankbar ihren wohl unter-

---

[1]) Johann Georg Kulhanek von Claudenstein wurde am 3. März 1689 in den Ritterstand, Karl Adolf am 1. Sept. 1755 in den Freiherrnstand erhoben, mit Beifügung des Namens des ausgestorbenen Geschlechtes von Potpusch (nach den Adelsacten).

[2]) Leupold's allgem. Adels-Archiv der österr. Monarchie. Wien 1789. Bd. I, 202.

[3]) Zu Stecknitz im Santzer Kreise besass die gräflich Kulhanek'sche Familie ein schönes Schloss, welches wie das mit demselben vereinigte Gut Mraditz der Graf Johann Franz verkaufte und sein Sohn Rudolf verkaufte das Gut Neusattel (Nowy-Sedlo), das von der Freiinn Maria Clara, verwitweten Potpusch, ererbt war.

richteten Vater als ihren besten Lehrer, die späteren Jahre bei ihrer Mutter und ihrem Oheim zu Kaschau und machte Reisen durch Deutschland, die Schweiz und Frankreich, vollkundig der italienischen und französischen Sprache. Sie kam als letzter weiblicher Sprosse des gräflichen Hauses Hohenembs durch Spruch der k. k. obersten Justizstelle vom 7. Juni 1848 in den Besitz der Fideicommiss-Herrschaft Bistrau, wie wir unten das Nähere darlegen werden.

Franz Wilhelm II. Graf von und zu Hohenembs, Stifter der jüngern Linie.

Franz Wilhelm II., dritter Sohn des Grafen Franz Wilhelm I. und der Landgräfinn Eleonora Katharina von **Fürstenberg**, 1654 geboren, folgte gleich seinem ältern Bruder Jakob Hannibal III. den Waffen, in denen wir ihn als Oberstlieutenant in des Pfalzgrafen Karl Philipp Reiterregimente im J. 1691 finden. Da seine älteste Schwester M. Francisca, vermählte Gräfinn von Enckevoirt (S. 56), in Grafeneck lebte, lässt sein Aufenthalt in Wien sich leicht erklären. Er vermählte sich im Juni 1691 mit **Louise** Josepha, Tochter des Fürsten Maximilian Jakob Moriz von **Liechtenstein**, begab sich darauf nach Ungern und nahm unter dem Oberbefehle des Markgrafen Ludwig von Baden am 19. August an der siegreichen Schlacht bei Szalankemen gegen den Grossvezier Mustapha Köprili rühmlichen Antheil, der Grossvezier verlor mit mehr als 20,000 Mann das Leben, unser kurzvermählter Graf erlag der tödtlichen Wunde in Peterwardein am 27., nach Andern am 29. August in einem Alter von 37 Jahren[1]. Die Witwe genas zu Grafeneck bei ihrer Schwägerinn, der vorgenannten Gräfinn von Enckevoirt, am 28. März 1692 eines Knaben des Namens **Franz Wilhelm III.** Karl Anton Posthumus und vermählte im J. 1694 sich wieder mit Jakob Ernst Grafen von Leslie,[2] der als innerösterreichischer Hofkammerpräsident in Grätz am 7. November 1737 starb, sie war vor ihm daselbst am 29. August 1736 dahingeschieden und ihr Leichnam bei den Karmeliterinnen im sogenannten kälbernen Viertel begraben[3].

Dieser nachgeborne Graf **Franz Wilhelm III.** verlebte wahrscheinlich bei seiner Mutter die Kindheit und erste Jugend in Grätz und trat in kaiserliche Kriegsdienste. Im Wiener Diarium vom 13. Juli 1723 (Nr. 56) finden wir ihn als Hauptmann im Bayrithischen (sic) Regimente, als welcher er aus Grätz (wo seine Mutter lebte) in Wien angekommen und im wilden Mann einlogirt ist, im J. 1730 als Rittmeister beim Philippi'schen Dragoner-Regimente; 1732 ward er zum Stadt- und Platzcommandanten von St. Georgen in Croatien mit

---

[1] Über die blutige Schlacht bei Szalankemen s. des Freiherrn v. Röder von Diersburg „Des Markgrafen Ludwig Wilhelm von Baden Feldzüge wider die Türken." Carlsruhe 1842. Bd. II, 162 f. und Erklärung zum Plan V. In „Urkunden" S. 495 findet man unter den Blessirten des Regiments Pfalz-Neuburg „den Oberstlieutenant Graf v. Hohenembs und den Rittmeister Graf Praschamann" d. i. Praschma aus Schlesien, und vom Regiment Darmstadt S. 467 „Oberstlieutenant Jean de Werth".

[2] Dieser Graf Leslie war Grossneffe Walters von Leslie, aus altem schottischen Geblüte, den als Kämmerer und Obersten der Leibwache K. Ferdinand III. am 15. März 1637 in den Grafenstand erhob. Kinderlos in seiner Ehe mit Anna Francisca Gräfinn von Dietrichstein, übertrug er († als Feldmarschall am 1. März 1667 und ruht bei den Schotten in Wien) mit K. Leopold's I. Bestätigung vom 31. Mai 1662 die Grafenwürde auf seinen Bruder Alexander und dessen Nachkommen. Dessen Enkel ist obgenannter Jakob Ernst, dessen und der Fürstinn v. Liechtenstein einziger Sohn Karl Cajetan war innerösterreichischer Regierungsrath und starb 1761. Dessen mit Maria Theresia, letzten Fürstinn von Eggenberg († 17. November 1774) erzeugter zweiter Sohn Anton beschloss dies Geschlecht am 22. Februar 1802, worauf nach dem Testamente von 1667 der Name an das fürstliche und gräfliche Haus von Dietrichstein überging.

[3] Wahrscheinlich ward die Verstorbene in der Gruft der neben angebauten und unter K. Joseph II. aufgelassenen Klosterkirche beigesetzt. In diesem ehemaligen Kloster ist die k. k. Monturs-Commission dermals untergebracht. Nach einer Mittheilung des gelehrten Archäologen Herrn Richard Knabl, Pfarrers in Grätz.

gleichzeitiger Beförderung zum Oberstlieutenant, rückte 1737 zum Obersten in seiner Anstellung vor, und kam am 7. Februar 1744 als Stadt- und Festungscommandant nach Grätz, woselbst er am 10. Juli 1756 zum Generalmajor befördert wurde. Dies ist des Grafen militärische Laufbahn.

Die Steiermark, in der er seine Jugend verlebte, scheint ihm sehr lieb geworden zu sein. Am 9. Jänner 1733 ward er unter die Stände des Landes aufgenommen und vermählte sich in einem Alter von 49 Jahren am 21. (nach andern am 26 und 29.) Juni 1741 mit einer edlen Steiermärkerin, mit M. Walburga Rebecca (geb. 1. Mai 1720), Tochter des Grafen Hannibal Balthasar von **Wagensperg**, Obersten und gewesenen Commandanten zu St. Georgen in Croatien († 1725) und M. Rebecca's, Herrinn von Stubenberg, welche ihm am 16. April 1742 die Tochter M. **Rebecca** Josepha gebar.

Im Corridor des Schlosses zu Bistrau hängt das lebensgrosse Bildniss eines Knaben in ungrischem Costüme mit umgeschnalltem Säbel und vor ihm ein Hund, mit der Aufschrift: FRANCISCUS ALOYSIUS COMES IN ALTA | EMBS NATUS DIE 6 MALI 1747 DEPICTUS 1751. Diesen Knaben halte ich für einen Sohn dieser Ehe, der vor seinem Vater dahinschied.

Da ich nicht in Kenntniss bin, welche Aufzeichnungen über die Verwaltung der Grafschaft Hohenembs von Seite der beiden Vettern Franz Rudolf und Franz Wilhelm III. in Hohenembs noch vorhanden sind, so muss ich im fernen Wien dieses Nachforschen und Nachweisen dem Herrn Professor Joller in Feldkirch überlassen. Letzterer wurde durch eine kaiserliche Commission 1742 in den Besitz der Grafschaft bis zur Erfüllung der unter beiden Grafen errichteten fünf Familien-Recesse immittirt [1]).

Nach des Grafen Franz Rudolf Hintritte (10. December 1756) ging die Reichsgrafschaft Hohenembs als Mannslehen an seinen Vetter Franz Wilhelm über, so auch die Fideicommiss-Herrschaft **Bistrau**, indem er noch bei seines Vaters Lebzeiten am 2. Juli 1752 das Incolat in Böhmen erworben hatte.

Graf Franz Wilhelm III. starb als der letzte seines uralten Geschlechtes in der Nacht vom 5 — 6. November 1759 zu Grätz, wo ich mir aus dem Stadtpfarrbuche die Worte aufzeichnete: „Ihro Hochgräffl: Gnaden der Hoch- und Wohlgebohrne Herr Herr Franz Wilhelm des II: Römi: Reichsgraff von Hochen Embs Sr. Römisch: Kay. etc. Cammerer General Feldwachtmeister, Vestungs und Statt Commendant zu Grätz." Am Rande des Blattes liest man: „In die Stadtpfarr Neue Priester Grufften", d. i. in der dermaligen Johanniscapelle ruht er. So starben die Letzten dieses uralten rhätischen Hauses ausserhalb ihres Landes. — Wann und wo seine Witwe, die Gräfinn M. Walburga, gestorben, die als Vormünderinn ihrer Tochter im J. 1766 noch lebte, ist uns unbekannt.

Das ehemalige Reichshofraths-Archiv verwahrt ein Verzeichniss der gräflich Hohenembsischen Reichslehenstücke, als:

1. Das alte Bergschloss Hohenembs [2]);
2. der Vorhof im Marktflecken Hohenembs;
3. der Bann über das Blut zu richten zu Embs; den zu Thorenbüren hatte von undenklichen Zeiten her das Haus Österreich ausgeübt;

---

[1]) S. Genealogisches Reichs- und Staats-Handbuch von 1756. Frankfurt bei Varrentrapp. S. 146.

[2]) Am 26. Juli 1760 wurden auf das Bergschloss (wohl im Klopper) preussische Kriegsgefangene gebracht, welche am 25. Aug. eine kleine, aber schnell unterdrückte Revolte erhoben und bis 1766 daselbst verblieben. (Nach Acten im reichshofräthlichen Archive.)

4. die neue Burg zu Embs in der Rente gelegen, mit 60 Pfund Haller jährlicher Gült;
5. das Silber- und Bleibergwerk bei Embs (wohl längst eingegangen);
6. die Huben im Bregenzerwalde; sie bestehen in 82 Bauernhäusern, wovon jährlich
   11 Gulden 40 Kreuzer Lehensteuer, 33 Gulden Landsteuer, 7 Gulden für die Fass-
   nacht-Hennen, dann das beste Stück bei jedesmaligem Todesfalle des Besitzers abge-
   führt werden;
7. das Gut in der Au;
8. der grosse Einfirst (ein bergiger District mit Waldung) und
9. der kleine Einfirst (ein herrschaftlicher Weinberg);
10. die Höfe zu dem Stalden;
11. das Schwefelbad bei Hohenembs.

Österreichische Lehen waren vier Bauernhöfe, auf dem B e r g genannt. Dann ein Thiergarten, welcher dem vor dem sogenannten P a l a s t vorbeifliessenden Bache nach bis an den Rhein sich erstreckt und dermals ganz öde liegt. Neben diesem Thiergarten war ein anderer Garten und ein weites F e l d, ehedem das H e i d e n- nunmehr das Grafenfeld genannt, das bis an den Rhein sich erstreckt. Graf Kaspar hat dieses alles stückweise nach und nach in den Jahren 1614 und 1615 käuflich an sich gebracht, und ist somit unsers Erachtens allod gewesen, wesshalb der Palast etc. den Erben verblieb.

Diese Grafen hatten auch drei Allodial-Dörfer besessen, nämlich den freien Reichs-hof L u s t n a u, den Marx Sittich I., Ritter, im J. 1526 von den Gebrüdern Felix und Christoph Grafen von Werdenberg-Heiligenberg, den letzten ihres Geschlechtes, erkauft, dann W i d-n a u und H a s l a c h jenseits des Rheines, die sie von denselben Besitzern im genannten Jahre erworben hatten. Auch besassen sie erkaufte Güter „beim B a u e r n.“

Die gräflich Hohenembsische Verlassenschaft. — Die weibliche Nachfolge in der Hohen-embsischen Erbschaft gleicht der im kaiserlichen Hause, in welchem M. Theresia, die Tochter des jüngeren aber letztverstorbenen K. Karl's VI. und nicht ihre Cousine M. Josepha, Tochter des ältern aber früher (1711) verstorbenen Kaisers rücksichtlich Bruders, nämlich Joseph's I., den Thron der Väter bestieg. So folgte auch hier M. R e b e c c a, Tochter des letztverstorbenen Grafen Franz Wilhelm III. in der Fideicommiss-Herrschaft B i s t r a u und im Allod L u s t n a u in Vorarlberg, indem von den beiderseitigen Erbtöchtern über die streitigen Ansprüche am 16. August 1766 ein Vergleich geschlossen und derselbe am 16. Februar 1761 allerhöchsten Ortes anerkannt wurde. Maria Rebecca, im J. 1766 grossjährig geworden, trat nun in den Besitz dieser Erbschaft. K u n e w a l d war vom Vater her ihr unbestreitbares Eigenthum.

Anders verhält sich die Sache mit der R e i c h s g r a f s c h a f t H o h e n e m b s. Diese als erledigt wurde sammt den dem Reiche lehenbaren Stücken vom Kaiser Franz I., alles Supplicirens der Erbtöchter ungeachtet, durch Reichshofraths-Conclusum vom 11. März 1765 dem Hause Österreich verliehen. Im Jahre 1766 kam eine eigene Reichs- und österreichische Commission und sonderte die Lehen vom gräflichen Eigenthum; jene wurden dem Hause Österreich einverleibt, das den 8. Mai 1767 von den Unterthanen der Grafschaft sich huldigen liess; das bewiesene Allod aber verblieb der weiblichen Herrschaft auch für die weibliche Erbfolge.

In L u s t n a u wurde zugleich von Österreich die Landeshoheit apprehendirt, weil man dasselbe als eine Zugehörde zu Hohenembs rechnete. Nach einem Rechtsstreite von 23 Jahren beim Reichshofrathe und nach gelegten Beweisen, dass Lustnau n i e m a l s zu Hohenembs

11*

gehört habe, eine unmittelbare, eigene Besitzung ausmache und nur zufällig von einem und demselben Herrn, nämlich den Grafen von Hohenembs, besessen worden sei, wurde die Landeshoheit mit beschränkten Ausflüssen von Österreich wieder an die Gräfinn M. Rebecca von Harrach-Hohenembs zurückgegeben. Kaiser Joseph II. bewilligte am 23. Februar 1789 einen Vertrag mit der genannten Gräfinn wegen der Jurisdiction und Landeshoheit über Lustnau zu errichten, welcher von den beiderseitigen Commissarien am 17. November 1789 geschlossen, von der Gräfinn am 8. Jänner 1790 genehmigt und von Kaiser Leopold II. am 22. Mai desselben Jahres bestätigt wurde. Die neun Vergleichspuncte sind in Weizenegger-Merkle's Vorarlberg Bd. I, 240 ff. enthalten. So kam der in die Zeit K. Karl's des Dicken hinaufreichende Reichshof Lustnau[1]), der vom 8. Mai 1767 an unter hoher österreichischer Jurisdiction gestanden, als Allod erwiesenes Eigenthum an die Gräfinn M. Rebecca. Die feierliche Huldigung erfolgte am 23. September 1792. Kraft eines Decrets vom 22. Juli 1795 gab sie auf Einwirkung eines gebornen Lustnauers, des Pfarrhelfers Johann Victor Hollenstein (geb. 9. Nov. 1756, gest. 22. April 1797), im Palaste zu Hohenembs alle ihr gehörigen Leibeigenen frei, nämlich 29 Männer, 22 Weiber und 51 Kinder, in allem 102 Personen.

Weibliche Nachkommen der vom Grafen Franz Wilhelm III. abstammenden oder jüngeren Linie, von 1759—1828.

Die Gräfinn **M. Rebecca v. Hohenembs**, Herrinn von Kunewald, Bistrau und Lustnau, verehelichte sich am 4. Jänner 1761 mit **Franz Xaver**, Sohn des Grafen Friedrich Gervasius von **Harrach**, gewesenen Obersthofmeisters der Erzherzoginn M. Elisabetha, Gouvernante der österreichischen Niederlande zu Brüssel, und der Fürstinn M. Eleonora Katharina von Liechtenstein und Frau der Herrschaft Kunewald in Mähren, den sie am 2. October 1732 auf dem Rhein bei Caub geboren hatte. Der junge Graf widmete sich den Waffen, hob sich bald von Stufe zu Stufe empor, verdiente sich als Oberster beim Regimente des Grafen Anton Puebla in der Schlacht bei Torgau am 3. November 1760 den militärischen Maria-Theresien-Orden, mit dem er am demselben 22. December 1761 wie Baron de Vos (S. 79) geschmückt wurde[2]). Später war er FML., Inhaber des Infanterie-Regiments Nr. 8, geheimer Rath und commandirender General in der Lombardie, und starb im 49. Lebensjahre zu Mailand am 15. Februar 1781. Die einzige Tochter dieser Ehe war **Maria Walburga**, am 22. October 1762 in oder bei Wien geboren und erzogen. Ihre Taufpathinn war die Kaiserinn M. Theresia, welche sie mit einem kostbaren Porzellan-Service als Pathengeschenk beglückte. Dessen auf dem Castell zu Mailand gesetzte Inschrift lautet nach des Herrn Pfarrers Rosenlächer Chronik von Lustnau (s. S. 87, Anm. 2):

Comitem Xaverium Harrach de Rohrau | Cubicularium et Consiliarium | Augustalem, Equitem Ordinis | Theresiani, Generalem Marc | schallum, Tribunum legionarium, | supremum Austriacarum | copiarum in Insubria ducem, | Patre plenipotentiario in | Belgio, Patruo Gubernatore | Mediolani, avo Neapolitanorum | Pro-Rege, Magno Patruo | Mareschallo, Maioribus | Pace et Bello clarissimis, | usum florente aetate | mors intercepit. Bene merenti Maria Rebecca | Hohenemsia uxor, et | Waldburga, nupta Clementi | S. R. I. Truchses hæreditario | Comiti

---

[1]) Eine Urkunde Karl's des Dicken ist in curte regia Lustenovva am 24. Juli 887 ausgefertigt, s. Cod. diplom. Alemanniae, edid. Trudperius Neugart, Typis San-Blasianis 1791. Tom. I. N. DLXXV, cf. N^m DXCVI.

[2]) Der militärische Maria-Theresien-Orden und seine Mitglieder, von Dr. Jos. Hirtenfeld. Thl. I, 151, wo Mehreres über diesen Grafen von Harrach zu lesen ist.

Zeil et Trauchburg | Filia et hæres inconsolabilis | P. ie P. osuit | obiit XV. Febr. Año | MDCCLXXXI | Act. (atis) XLVIII.

Seit dem Anfange des vorigen Jahrhunderts haben die Grafen von Hohenembs, deren letzte in kaiserlichen Diensten standen, nie mehr einen beständigen Wohnsitz in ihrem schönen Palaste im Markte Embs gehalten, sondern nur zeitweise daselbst geweilt. So weilte M. Rebecca, die letztgeborne des Namens v. Hohenembs mit ihrem Gemahle zeitweise daselbst in den Jahren 1773—1776; später 1780, und nach dessen Tode 1790, in welchem Jahre sie auf einer Reise durch einen Theil von Süddeutschland und der Schweiz einen längern, aber auch letzten Aufenthalt vom 10. Juli bis 19. November mit kurzer Unterbrechung nahm und nach Wien zurückkehrte, auch ihre Frau Tochter M. Walburga verweilte daselbst bis 23. Februar 1796, worauf sie über Zeil, Stuttgart und Regensburg gleichfalls nach Wien zu ihrer Mutter reiste. Die Besitzungen in Widnau und Haslach wurden 1774, wie auch die Zehnten und Gerechtsame zu Torenbüren 1775 verkauft. Maria Rebecca war eine gegen ihre Unterthanen wohlgesinnte Frau, scheint aber wenig haushälterisch gewesen zu sein. In diese Zeit fällt, wie wir aus mündlicher Überlieferung hörten, die Verschleuderung und Verschleppung der Kostbarkeiten und innern Einrichtung des Palastes zu Embs. Im Jahro 1803 kam aus Bistrau Herr Baron von Stentsch[1]) als gräflicher Commissär, um die Einkünfte genauer zu untersuchen und zu erhöhen, verschiedene Klagen und Processe der Unterthanen zu Lustnau beizulegen, den Rentmeister Franz Xaver Seewald zum Oberamtmann zu ernennen, und die besten Mobilien aus dem Palaste, vorzüglich die Gemälde und die Bibliothek, deren Kleinod die in Abtheilung I. erwähnten beiden Handschriften des Nibelungenliedes waren, mit nach Bistrau zu nehmen.

Die Gräfinn Maria Rebecca starb in Wien. In der Wiener Zeitung vom J. 1806 S. 1967 liest man: „Den 18. April (starb) Frau Maria Rebecka Josepha Gräfinn von Harrach, k. k. wirkl. geh. Raths und Kämmerers Witwe, geborne Reichsgräfinn von und zu der hohen Embs, Sternkreuz-Ordensdame etc., alt 64 Jahre, am rothen Thurm Nr. 691“, nach der dermaligen Nummerirung vom J. 1822 das sogenannte Müller'sche Gebäude Nr. 648. Ihr Leichnam wurde nach Bistrau geführt, in der Schlosscapelle am 29. April beigesetzt und am 30. von der Geistlichkeit, der ganzen Herrschaft im Beisein der Wirthschaftsbeamten, Hausofficiere und sämmtlichen Volkes in der Capelle St. Johann's von Nepomuk zu Hartmanitz unter dem Altare beerdiget (nach der Aufzeichnung im Pfarrbuche zu Bistrau). Diese im J. 1706 aus Stein gemauerte, weithin sichtbare Capelle, ein von Linden umpflanztes Neuneck, schmückt den Scheitel eines südöstlich vom Städtchen Bistrau gegen das Dorf Hartmanitz gelegenen Berges, der eine liebliche Rundschau gewährt. Die äussere Mauer dieser Capelle gegen Südosten zieren zwei grosse Tafeln aus Sandstein mit ihren Inschriften, auf der obern Tafel ist ein Kreuz und unter demselben sind die verbundenen Wappenschilde der gräflichen Familien von Harrach und Hohenembs, mit der Grafenkrone geschmückt, ausgemeisselt, darunter liest man in lateinischer Cursivschrift in zwölf Zeilen die Worte: Hier ruhet | die | Hochgeborne Frau Gräfin | Rebekka von Harrach, | geborne | Reichsgräfin v. Hohenembs, | geboren am 16. April 1754 (sic), | gestorben zu Wien am 17. April 1806 | Besitzerin | der |

---

1) Georg Leonhard von Stentsch, aus einer schlesischen Familie, wohl derselbe, der nach S. 74 im J. 1743 aus Tirol gegen Baiern hervorbrach, und 60 Jahre diente, war im J. 1772 k. k. F. Z. M. und dessen Sohn Franz, k. k. Oberstlieutenant, erhielt am 19. October das Incolat in Böhmen.

Herrschaften Hohenembs, Bistrau, und | Kunewald. Der untere Stein, ein längliches Viereck, enthält in sieben Zeilen die Widmung: Dankbar weihet | dieses Denkmal, seiner innig verehrten | Wohlthäterin, der aus Bistrau gebürtige | königl: bayerische Oberst Ioh: Nep: de Kunst, | Ritter des grossherzoglich Toskanischen | St: Ioseph Verdienst Ordens | im Iahre 1835[1]).

Vor dieser Tafel, die ein eisernes Gitter schützt, ist ein hölzerner Betstuhl zum knieen. In dieser Capelle wird alle vier bis fünf Wochen eine h. Messe gelesen und eine Seelenmesse ist von dem genannten Herrn von Kunst auf den 17. April gestiftet.

Im Garten zu Bistrau steht der Gräfinn Büste von weissem Marmor auf einem Postament, das die Inschrift trägt:

MARIA REBEKA

Reichsgräfin von Harach geb:
Reichsgräfin von Hohen Embs.

Der inventirte Nachlass der Gräfinn M. Rebecca in Wien betrug nach landrechtlicher Schätzung actenmässig 104 fl. 50 kr.!

Maria Walburga geborne Gräfinn von Harrach-Hohenembs und ihr Gemahl Clemens Alois Graf von Truchsess-Waldburg-Zeil. — Maria **Walburga** Josepha Cajetana, 1762 geboren, Sternkreuzordens-Dame, Frau der Hohenembsischen Fideicommiss-Herrschaft Bistrau und zu Lustnau, wie auch von Kunewald, das durch das Testament der Grossmutter, gebornen Fürstinn von Liechtenstein († 18. Juli 1757) an ihren Vater gelangt war, war an Geist und Körper von der Natur reich ausgestattet und erhielt eine sorgfältige Erziehung. Vor erreichtem 17. Lebensjahre ward sie 1779 mit **Clemens** Alois Grafen von **Truchsess-Waldburg-Zeil** vermählt. — Von dessen Neffen und Erben, Seiner Erlaucht Herrn Maximilian Grafen von Truchsess-Waldburg-Zeil sind wir in den Stand gesetzt, Näheres aus seines Oheims eigenhändigen Aufzeichnungen, die dieser bis zum Ende des J. 1792 fortgeführt hat, auszugsweise über diesen ihren Gemahl mitzutheilen.

Graf **Clemens**, am 13. August 1753 zu München geboren, war ein Sohn des Grafen Franz Antons von Waldburg-Zeil, kurbaierischen Kämmerers und Administrators der baierischen Grafschaft Schwabeck und Türkheim, und der Gräfinn Anna von Truchsess-Tranchburg († 1782). Im sechsten Jahre kam er nach Zeil, und im J. 1772 mit zwei Brüdern zur Ausbildung nach Salzburg in's Haus des Domdechants und nachherigen Fürstbischofs von Chiemsee, des Grafen Ferdinand Christoph von Waldburg-Zeil († 1782). Im Jahre 1774 begaben sich die drei Brüder nach Wien und machten im folgenden Jahre eine Reise über Stuttgart, Cöln durch die Niederlande und Holland nach Paris und von da über Strassburg und Schaffhausen nach Zeil zurück. Im J. 1777 trat Graf Clemens als Cadet in das Graf Harrach'sche Infanterie-Regiment in Mähren, ward in fünf Monaten Oberlieutenant und nach dem Lager bei Brünn von dem Grafen Harrach zum Besuche auf seine Güter in Böhmen (Bistrau) und Mähren (Kunewald) freundlichst eingeladen, und machte den kurzen Feldzug bis zum Teschner-Frieden (13. Mai 1779) mit.

Als Graf Harrach zum commandirenden General in der Lombardie ernannt wurde, bewarb sich Graf Clemens um die Hand seiner Tochter M. Walburga, deren Ehe sein Bruder

---

[1]) Joseph und Johann Nepomuk Kunst wurden als Zwillinge am 9. Mai 1779 geboren und erfreuten sich der Unterstützung der Gräfinn. Beide kamen zum k. k. Militär, jener starb früh, dieser ward Officier und trat als tüchtiger Mann in die Dienste des Grossherzogs Ferdinand von Würzburg über, machte die Feldzüge gegen Frankreich mit, kam mit Würzburg zum baierischen Heere und lebt noch als pensionirter k. General der Infanterie in München.

Graf Sigmund Christoph, später Fürstbischof zu Chiemsee († 1814), am 12. September 1779 zu Enzersdorf bei Wien einsegnete. Der Graf ward kais. Kämmerer und Hauptmann in dem zu Mailand garnisonirenden Regimente Caprara und lebte daselbst im Hause seiner Schwiegereltern im vollsten Glücke, das die Geburt eines Sohnes Namens Xaver Karl Wunibald (am 3. November 1780) erhöhte, der jedoch am 24. Jänner 1782 zu Kunewald starb[1]. Nun begann die Prüfungszeit. Graf Harrach fing an zu kränkeln und starb an zurückgetretenem Podagra am 15. Februar 1781 (S. 84), und Graf Clemens ward Vormund seiner noch minderjährigen Gemahlinn, ward in's Infanterie-Regiment Fabris übersetzt und legte in Brünn den Vormundschaftseid ab.

In Kunewald ward ihm am 3. März 1782 die Tochter M. Charlotte Walburga Francisca geboren, die am 19. Februar 1783 zu Bistrau starb (nach dem Bistrauer Todtenbuche). Fast zur selben Zeit am 13. Februar 1783 wurden ihm zu Kunewald die Tochter Amalia und am 19. September 1785 der zweite Sohn Franz Karl Wunibald Ludwig eben daselbst geboren. Der Verlust ihrer Tochter Amalia, die am 31. December 1785 von dieser Erde schied, erschütterte die Mutter und versenkte sie ungeachtet des noch lebenden Söhnchens in tiefe Schwermuth, welche im Juni 1786 sich auf den höchsten Grad steigerte. Der Graf sah sich im September 1788 bewogen, nach eingeholter Erlaubniss des mährischen Landeschefs, wie auch mit Zustimmung seines Vaters, sich mit dem dreijährigen Söhnchen nach Zeil zu begeben. In demselben Jahre trat er als Hauptmann in die schwäbische Kreis-Compagnie unter dem Grafen Fidel Truchsess zu Waldburg-Wurzach und begab sich in Begleitung seines älteren Bruders Maximilian nach Wien, um eine Vermittelung mit seiner dort anwesenden Gemahlinn und ihrer Mutter wiewohl vergebens zu versuchen. Er war mit demselben, welcher bei der Wahl und Krönung (2. Oct. 1790) in Frankfurt sein Erbamt verrichtete, daselbst und erhielt vom Kaiser die tröstliche Versicherung, dass sein Sohn Franz Karl so lange in Zeil verbleiben könne, bis er im Stande sei eine erbländische Universität zu besuchen. Während dieser Abwesenheit des Vaters versuchte die Mutter den Knaben zu entführen, woran sie durch die Wachsamkeit eines treuen Dieners gehindert wurde. Hierauf wurde in Wien ein wiederholter Ausgleichungs-Versuch gemacht ohne alles günstige Resultat und in Folge dessen dem schon ergriffenen Rechtswege freier Lauf gelassen. Auch Kaiser Franz II. bestätigte in Frankfurt zur Zeit seiner Kaiserwahl (5. Juli 1792) das weitere Verbleiben des Sohnes in Zeil. Im October desselben Jahres kam der Graf mit einem Theil der Kreistruppen in die Garnison Kehl am Rhein und erhielt im Februar 1793 die Stelle eines Kreis-General-Adjutanten mit Majors-Charakter im Hauptquartier zu Rastatt, dann zu Ende December zu Offenburg. (Soweit reichen des Grafen eigenhändige Notizen.)

Graf Clemens lebte, nachdem er den Militärdienst verlassen hatte, von seiner Gemahlinn getrennt zu Zeil, wo er den einzigen, hoffnungsvollen Sohn, den Erbgrafen **Franz Karl** an den Folgen eines Lungengeschwürs am 27. März 1803 zu seinem tiefsten Schmerze verlor. Dessen Leichnam ruht in der gräflichen Gruft der Stifts- und Collegiatkirche zu Zeil, in der der tiefgebeugte Vater ihm aus Marmor ein sehr schönes Denkmal setzen liess[2]. — Der Graf

---

[1] Die in Kunewald gestorbenen Kinder sind in der Gruft zu Schönau, wohin damals Kunewald eingepfarrt war, beigesetzt.

[2] Aus den Aufzeichnungen des hochwürdigen Herrn Franz Joseph Rosenlächer in dessen Pfarrchronik von Lustnau, welcher mehrere später folgende Daten über Hohenembs und Lustnau entnommen sind. Rosenlächer, 1763 zu Constanz geboren, war als junger Priester Beneficiat zu Zeil und Hofmeister des jungen Grafen Franz Karl vom J. 1792, 1799 Cano-

brachte das sämmtliche Hohenembsische Besitzthum in Vorarlberg von seiner Gemahlinn käuflich im J. 1813 an sich, lebte als pensionirter k. Oberstlieutenant in der Neustadt Kempten Nr. 33, wo ihn der Schreiber dieser Zeilen während seiner dortigen Studien öfter gesehen, setzte seinen Neffen den Grafen Maximilian von Truchsess-Waldburg-Zeil zum Erben ein, starb am Schlagflusse den 10. März 1817 und wurde daselbst am 12. auf dem Friedhofe begraben [1]).

Nachdem wir den Grafen Clemens bis in sein Grab geleitet haben, wollen wir auch das Leben seiner Gemahlinn **Maria Walburga** (der Kürze wegen von den Kunewaldern die Gräfinn Truchsess genannt), welches in reicherer Wirksamkeit vor uns liegt, unsern Lesern darlegen nach den Mittheilungen dreier Männer, die sie gekannt haben und über sie ein vollgültiges Urtheil zu fällen vermögen. Diese Männer sind Herr Johann Baptist Teichmann, Sectionsrath im Ministerium des kaiserlichen Hauses und des Äussern in Wien, Herr Joseph Axmann, dermaliger Pfarrer zu Kunewald, welche beide Zöglinge des gräflichen Institutes in Kunewald gewesen sind, dann der wackere Herr Decan Rosenlächer zu Lustnau.

Charakteristik der Gräfinn M. Walburga von Truchsess-Zeil und ihre philanthropische Wirksamkeit in Kunewald. — Herr Sectionsrath Teichmann beschreibt mir die Frau Gräfinn von Truchsess, welche in ihrer Jugend schön gewesen sein soll, in ihren späteren Jahren beleibt und untersetzt. In früheren Tagen als eine kühne Reiterinn über Stock und Stein, soll sie sich durch einen Ritt durch das Wasser, wie mir ein alter Verwalter in Bistrau erzählte, Gichtleiden, welche ihre Beweglichkeit hemmten, und später Lähmung der Füsse zugezogen haben. Sie sass in ihren älteren Tagen in einem runden geflochtenen Korbe lesend, in welchem sie sich auch tragen liess. Sie war sehr abgehärtet und trug dünne, leichte Kleidung. Sie war eine grosse Freundinn der Natur, und suchte und fand zu jeder Jahreszeit das Schöne in ihr. Wenn die Mutter Erde in ihrem reichsten Frühlingsschmucke prangte, schwelgte sie voll der Wonne, wenn das Sternenmeer in mondheller Winternacht am weiten Himmelszelte flimmerte, vergass sie in voller Bewunderung über diese Herrlichkeit oft, dass ihre Umgebung vor Kälte zitterte, sie gewahrte es nicht. Im Sommer erfreute sie entweder im Garten oder auf einzelnen Plätzen im Freien sich der Schönheiten der Natur, häufig von ihren Zöglingen umgeben und begleitet. Als sie vor Schwäche der Füsse nicht mehr gehen konnte, sondern gewöhnlich in der einfachsten Kleidung bequem liegend in einem einfachen Wagen fuhr, erregte dies Aufsehen und verschiedene, sogar lieblose Urtheile. Die Gräfinn wollte nur das Gute, und dass sie es nicht immer erreichte, war nebst der Schwäche und Unvollkommenheit alles Menschlichen gar oft eine weniger menschenfreundliche Umgebung Schuld. Sie lebte, wie aus Allem erhellet, in einer idealen Welt und wollte die Menschen behandeln, wie sie sein sollten, wie sie dieselben in ihrer Lectüre, in Romanen geschildert fand, nicht wie sie in der Wirklichkeit sind, und daher trug manches Unternehmen schon in seinem Anfange den Keim des Verfalles in sich und sie erfuhr nicht selten bittere Täuschungen.

Herr Sectionsrath Teichmann schildert die Gräfinn Truchsess als eine der geistvollsten und gelehrtesten Frauen. Sie war in allen Wissenschaften der Art unterrichtet, dass sie über jede Streitfrage in die gründlichste Erörterung eingehen konnte. Des Wortes war sie der-

---

nicus an der dortigen Stifts- und Collegiatkirche und vom 5. Februar 1801 Pfarrer zu Lustnau, später fürstbischöflicher Consistorialrath und Decan daselbst, † 9. Juni 1835.

[1]) Nach den Mittheilungen meines Studienfreundes, des Herrn Stadtpfarrers Xaver Dobler in Kempten.

gestalt mächtig, dass sie über was immer für ein Fach in der blühendsten Sprache mit dem fliessendsten Vortrage stundenlange Reden aus dem Stegreife zu halten vermochte. Wie geläufig ihr die französische Sprache war, beweist die von Herrn Teichmann öfter erlebte Thatsache, dass sie ein französisches Buch vom Anfange bis zum Ende, ohne auch nur ein einziges Mal zu stottern, in schönstem, fliessendstem Deutsch vorlesen konnte. Sie beschäftigte in ihrer Musse unablässig sich mit Lectüre — wie sie damals war guter und schlechter — französischer und deutscher. Sie war persönlich bekannt mit vielen Dichtern und Gelehrten und stand mit mehreren im Briefwechsel, ja sie unternahm eine Reise nach Weimar, dem deutschen Athen. Sie lernte auch jene Männer kennen, welche eigene Schulen und Institute gegründet hatten, wie Salzmann († 1811) in Schnepfenthal und Heinrich Pestalozzi († 1827) zu Yverdun.

Ihrem hohen Geiste glich ihr edles Gemüth. Gutes zu thun war das schöne Ziel ihres Lebens, sich selbst alles zu versagen, sich ganz aufzuopfern um nur Gutes und Schönes in junge Gemüther zu pflanzen und in denselben zu pflegen, war ihr rastloses Bestreben. Sie war **Philanthropinn** im reinsten Sinne des Wortes. Um den Schatz ihres Wissens und ihrer Erfahrung fruchtbringend anzulegen, erbaute sie eine Schule in Kunewald, stellte einen Lehrer an, unterrichtete selbst Kinder und Erwachsene, aus der die heutige Pfarrschule sich bildete, da vordem die Kinder in Kunewald in die Pfarre Schönau gehörig dahin schulpflichtig waren.

Ausser dieser Dorfschule errichtete die Gräfinn im Jahre 1792 in ihrem Schlosse ein eigenes **Institut**, in welches sie aus den ihr unterthänigen Gemeinden sowohl Knaben als Mädchen aufnahm. Sie erhielten eine eigene Kleidung, Kost, Verpflegung und dergleichen, die Mädchen auch eigene Namen, je nachdem diese der Gräfinn aus irgend einem Romane gefielen. In diesem Institute war eine fast militärische Ordnung, um fünf Uhr Morgens zu jeder Jahreszeit weckte die Trommel die Jugend aus dem Schlafe und rief zu jeder Mahlzeit. Den ganzen Tag wechselten die Unterrichtsstunden, die Grösseren, welche den Unterricht von den eigentlichen Lehrern erhielten, lehrten die Kleineren. Durch Lehrer und Lehrerinnen wurde in allem Möglichen — somit wohl in zu vielerlei Fächern — Unterricht ertheilt.

Der jeweilige Caplan des Schlosses (welche Caplanei Graf Franz Xaver von Harrach 1759 gestiftet hatte) war der Vorstand. Der erste war nach Herrn Teichmann der Priester Stephan Hanke, ein wissenschaftlich gebildeter Mann, der mit Erfolg wirkte; ihm folgte Alois Edmund Schreiber, zugleich Schlosscaplan, ein Mann von umfassender Gelehrsamkeit in verschiedenen Fächern, welcher die Gräfinn in ihren philanthropischen Unternehmungen mit eben so unermüdeter Thätigkeit als geistvoller Umsicht unterstützte und durch seinen ehrenhaften Charakter und sein edles Streben den Keim zu den Früchten legte, die im Institute heranwuchsen und später zur Reife gediehen. Er war der beste Vorstand des Institutes während dessen ganzen Bestehens. Herr Schreiber wurde Pfarrer zu Grosspetersdorf, einem Gute der Gräfinn, wo er gleichfalls für die Bildung des Volkes in Wort und That bis an sein Lebensende im J. 1850 segensreich wirkte. Nach ihm übernahm es der bekannte Karl Joseph Jurende, ein Mann von 26 Jahren, von ausgezeichneter Begabung und unbeugsam rechtlichem Charakter, dem aber tiefes, systematisches Studium mangelte. Bei seiner liebenswürdigsten Gemüthlichkeit trat immer wieder der schlichte, oft etwas derbe Naturmensch hervor. Am liebsten trieb er Astronomie, und ein wahrer Polyhistor gründete er nach seiner Reise mit der Frau Gräfinn nach Hohenembs und in die Schweiz schon damals (1809) seinen Kalender

„Der mährische Wanderer" der nachmals als „Vaterländischer Pilger in dem Kaiserstaate Österreich" durch viele Jahre weite Verbreitung fand. Seine Wirksamkeit in Kunewald, das er 1810 verliess, war keine nachhaltende, wohl mit durch die Schuld seines Nachfolgers. Jurende starb zu Brünn am 10. Jänner 1842 [1]).

Auf Jurende folgte Joseph Tnreck, seit 1807 Schlosscaplan, welcher zwar ein wissenschaftlich gebildeter Mann, aber nicht von solchem Charakter war, dass unter ihm das Institut, wie zu erwarten stand, gedeihen konnte, indem ihm, der das Vertrauen der Gräfinn erschmeichelt und erschlichen hatte, materielle und pecuniäre Vortheile für sich und seine zahlreichen Verwandten höher als das Wohl der Anstalt galten. Ja die arglose Frau gerieth in solche finanzielle Verlegenheiten, dass sie ihr schönes Gut Deutsch-Jassnik mit Grosspetersdorf verkaufen musste, und diese Geldverlegenheit mag sie auch zum Verkaufe ihrer Besitzungen in dem so fern entlegenen Vorarlberg an ihren Gemahl vermocht haben (S. 93).

Da die gelehrte, in ihrem Ideenkreise lebende Gräfinn in ihrem Lehrplane sich nicht an vorgeschriebene inländische Lehrbücher hielt, sondern beliebig auch von Protestanten verfasste zum Unterrichte wählte und zudem manche eigenthümliche Einrichtungen, die wohl nicht ohne Mängel waren, getroffen hatte, ward das Institut als gefährlich und für Zucht und Sitte verderblich ausgeschrieen, so dass es von Seite des erzbischöflich Olmüzer Consistoriums zu einer Untersuchung kam, worauf die meisten Schüler sich zerstreuten. Dieser Tnreck war der letzte Vorsteher des Instituts, das um das Jahr 1816 behördlich aufgehoben wurde. Nun liess die edle Gräfinn, da kein Institutslehrer angestellt war, die Kinder, die meist ihren Beamten angehörten, theils in der Pfarrschule, theils durch den Geistlichen im Schlosse unterrichten.

Aus diesem gräflichen Institute gingen ausser mehreren tüchtigen und brauchbaren Beamten und Lehrern hervor, der in Linz wohnende k. k. Generalmajor Freiherr Joseph von Kronenberg, welcher um das Jahr 1813 als Cadet in ein k. k. Jäger-Bataillon eintrat, als Oberstlieutenant den Leopoldorden und mit ihm den Ritterstand ddo. 24. Jänner 1850, erlangte, dann als Oberst und Commandant des zweiten Gendarmerie-Regiments wegen seiner Verdienste den Orden der eisernen Krone II. Classe erhielt und in Folge dessen in den Freiherrnstand am 20. October 1854 erhoben wurde; dann drei andere Officiere. Ferner der obenerwähnte Herr k. k. Sectionsrath Teichmann, der von 1808—1814 in diesem Institute war; Herr Georg Fritsch, der als Beamter der k. k. Baudirection in Prag gestorben ist, u. A.

Auch war im Schlosse zu Kunewald eine beträchtliche **Bibliothek**, angeblich von etwa 20,000 Bänden, welche — wie mir der Herr Pfarrer Axmann berichtet — zum grössten Theile französische und deutsche Romane, wie von Spiess, Cramer, Lafontaine und andern, dann eine reiche Anzahl von Jugend- und Erziehungsschriften enthalten hat. Nach dem Ableben der Gräfinn verblieb ein ausgewählter Theil als Bibliothek im Schlosse, ein grosser Theil wurde nach Brünn (wo Jurende lebte) geschickt, eine Unzahl von Romanen verkauft und ganz schlechte Bücher gab man der Vernichtung Preis.

Auch besass die Gräfinn ein **Naturalien-Cabinet**, das noch grösstentheils vollständig aber in grosser Unordnung vorhanden ist.

Die alte Bibliothek zu Hohenembs, um auf diese wieder zurückzukommen, hatte sicherlich ausser den beiden berühmten Nibelungen-Handschriften [2]) noch andere

---

[1]) Über Jurende s. Österreichische National-Encyklopädie. Wien 1835, Bd. III. 121.
[2]) S. Abtheilung I. dieser Abhandlung im Anhange, Anmerk. III.

Kleinode und Seltenheiten, ward aber bei dem Thun und Treiben der Grafen nach Kaspar's Tode (1640) wohl nicht mehr gepflegt und vermehrt. Die letzten Grafen lebten als Militärs meist ausser Land und sorgten schwerlich bereichernd für die Bibliothek in ihrem verlassenen Palaste zu Embs, nur die beiden Gräfinnen Ämilia, verehelichte Freiinn von Vöhlin (S. 71), am Hofe zu Mannheim und die Gräfinn M. Walburga machen eine glänzende Ausnahme. Mit den werthvollsten Mobilien wurden nach S. 85 im J. 1803 aus dem gräflichen Palaste zu Embs durch Herrn Baron von Stentsch die Bibliothek und die **Gemälde** nach Bistrau gebracht, weil nach des Grafen Kaspar Testamente vom 14. Mai 1614 die Gemälde zum Fideicommiss gehören (S. 47). Die Gemälde sah Referent im Corridor des Schlosses zu Bistrau. Die alte Bibliothek daselbst besteht aus den kümmerlichsten Resten werthloser Bücher meist in französischer und italienischer Sprache, die der Zeit nach dem Obersthofmeister Grafen Jakob Hannibal III. angehört haben dürften[1]. Wohl auch aus dem Palaste zu Hohenembs kommt jenes sogenannte Borromäus-Kästchen von kostbarer Arbeit im Schlosse zu Kunewald her, das der Cardinal Karl von Borromeo seiner Schwester Hortensia bei ihrer Vermählung (S. 18) zum Brautgeschenk gemacht haben soll.

Die Gräfinn hatte eine solche Liebe zu ihren Unterthanen, dass sich jeder zu ihr wie zu einer Mutter wenden konnte. Nicht zufrieden die Schule besucht und die Kinder selbst unterrichtet zu haben, versammelte sie oft in sogenannten Rockengängen die Hausmütter um sich, erzählte und belehrte sie über Manches. Auch liess sie ihnen durch den Arzt, den sie in Neutitschein eigens für ihre Unterthanen besoldete, Unterricht in Bereitung gewisser leichter Hausmittel ertheilen. Auch führte sie in den Jahren 1803 und 1804 die Kuhpocken-Impfung ein.

Als in Folge der Schlacht bei Austerlitz (2. December 1805) Russen auf ihrem Rückzuge in jene Gegend das Nervenfieber einschleppten, welches in Kunewald so verderblich wüthete, dass ausser den Soldaten in den Spitälern 137 Menschen im Dorfe starben, ging die Gräfinn voll aufopfernder Nächstenliebe, wie der Graf Leopold von Berchtold[2], in die elendesten Hütten zu den ärmsten Kranken und brachte vielen Hilfe, allen Trost. Ihr Name lebt heute noch in jeder Wohnung im Segen.

Kunewald, das nach Schönau eingepfarrt war und nur einen vom Grafen von Harrach, ihrem Vater, im J. 1759 gestifteten Schlosscaplan hatte, verdankt ihr auch eine Pfarrkirche, zu der sie am 27. August 1810 den Grundstein legte und auf ihre Kosten in den beiden folgenden Jahren aufbaute. Sie wurde „dem Heiligsten zu unserer Heiligung" wie auf dem Frontispice steht, im Jahre 1812 geweiht[3]. Der erste Pfarrer war der vorgenannte Joseph Tureck, der unstät und unwürdig auf mehreren Pfarren, so auch zu Bistrau war.

Die Gräfinn M. Walburga von Truchsess-Zeil in Hohenembs und Lustnau, wie auch Geschichtliches über Lustnau. Als die Gräfinn M. Rebecca von Harrach-Hohenembs zu Wien am 18. April 1806 gestorben war, nahm am 28. der fürstlich Waldburg-Zeil'sche Hofrath

---

12 *

v. Wocher mit dem Lindauer Notar Lingg auf Befehl des fürstlichen Hauses im Namen der Erbtochter M. Walburga und ihres Gemahles im Schul- und Gerichtshause Civilbesitz von Lustnau, die gräfliche Kanzlei war in Embs, wo mit Wissen des k. baierischen Landescomissariats zu Bregenz am folgenden Tage die Beamten das Handgelübde ablegten.

Mit mehreren Reichsstädten und Gebieten war auch der Reichshof Lustnau[1]) unter k. baierische Hoheit gekommen, die feierliche Besitznahme und Eidesleistung erfolgte am 1. September 1806; am 16. November ward Vorarlberg in sieben königliche Landgerichte (mit dem im Jahre 1814 bei Baiern verbliebenen Weiler) eingetheilt und Lustnau dem Landgerichte Dornbirn zugewiesen. In denselben Tagen, am 13. November, wurden die vorarlbergischen Pfarren Lustnau, St. Johann Höchst, Fussach und Gaissau, welche von Alters her zum schweizerischen Landcapitel St. Gallen gehörten, getrennt und dem Landcapitel Bregenz einverleibt. Am 5. Februar 1807 ward Lustnau ein k. baierisches Patrimonialgericht mit grossen Prärogativen. Am 31. December 1808 nahm der königliche Landrichter zu Dornbirn, Joseph von Ganahl, dem gräflichen Patrimonialgerichte zu Lustnau die richterliche Entscheidung in Streitsachen ab und überliess demselben die nicht streitige Gerichtsbarkeit mit allen Inventarisationen.

Kaum hatte die Gräfinn ihr mütterliches Erbe angetreten, als sie auch hier ihren philanthropischen Sinn bethätigte. Sie stiftete am 13. Mai 1806 Prämien für die Schule zu Lustnau, acht Kleidungsstücke sowohl für Knaben als Mädchen, 40 Stücke schöner und nützlicher Bücher mit der Anzeige, dass denjenigen Ältern, welche ungeachtet ihrer Armuth ihre Kinder dennoch sehr fleissig zur Schule geschickt hätten, noch überdies 25 Gulden an Geld ausgetheilt würden. Hierüber liess nach der feierlichen Schulprüfung vom 23. April 1807 die Frau Gräfinn vom Herrn Pfarrer Rosenlächer, dessen Pfarrchronik diese Mittheilungen entnommen sind, sich ausführlichen Bericht erstatten.

Von Jurende (S. 89) und einer Baronesse von Honrichs begleitet kam die Gräfinn am 22. August 1808 in ihrem Palaste zu Hohenembs an, wo sie wie am 24. zu Lustnau mit grossem Volksjubel empfangen wurde. Sie hielt in der Kirche daselbst eine feierliche Schulprüfung und theilte die Preise aus; am 29. gab sie ein allgemeines Schulfest, wobei sie drei Anreden voll Wärme und Geisteskraft hielt; ferner gab sie den 300 Kindern eine grosse Tafel unter freiem Himmel und das Fest schloss mit Gesang und Tanz. Auch stiftete sie eine Schul- und Volksbibliothek und bezeichnete mit Bleistift die vorzüglichen Bücher vor ihrer Abreise (31. August), welche der wackere Pfarrer Rosenlächer sogleich beischaffte. Sie kehrte von ihrer Reise durch die Schweiz, in der sie bei Pestalozzi Eintritt nahm, und nach Mailand, wo sie ihres Vaters Grab besuchte, am 1. Jänner 1809 das neue Jahr anwünschend, mit ihrer Reisegesellschaft beim würdigen Herrn wieder ein, wohnte in ihrem Palaste zu Embs, kam ein paar Mal im Schlitten nach Lustnau, empfing am 11. den Besuch ihres Herrn Schwagers des Fürsten Maximilian von Waldburg-Zeil und seiner Frau Gemahlinn M. Anna, Gräfinn von Wolfegg zu Wolfegg (ihres Gemahles Clemens wird nicht erwähnt).

Bei der Schule in Lustnau wollte die Gräfinn auch zugleich eine Industrie-Schule haben, mit der am 14. der Anfang gemacht und für die auf des würdigen Pfarrers Rosen-

---

[1]) Lustnau besteht aus den Dörfern und Weilern Lustnau, Wiesenrhein, Grindel, Weiler, Rheindorf, Haag, Holz und Stalden mit 3866 Einwohnern und zwei Schulen im J. 1860. — Über die „Hofrechte in Lustnau" s. Weizenegger-Merkle's Vorarlberg, Bd. I. 224—238; und dessen „Verhältnisse zu Österreich und der Schweiz," das. 238—242.

lächer Vorschlag eine Lehrerin zum Stricken und eine zweite zum Nähen aufgenommen und gehörig besoldet wurden. Am 23. erfreute die Schule sich ihres letzten Besuches, bei welchem sie sechs neue Kleidungsstücke unter die Knaben und sechs unter die Mädchen austheilte und einen sehr rührenden und tief eingreifenden Abschied von den Lehrern und den Kindern beider Schulclassen nahm. Hierauf ging sie in den Pfarrhof zurück, wo die Ortsvorstehung versammelt war, um sowohl eine gnädige Resolution über so manche Gemeindeangelegenheit zu erbitten als auch sich unterthänigst zu beurlauben und für so viele, erwiesene Gnaden und Wohlthaten den innigsten Dank im Namen der ganzen Gemeinde zu erstatten. Nach dem Erlasse ddo. Lustnau am 23. Jänner 1809, der bei den Pfarrschriften daselbst aufbewahrt wird, vergabte und verstiftete sie für die S c h u l e und die A r m e n in Lustnau beinahe alle ihre dortigen Renten und Einkünfte und wies sogar die zwei schönen Alpen Pridler und Schönemann bei Ebnit dieser Gemeinde zu obigem edelsten Zwecke an. Am 25. reiste die Gräfinn ab, und unvergesslich bleibt ihr Andenken nicht minder in Lustnau als in Kunewald!

Am 30. Juni 1809 erschien vom k. Landgerichte Dornbirn die Kundmachung, dass Se. Majestät der König alle Besitzungen der Frau Gräfinn Walburga von Waldburg-Zeil-Harrach eingezogen habe, weil sie ihren Wohnort laut der rheinischen Bundes-Acte nicht in den Bundesstaaten aufgeschlagen habe, und sie wurden unter Sequestration genommen, jedoch kraft eines mit der Gräfinn abgeschlossenen Vergleiches derselben wieder zurückgegeben, 30. September 1811.

Diese Vorgänge waren, wie aus allem erhellet, der edlen Gräfinn, welche zudem wegen ihres Institutes zu Kunewald in Geldverlegenheit gerathen war, sehr widerlich, und sie verkaufte mit königlicher Genehmigung nun sämmtliche herrschaftliche Güter zu Lustnau und Embs mit dem dortigen einst prachtvollen Palaste (S. 40) als Eigenthum an ihren Herrn Gemahl, der am 27. April 1813 selbst nach Hohenembs kam. Am 24. September bestätigte er die von seiner Gemahlinn im Jahre 1809 für Lustnau gemachten Schenkungen und Stiftungen, welche die Schulen und Armen dieser Gemeinde betreffen.

Als kraft eines Tractates vom 3. Juni 1814 Baiern die vorarlbergischen Herrschaften mit Ausnahme des Amtes Weiler (S. 92) an Österreich abgetreten hatte, machte jenes immer noch Ansprüche auf H o h e n e m b s und L u s t n a u, welche beide aber im J. 1816 gleichfalls an den Kaiserstaat zurückkamen, was am 2. Juni in Lustnau öffentlich verlesen wurde.

Graf Clemens, der nach S. 88 am 10. März 1817 zu Kempten starb, hatte in seinem Testament, das bei dem dortigen Stadtrathe hinterlegt war, seinen Neffen den Herrn Grafen M a x i m i l i a n, Sohn des Fürsten[1]) Maximilian von W a l d b u r g zu Z e i l - T r a u c h b u r g († 1818) in zweiter Ehe mit M. A n n a Gräfinn von W a l d b u r g zu W o l f e g g († 1835) zu seinem U n i v e r s a l e r b e n eingesetzt, der nun Herr des ehemaligen gräflich von Hohenembsischen Allodialbesitzes in Vorarlberg geworden ist. Durch allerhöchste Entschliessung vom 14. März 1817 ward dieser ehemalige Reichshof Lustnau als ein eigenes (einziges), Seiner Erlaucht dem genannten Herrn Grafen Maximilian von Waldburg-Zeil gehöriges P a t r i - m o n i a l g e r i c h t anerkannt und die Ausübung der Gerichtsbarkeit von dem gräflichen Rathe

---

und Landrichter Franz Xaver Seewald († 10. Dec. 1834) in Hohenembs begonnen. Als der Graf dieses sein Gericht dem Staate anheimgesagt hatte, wurde es am 20. März 1830 definitiv mit dem k. k. Landgerichte Dornbirn vereiniget.

Seine Erlaucht Maximilian Graf von Waldburg-Zeil-Lustnau-Hohenembs, am 8. October 1799 geboren, diente im k. k. Cüirassier-Regimente, dessen Inhaber nach S. 73 vom Jahre 1736 bis 1756 Graf Franz Rudolf von Hohenembs gewesen war, quittirte als Rittmeister, trat in den Privatstand und vermählte sich am 25. November 1841 mit Maria Josepha Freiinn von Enzberg zu Mühlheim, welche ihm zwei Söhne und drei Töchter gebar. Der Graf lebt im Sommer zu Hohenembs, im Winter dermals in Augsburg.

Nachdem die Frau Gräfinn von Truchsess-Zeil aus Vorarlberg, das ihr nun nach dem Verkaufe ihres dortigen Besitzthums fremd geworden, nach Kunewald zurückgekommen war, lebte sie daselbst und zeitweilig auch in Bistrau in ihrer philanthropischen Wirksamkeit. Vorzüglich hatte Georg Schindler aus Kunewald, den die Gräfinn als Lehrgehilfen kennen lernte, ihr Vertrauen gewonnen. Sie nahm ihn als ihren Secretär in's Haus und verpachtete das ihr gehörige Gut Deutsch-Jassnik ihm und seiner Gattinn Judith Gold, gleichfalls aus Kunewald, welche unter den ersten Zöglingen ihres Institutes nicht, minder ihre Gunst erworben hatte.

Die Gräfinn machte ihr Testament am 22. October 1825 und starb am Schleimschlage in ihrem Schlosse zu Kunewald am 25. Mai 1828 um halb vier Uhr im 66. Jahre ihres Alters und ruht auf dem dortigen Friedhofe in einer kleinen gewölbten Gruft, über der ihr Erbe und Besitzer der Herrschaft eine weitläufige Todtenhalle erbaute, in welcher in eigenen Gräbern auch seine Ältern und Geschwister begraben sind.

Ihre am 11. Juli 1828 eröffnete letztwillige Anordnung publicirt des so eben genannten Pächters im J. 1809 gebornen, noch minderjährigen Sohn Friedrich Emil Schindler als Universalerben ihres beweglichen und unbeweglichen Vermögens und zugleich aller ihrer eventuellen, zugestandenen und angesprochenen Rechte. Der Erbe oder sein Vertreter Dr. Edmund Schuster sprach nicht allein die Herrschaft Kunewald, welche nach S. 82 allod und freivererblich war, sondern auch die Fideicomiss-Herrschaft Bistrau an. Jene blieb dem genannten Erben unbestreitbar; auf diese machten ausser diesem mit vollstem Rechte Anspruch: *a)* Graf Rudolf von Kulhanek, Sohn der Gräfinn M. Franeisca von Hohenembs älterer Linie (S. 80), als fideicommissarischer Erbe, und *b)* die k. k. Kammerprocuratur in Vertretung des Erzhauses Österreich, und es kam zu einem Rechtsstreite über Bistrau, welcher — wie einfach die Sache war — zwanzig Jahre lang dauerte. Schindler processirte gegen den Grafen von Kulhanek und nach dessen Tode (1839) gegen dessen Nichte, Fräulein Ernestine Freiinn von Langet (S. 80), welche gegründete Ansprüche auf Bistrau hatten, indem, wie wir S. 72 zeigten, das auf Vaduz haftende gräflich Hohenembsische Fideicommiss auf Bistrau mit kaiserlicher Genehmigung vom 23. November 1708 übertragen worden war, von welcher Übertragung die Processirenden nicht in Kenntniss gewesen zu sein scheinen.

Ferner wurde die Ausdehnung dieses Fideicommisses auf die Nachkommen beiderlei Geschlechtes angestritten. Nach dem Testamente des vorsorglichen Grafen Kaspar vom 14. Mai 1614, Artikel 6 und 7 (S. 46), waren in Ermangelung der Söhne auch die Töchter erbfähig; überdies hatte derselbe Graf in dem von K. Ferdinand II. am 12. September 1626 bestätigten Fideicommisse, im Falle gegen das Testament gehandelt würde, den Erzherzog

Leopold von Österreich und nach dessen Abgang den künftigen Landesfürsten der ober-österreichischen Lande substituirt. Dieses Fideicommiss ist nach S. 50 für des Grafen Kaspar drei Söhne und deren eheliche Posterität, zu welcher denn auch die Nachkommen des weiblichen Geschlechtes gehören, errichtet. Dass die Sache so betrachtet und behandelt wurde, ergibt sich daraus, dass des letzten Grafen Franz Wilhelm III. Erbtochter Maria Rebecca, verehelichte Gräfinn von Harrach, nach erreichter Grossjährigkeit 1766 bis zu ihrem Ableben 1806, und dann ihre Tochter Maria Walburga, vermählte Gräfinn von Truchsess-Zeil, gleichfalls bis zu ihrem Hinscheiden im J. 1828, somit beide über sechzig Jahre in wirklichem und rechtlichem Besitze dieser Herrschaft Bistrau gewesen sind. Endlich ward im Reverse der Erbtöchter beider Linien ddo. 11. Jänner 1762, welchen die Kaiserinn M. Theresia am 10. Februar bestätigte, die Substitutio non tantum in casum aliena-tionis et deteriorationis, sed et in casum deficientium omnium ad fideicommissum Hohen-embsianum vocatorum im Hinblicke auf die so eben erwähnte Anordnung des Grafen Kaspar zu Gunsten des Erzherzogs Leopold etc. dem durchlauchtigsten Erzhause Österreich eingeräumt[1]), somit hatte nach der Gräfinn Hintritte ihr Vetter älterer Linie, Graf **Rudolf** von **Kulhanek** und nach dessen kinderlosem Tode dessen Nichte Fräulein **Ernestine** Freiinn von **Langet** als Erbinn der Fideicommiss-Herrschaft Bistrau einzutreten, die ihr auch vom k. k. obersten Gerichtshofe am 7. Juni 1848 zugesprochen wurde.

Inzwischen hatte in der sequestrirten Herrschaft Bistrau eine arge Bewirthschaftung gewaltet, wie es zu geschehen pflegt, wenn durch zwanzig Jahre keines Herrn Auge wacht. Fräulein **Ernestine** Freiinn von **Langet**, nunmehrige Besitzerinn von Bistrau, verständig und erfahrungsreich, wusste das von ihrem Urgrossvater erbaute Schloss Frischenberg (S. 78) im Innern einfach, wie die Insassinn selber ist, und im entsprechendsten, d. i. besten Geschmack einzurichten und in einen freundlichen und gastlichen Edelsitz zu verwandeln. Im Wohlthun ihrer Base und Vorgängerinn auf's löblichste nacheifernd, wird die edle Dame als hilfreiche Mutter der Armen und Bedrängten allgemein verehrt.

Die ganze Fideicommiss-Herrschaft **Bistrau**, im südöstlichen Theile des Chrudimer Kreises an der mährischen Grenze gelegen, die im J. 1798 auf 640.608 Gulden 47 Kreuzer geschätzt wurde, enthält vier Pfarreien und zwei Localien; jene heissen: *a)* Bistrau, das Städtchen mit einer schönen vom Grafen Franz Rudolf erbauten Kirche (S. 77), zählte im J. 1857 nach des Herrn Pfarrers Karl Scharfenberger Mittheilung 2203 Katholiken und 16 Juden, und die ganze Pfarre, zu welcher Trpin mit 500 Einwohnern in 77 zerstreuten Häusern gehört, 4089 Katholiken und 29 Akatholiken; *b)* Schönbrunn mit vorherrschender deutscher Sprache, zählt 1799 Katholiken und 9 Juden; *c)* Laubendorf, wo der Graf Jakob Hannibal III. die ansehnliche Pfarrkirche zum heil. Georg erbaute, mit 2021 Katholiken, und *d)* Bohnau (Bona) mit 1241 Katholiken und 5 Juden. Die Localien sind: *e)* Dittersbach mit 1238 Katholiken und 4 Juden, und *f)* Kurau (Guhrau) mit 1721 Katholiken, 43 Akatho-liken und 4 Juden; somit beträgt die Gesammtbevölkerung 12.219 Seelen[2]).

---

[1]) Nach Angabe des Pfarrbuches in Bistrau steht in einem Inventarium aus jener Zeit, dass das blaue Zimmer des Schlosses sammt allen Einrichtungsstücken für den jeweiligen Herrscher von Österreich bestimmt sei, und wird mit böhmischen Worten beschrieben, des Inhalts: „es ist so geziert, dass nicht nur ein Herr oder Fürst, sondern selbst ein Kaiser hierin wohnen kann".

[2]) Ausführliches Detail über die Herrschaft Bistrau und deren frühere Besitzer s. in Dr. Gottfried Sommer's Chrudimer Kreis. Prag 1837. S. 203 ff.

Der Erbe von Kunewald, das an 2000 Bewohner zählt, Friedrich Emil Schindler, inmitten der Wohlthätigkeit aufgewachsen, übt dankbar gleichfalls diese Tugend gegen Arme und Nothleidende, fördert den Volksunterricht, gab zur Gründung der Realschule zu Troppau 3000 Gulden und erhielt in Anerkennung seines vieljährigen verdienstlichen Wirkens zu gemeinnützigen Zwecken, wie es in der Wiener Zeitung vom 28. April 1859 heisst, durch allerhöchste Entschliessung ddo. Brünn am 24. November 1858 (mit Diplom ddo. Wien 8. März 1859) den österreichischen Adelstand mit dem Prädicat „von Kunewald".

Die **Reichsgrafschaft Hohenembs** — um von dieser noch am Schlusse zu reden — wie auch der uralte Reichshof Lustnau gehörten, obgleich zwischen den vorarlbergischen Herrschaften Bregenz und Feldkirch gelegen, die dem österreichischen Kreise einverleibt waren, bis zur Auflösung des deutschen Reiches zum schwäbischen Kreise, zu dem sie steuerten. Der regierende Graf von Hohenembs hatte auf dem Reichstage im schwäbischen Grafen-Collegium, und beim schwäbischen Kreis auch auf der Grafenbank Sitz und Stimme. Der Reichsmatricular-Anschlag war ein Mann zu Ross und zwei zu Fuss oder zwanzig Gulden[1]. — Nach dem Brixener Diöcesan-Schematismus für 1860 enthalten die drei, von den Hohenembsischen Pfarren, nämlich der Markt Hohenembs 4038, Lustnau 3866, und die kleine Alpenpfarre Ebnit 194, zusammen 8098 Einwohner.

Wappen. — Das Wappen der Grafen von Hohenembs ist auf blauem Schilde ein aufrecht stehender, rothbezungter goldener **Steinbock** rechtshin gekehrt, oben aus der Helmkrone wächst derselbe Steinbock vorwärts gekehrt, mit etwas in die Breite ausgestreckten Füssen hervor. Wir sahen jedoch im k. k. Adelsarchive einen alten Stammbaum, in welchem dieser Steinbock, vielleicht aus Versehen des Wappenmalers, links gekehrt ist.

Wappen und Namen der Grafschaft Hohenembs sind mit denen der drei anderen vorarlbergischen Herrschaften Feldkirch, Bregenz und Sonnenberg, unter die volle kaiserliche Titulatur und die Wappen der Kronländer aufgenommen.

Die Karte von Vorarlberg von Blasius Hueber (Neffen und Schüler Peter Anich's), herausgegeben von Anton Pfaundler im J. 1783, gibt uns die genaue Umgrenzung der Grafschaft Hohenembs mit dem Reichshofe Lustnau[2].

Nachtrag über zwei Emser. — I. Hieronymus Emser, aus guter Familie, vielleicht einem Ableger des Edelgeschlechtes der von Embs mit dem Steinbocke im Wappen[3]), am 26. März 1477 zu Ulm geboren, studirte in Basel, ward um 1500 Caplan und Secretär des Cardinals Raimund Bertrand, Bischofs zu Gurk, mit dem er durch zwei Jahre Reisen in Deutschland und Italien machte. Er kam nach Erfurt und Leipzig, wo er Baccalaureus Theologiae und Licentiatus Juris canonici wurde. Wahrscheinlich von diesem hohen Gönner dem

---

[1]) Vgl. Büsching's neue Erdbeschreibung. Hamburg 1771. Th. III. Bd. II. S. 1645.

[2]) Dieser Karte in zwei Blättern, von der noch Abdrücke aus der k. k. Hof- und Staatsdruckerei zu beziehen sind, zollt Seine Excellenz der k. k. Herr F. Z. M. Ritter von Hauslab, der als junger Officier in Vorarlberg mappirte, volle Anerkennung.

[3]) Hieronymus Emser, Priester, und sein Vetter Hieronymus Emser erhalten von K. Maximilian I. ddo. Constanz am 4. Juni 1507 als Wappen einen der Länge nach gleichgetheilten Schild, hinten roth und vorne blau, in welchen beiden Farben ein Vordertheil eines weissen Steinbocks ohne Füsse, mit hinter sich gekrümmten Hörnern, aufgethanem Maul und ausgeschlagener Zunge stehet. — Ferner gibt derselbe daselbst am 7. Juni 1507 Hannsen vom Knew (d. i. Knie ob dem Dorfe Haselstauden), genannt Emser, in gelbem Schilde einen dreieckigen schwarzen Berg, und über dessen mittlerem Theile über sich zwei schwarze Mannsschenkel, welche mit ihren gebogenen Knieen sich über einander schränken oder flechten und von denen jeder an seinem Fusse einen schwarzen Schuh trägt. (In K. Maximilian's I. Registratur-Buche TT. Fol. 99 und 99 b. im k. k. geheimen Haus-, Hof- und Staatsarchive.)

Herzog Georg von Sachsen empfohlen, ward er dessen Secretär und als solcher im J. 1510 nach Rom geschickt. Hierauf erhielt er zwei Pfründen, eine in Dresden, die andere zu Meissen, und brachte sein Leben im Privatstande zu. Er war anfangs ein Freund Luther's, später dessen Gegner.

Nachdem gegen Luther der Bann ausgesprochen war, übergab er unter einer grossen Begleitung von Lehrern, Studenten und anderem Volke am 10. December 1520 zu Wittenberg das päpstliche Recht, die Bannbulle und einige Bücher Eck's und Emser's dem Feuer, was die Losung zu einer gänzlichen und unwiederbringlichen Trennung von der Kirche war. Sie befehdeten sich in Streit- und Schmähschriften, Luther war der Stier zu Wittenberg, Emser dagegen der Bock (αἰγόκερως; d. i. der ziegenhörnige, der Steinbock) zu Dresden. Auch dieser übersetzte das neue Testament in's Deutsche, von welcher Übersetzung häufige, bald mehr bald minder veränderte Auflagen an verschiedenen Orten erschienen sind. Zug liess am 26. Jänner 1556 durch den Nachrichter von Luzern alle deutschen Bibeln mit Ausnahme von Emser's Übersetzung zu Stadt und Land verbrennen[1]. Emser stand mit Erasmus von Rotterdam im Briefwechsel, von dem zwei Briefe aus Basel an jenen uns bekannt sind, der eine vom J. 1525, der andere vom J. 1527, in welchem er einen Brief Emser's vom 10. Jänner, der gegen Luther gerichtet sein mochte, beantwortet und voll der ihm eigenen Vorsicht am Ende beisetzt: Cupiebam plura in sinum tuum effundere, sed cum Luthero rixandum est, quae res illi vertat male[2]. Emser starb am 8. November 1527 zu Dresden, wo er auf dem Frauenkirchhofe ruht. Über ihn und seine Schriften, die sich auf 52 Stücke belaufen, s. Nachrichten von Gelehrten, Künstlern etc. aus Ulm, von Albrecht Weyermann. Ulm 1798 S. 180—198.

II. Eines andern Emser's wird bei Gelegenheit der dritten Secularfeier des Zweibrücker Gymnasiums am 9. August 1859 erwähnt, indem es „Aus der Pfalz" in der Augsburger allgemeinen Zeitung 1859 vom 22. Aug. S. 3811 heisst, dass die Namen des ersten Rectors, des gelehrten Emanuel Tremellius aus Ferrara, der beiden Crollius, eines Exter und Emser dieser Anstalt in den Augen der gelehrten Welt einen nicht unbedeutenden Glanz verleihen. Von diesem Emser ist uns nichts Weiteres bekannt.

Nachwort.

Veranlassung zu dieser Monographie. — Als im J. 1854 Ernestine Freiinn von Langet beim Besuche der k. k. Ambraser-Sammlung in Betrachtung der Rüstungen der fünf Feldobersten aus dem Geschlechte der von Hohenembs, wie gefeit ungewöhnlich lang mit ihrer Begleitung verweilte, fragte ich, dies bemerkend, was an diesen Rüstungen und ihren ehemaligen Trägern sie ganz besonders interessire und erhielt die überraschende Antwort, dass sie von mütterlicher Seite und zwar die letzte dieses Blutes sei. Auf meine Einrede, dass mir, einem gebornen Vorarlberger, die Geschichte dieses uralten, mit dem Grafen Franz Wilhelm im J. 1759 im Mannsstamme und mit dessen Enkelin M. Walburga, geb. Gräfinn von Harrach-Hohenembs und vermählten Gräfinn von Waldburg-Zeil 1828 auch in weiblicher Nachkommenschaft erloschenen Hauses wohl bekannt sei, setzte die wohl unterrichtete Dame mir ihre Abstammung von dem Feldmarschall Franz Rudolf († 1756) klar auseinander und lud mich nach Bistrau

----

[1] S. Vögelin's Geschichte der Schweizerischen Eidgenossenschaft. Zürich III, 112.
[2] Epistolae D. Erasmi Roterodami. Londini 1642. Lib. XVIII. epist. 28 et Lib. XX. epist. 28.

auf ihren Edelsitz ein, um mich von den Hohenembsischen Reliquien, von deren Vorhandensein kaum noch jemand in Vorarlberg Kenntniss hatte, daselbst völlig zu überzeugen. Dieser freundlichen, später wiederholten Einladung folgend besuchte ich im August 1856 das erste Mal Bistrau und fasste alldort den Entschluss das Materiale zu einer kritischen Geschichte des hervorragendsten vorarlbergischen Geschlechtes allenthalben zu sammeln und in besonderem Hinblicke auf meine geisteswachen und wissbegierigen Landsleute dasselbe vom Standpuncte der Ereignisse der Zeiten, in denen es lebte und wirkte, mit allem Detail auszuarbeiten.

Als erste Grundlage, auf welcher ich meine mühsame Arbeit aufführte, dienten mir Hübner's genealogische Tabellen über die gräfliche Familie von und zu Hohenembs, Bd. II, 501—503, von denen die letzte bis zum Jahre 1718 herabreicht. Diese beruhen wieder auf den Tabellen des P. Gabriel Bucelin, der als Stift Weingarten'scher Prior zu St. Johann in Feldkirch viele Jahre gelebt († 1681) und sicherlich Mittheilungen aus Hohenembs erhalten hat; sie sind in seiner Rhaetia sacra et profana. Ulmae 1666, p. 385 u. 386, dann in seiner Germania topo-chrono-stemmatographica. Ulmae 1678, Vol. IV, 299 gedruckt.

Ich war bemüht ausser in Bistrau, das vorzüglich Hohenembsische Porträte verwahrt, die historischen Quellen in den k. k. Archiven Wiens, im Staatsarchive zu Zürich (S. 58) und im neugegründeten Museum zu Bregenz, dessen thätiger Vorstand, Herr Kreishauptmann Sebastian von Froschauer, mir des würdigen Pfarrers Rosenlächer Pfarr-Chronik von Lustnau (S. 87, Anmerk. 2) zur Benützung bot, einzusehen und zu benützen. Besonderes Verdienst um quellensicheres Materiale zur Geschichte dieses unseres Geschlechtes erwarb sich der hochwürdige Herr P. Franz Joller, Professor der Geschichte am k.k. Gymnasium zu Feldkirch, der während der Ferien des Jahres 1858 mit Erlaubniss Sr. Erlaucht des Herrn Maximilian Grafen von Waldburg-Zeil-Hohenembs (S. 88) im Palaste zu Embs die chaotische Masse von Urkunden sichtete und zum Theile copirte. Meinem Wunsche entsprechend hat derselbe hievon einhundert und vierundzwanzig mit mehreren Anmerkungen beleuchtete „Urkunden zur Geschichte der Ritter von Embs zu Hohenembs von 1315—1537" als erklärende und bereichernde Beigabe zu meiner ersten Abtheilung mit gewissenhafter Sorgfalt als Programm für das Schuljahr 1860 bei Herder in Freiburg im Breisgau drucken lassen. Möge im nächsten Programme auf gleiche Weise die Fortsetzung folgen. Für die schriftlichen Mittheilungen aus Augsburg, Cöln, Grätz, Grafeneck, Hohenembs, Kempten, Kunewald, Rom, Salzburg, Teschen und Vaduz, die ich an gehöriger Stelle anzuzeigen für meine Pflicht erachtete, sage ich allen Pl. Tit. Herren Contribuenten meinen verbindlichsten Dank.

So habe ich mir nach und nach das Materiale allenthalben, wo ich es zu finden glaubte, beigeschafft, gesammelt, gesichtet und geordnet, um aus demselben einen sowohl in seiner Grundlage als auch in seinen einzelnen Theilen festen Bau aufzuführen.

Kurze Übersicht beider Abtheilungen. Das Geschlecht der von Embs zu der Hohenembs wandert aus seiner Wiege Welschembs in Churrhätien in's vorarlbergische Rheinthal herab und bald verbreitet der fruchtbare Dichter Rudolf von Embs († 1254) seinen Namen weit über die Gauen seiner Heimat hinaus (s. Denkschriften Bd. X, 96—98). Es erwirbt Besitz und Unabhängigkeit von den Grafen von Montfort (S. 99), wächst und blüht im XIV. und XV. Jahrhunderte mehr und mehr heran zum grösseren Theile im Dienste des Hauses Habsburg erst der deutschen Linie, als dieses Tirol (1363) und die Grafschaften Feldkirch (1375) und Bregenz (1451 und 1523) erworben hatte, später auch in dem der spanischen Linie. Eglof und Ulrich III. von Embs verbluten 1386 bei Sempach (S. 102), Goswin und

Wilhelm im Appenzellerkriege 1405 am Stoss (S. 106). Marx Sittich I. und sein Vetter Jakob, der den Heldentod vor Ravenna mit Gaston de Foix 1512 stirbt (S. 145), wirken unter den Ersten mit zur Entwickelung und Organisation des Landsknechtswesens nach dem Muster der Eidgenossen (S. 120), gewinnen als Feldoberste durch grosse Thaten auf den blutigen Schlachtfeldern Italiens Ruhm und Reichthum. Marx Sittich's Sohn Wolf Dietrich führt Clara von Medicis aus Mailand, Schwester des Papstes Pius IV. (von 1559—1565) als Gemahlinn in seine Heimat (S. 173), dessen († 1538) ausgezeichnete Söhne Jakob Hannibal I. und Marx Sittich II. werden mit dem ganzen Geschlechte durch den Einfluss ihres Oheims, welcher von der französischen Politik, zu welcher dessen Vorgänger P. Paul IV. gestanden, zu der des Hauses Habsburg übergetreten war, und in Anbetracht der grossen Verdienste ihrer Ahnen von Kaiser Ferdinand I., ddo. Wien am 27. April 1560 in den Reichsgrafenstand mit Sitz und Stimme erhoben (S. 179).

Die zweite Abtheilung beginnt vom J. 1560 mit dem Leben und Wirken Marx Sittich's II, der erst als Soldat einen Sohn Namens Robert erzeugt, den Stammvater des noch in Rom blühenden Hauses von Altemps mit dem Titel eines Duca di Gallese für den Erstgebornen (Bd. XI, 8 — 13), dann dem geistlichen Stande sich widmet, Bischof von Cassano, Cardinal, Fürstbischof zu Constanz, päpstlicher Legat etc. wird und in Rom 1595 stirbt; so ist auch dessen Neffe Marx Sittich IV., Jakob Hannibal's I. zweiter Sohn, vom Jahre 1612—1619 Fürst-Erzbischof zu Salzburg (S. 31—36). Der so eben genannte Graf Jakob Hannibal I. erhöht den Ruhm seiner Väter als des Papstes Gesandter am Hofe des K. Philipp's II. zu Madrid (S. 16), dient in dessen Sold in Afrika, wird oberster Befehlshaber sämmtlicher päpstlicher Truppen (S. 17), vermählt sich nach S. 18 am 6. Jänner 1565 feierlichst in Rom mit seiner Base Hortensia Borromea, Gräfinn von Arona, Schwester des heil. Karl von Borromeo, zum Glanze seines Hauses, befehligt 1574 und 1578 ruhmvoll sein deutsches Regiment in den empörten Niederlanden (S. 20), wird Grand von Spanien und erhält 1578 vom Könige die Grafschaft Gallarate im Mailändischen als Belohnung zu Lehen (S. 24). Dessen erstgeborner haushälterischer Sohn Graf Kaspar kauft 1613 von den Grafen zu Sulz die Reichsgrafschaft Vaduz und die Freiherrschaft Schellenberg (S. 38), errichtet vorsorglich 1614 sein Testament (S. 42) und 1626 ein Fideicommiss für den Erstgebornen (S. 50), vermählt sich mit der kinderreichen Eleonora Philippina Freiinn von Welsperg, dann mit Amalia Gräfinn zu Sulz (S. 37, 38), sein Sohn Jakob Hannibal II. erst mit Anna Sidonia, Herzoginn von Teschen (S. 53), dann mit Francisca Katharina Gräfinn von Hohenzollern-Hechingen; seine Enkel und Urenkel etc. suchen ihre Bräute aus den Häusern Fürstenberg, Liechtenstein, Wagensperg, Harrach, Truchsess-Waldburg, sinken jedoch entartet (S. 58 f.) durch Selbstschuld in der zweiten Hälfte des XVII. Jahrhunderts von ihrem Ruhme und Reichthume schnell herab, verkaufen (S. 60) das ferngelegene Gallarate mit Beibehaltung des Titels an Theobald Visconti; später verkauft Graf Jakob Hannibal III. wegen erdrückender Schuldenlast 1699 Schellenberg (S. 68) und nachdem er im J. 1710 die Herrschaft Bistrau in Böhmen erworben hatte, im J. 1712 die Reichsgrafschaft Vaduz an das fürstliche Haus Liechtenstein (S. 69 f.). Die letzten Grafen von Hohenembs dienen, wie ihre Ahnen, im kaiserlichen Heere, Franz Wilhelm II. stirbt nach der Schlacht (19. August 1691) bei Szalankemen an seinen Wunden zu Peterwardein, dessen Sohn Franz Wilhelm III. schliesst als General und Festungscommandant zu Grätz am 5. November 1759 den Mannsstamm.

Seine einzige Tochter M. Rebecca, vermählte Gräfinn von Harrach, ist Erbinn *a)* von dem Hohenembsischen Allod, dem Palaste etc. zu Embs in Vorarlberg (denn die reichslehenbare Grafschaft Hohenembs wurde als erledigt von Kaiser Franz I. dem Erzhause Österreich im J. 1765 verliehen), *b)* von dem uralten Reichshofe Lustnau, und *c)* von Bistrau, auf welches das Fideicommiss von Vaduz übergetragen war; seine Enkelinn, die seltene Philanthropinn M. Walburga, verehelichte Gräfinn Truchsess-Waldburg-Zeil, welche zu diesen Besitzungen noch Kunewald in Mähren von ihrem Vater, dem F. M. L. Franz Xaver Grafen von Harrach im J. 1781 ererbt hatte, verkauft 1813 Lustnau und ihr anderes Besitzthum in Vorarlberg an ihren von ihr getrennten Gemahl († 1817), setzt Friedrich Emil Schindler 1825 zu ihrem Universalerben nicht allein von ihrem Allod Kunewald, sondern auch von der Fideicommiss-Herrschaft Bistrau ein und stirbt als die letzte der jüngern Linie zu Kunewald am 25. Mai 1828 (S. 94).

Des vorgenannten Grafen Franz Wilhelm II. älterer Bruder Graf Jakob Hannibal III., Obersthofmeister der Erzherzoginn M. Magdalena, hinterliess († 1730), ausser der gelehrten Tochter Anna Ämilia, vermählten Freiinn von Vöhlin und Obersthofmeisterinn am kurpfälzischen Hofe, den Sohn Franz Rudolf, welcher, aus des Prinzen von Savoyen Kriegsschule hervorgegangen, als General der Cavallerie in beiden schlesischen Kriegen und im Kriege gegen Kaiser Karl VII. im J. 1743 in Baiern und im Breisgau als wohlbetrauter Corps-Commandant sich bewährt und als Feldmarschall und commandirender General in Mähren, der letzte der ältern Linie, zu Brünn am 10. December 1756 stirbt. Der Sohn seiner jüngeren Tochter M. Francisca, der k. k. Major Graf Rudolf von Kulhanek, führt nach dem Tode seiner Base M. Walburga († 1828), als gräflich Hohenembsischer Descendent von mütterlicher Seite gegen ihren Universalerben Friedrich Emil Schindler um die Fideicommiss-Herrschaft Bistrau Process, den nach dessen Ableben (†1839) seine Nichte Ernestine Freiinn von Langet, der letzte weibliche Sprosse, fortführt, bis ihr nach zwanzigjährigem Rechtsstreite endlich die k. k. oberste Justizstelle am 7. Juni 1848 den Besitz von Bistrau zuspricht, dessen sie sich lange erfreuen möge!

Der ausführlichere geschichtliche Abriss über dieses unser Geschlecht, den wir zur hundertjährigen Erinnerung an dessen Erlöschen im Mannsstamme in der Wiener-Zeitung vom 5. November 1859 mitgetheilt haben, wurde im Gothaischen Taschenbuche der gräflichen Häuser auf das Jahr 1861 S. 1027—1033 wortgetreu als gute Prise abgedruckt.

Gleich der erlauchten Familie, deren Geschichte wir auf den vorstehenden Blättern von ihrem Beginn bis zu ihrem Erlöschen darzustellen versucht haben, zählt das grosse Österreich noch so viele edle, altehrwürdige Geschlechter, deren Ahnen sich durch Rath und That, auf dem Gebiete friedlicher Wirksamkeit wie auf dem blutigen Felde der Ehre um Staat, Kirche und Wissenschaft unsterbliche Verdienste erworben und ihre Namen mit unauslöschlichen Zügen in die Geschichtstafeln des Kaiserstaates eingegraben haben. Die Geschichte dieser Geschlechter zu schreiben, ihre Verdienste um Kaiser und Reich, auf wahrheitsgetreue Weise zu schildern und dadurch der allgemeinen Erkenntniss zu erschliessen, bleibt eine, obwohl vielfach schwierige, doch gewiss grosse, lockende und lohnende Aufgabe für die jungen frischen Kräfte, die in den historischen Seminarien unseres Vaterlandes herangebildet und unläugbar immer grösserer Tüchtigkeit und Reife zugeführt werden. Um diese schöne Aufgabe erfüllen zu können,

ist es freilich nöthig, dass von den bisher oft mit gar zu ängstlicher Scheu gehüteten Urkunden-
schätzen die Siegel gelöst und durch Öffnung der Archive würdigen Jüngern der Geschichte die
erforderlichen Mittel zu fruchtbaren Forschungen in die Hand gegeben werden.

Hoffen wir, dass das schöne Beispiel von wahrer Pietät und edler Gesinnung, welches
Österreichs erster Fürst, Seine Durchlaucht Fürst Johann von Liechtenstein, der jugend-
liche Souverän von Vaduz und Schellenberg, dem nunmehrigen Fürstenthume Liechtenstein,
dadurch gegeben hat, dass er seinen gelehrten Bibliothekar Jakob Falke mit der Herstellung
einer kritischen Geschichte seines Hauses beauftragte, nicht ohne Nacheiferung bleibt, sondern
auch in andern Erben und Trägern berühmter edler Namen den Entschluss wach ruft, in
ähnlicher Weise ihr Geschlecht zu ehren und ihren Ahnen damit das schönste Denkmal zu
setzen, das dankbaren Enkeln ihren Vorfahren gegenüber möglich ist.

Die Gemälde-Sammlung im Schlosse Frischenberg zu Bistrau.

Das Schloss Frischenberg (S. 78) ist ein grosses, längliches Viereck, dessen südliche
Fronte und westliche Seite die Herrschaft, die anderen Theile und Räumlichkeiten aber
Beamte und Dienstleute bewohnen. Der Corridor, d. i. der lange und lichte Gang, welcher zu
sämmtlichen Zimmern führt, überrascht den eintretenden Fremden durch die Fülle seiner Gemälde, die in der Mehrzahl lebensgrosse Porträte der gräflichen Familie von Hohenems
und ihrer Verwandten vom XVI. bis zum XIX. Jahrhunderte im Costüme ihrer Zeit darstellen
und eine kleine Galerie bilden. Die hinsichtlich der Kunst ausgezeichnetsten und werthvollsten Bilder und Porträte nicht allein der gräflichen Familie und ihrer Anverwandten, sondern auch kaiserlicher und königlicher Majestäten und durchlauchtiger Prinzen sind ein
Schmuck des Salons und der von der edlen Besitzerin bewohnten Gemächer.

Der grösste Theil dieser Bilder gehört zum Fideicommisse (vgl. S. 47); sie sind aus dem
Palaste zu Hohenems (wo Ref. vor etlichen Jahren die Spuren der Nägel, an denen sie
vordem gehangen, gesehen hat) nach S. 85 von Herrn Baron von Stentsch im J. 1803
gebracht worden, andere Porträte kommen von der gräflichen Familie von Kulhanek her
und sind ein Eigenthum der Freiinn von Langet.

Eine leider allzu spärliche Notiz über einige Gemälde in Hohenems findet sich in:
Deutschlands achtzehntes Jahrhundert. Bregenz gedruckt und verlegt bei der typographischen
Gesellschaft 1786, Heft II, S. 11—16 mit der Aufschrift: „Malereyen im Palaste zu Ho-
henembs", wo sechzehn Bilder, zum grösseren Theile mit biblischen Darstellungen, dann
Familien-Porträte auf drei Tafeln (s. unten Nr. LXXXI) und Marcus Sitticus als
Praepositus Constantiensis vom J. 1605 in aller Kürze beschrieben sind. Es heisst daselbst
S. 15 „Zwo mittelmässige Kopien (aus älterer Zeit?) nach Raphael sind hier auch zu sehen,
woran dieses besonders merkwürdig ist, dass des Einten Original das kostbare Marienbild in
Wien ist; das der Kaiser nach der Wiener Galerie bringen liess, und das von der Borro-
meischen Familie herkömmt". Dieses Bild „die Ruhe in Ägypten" war eine Zierde der
Kirche S. Maria presso S. Celso in Mailand, wo es Kaiser Joseph II. bei seinem Besuche in
Mailand 1769 sah und an ihm ein ausserordentliches Wohlgefallen hatte, so dass er den
Antrag zum Ankaufe machte. Der Vorsteher dieser Kirche liess durch den trefflichen Gouver-
neur Karl Grafen von Firmian der Kaiserinn M. Theresia und ihrem Sohne 1779 dieses Mei-
sterwerk zu Füssen legen, das nun die k. k. Gemälde-Galerie im k. k. Belvedere in Wien

verwahrt. Die Kaiserinn stiftete zwei Ausstattungen, jede zu 50 Ducaten, für arme Mädchen und der Kaiser liess eine schöne Copie vom Hofmaler Martin Knoller, Professor an der Akademie zu Mailand, an dessen Stelle setzen.

Von obigen sechzehn Bildern ist nur die Beschreibung von acht, dann die der Porträte auf den drei Tafeln und des Marx Sittich's in dem bunt zusammen gewürfelten Buche: Vorarlbergische Chronik etc., Bregenz bei Joseph Brentano 1793, S. 128—130 abgedruckt.

Wir erlauben uns diese kleine Galerie mit ihren zum grösseren Theile überaus interessanten Porträten und Bildern in genealogischer und chronologischer Ordnung, wie sie auch daselbst — soviel es die Örtlichkeit gestattet — aufgestellt sind, in folgendem **Verzeichnisse** aneinander zu reihen.

Die Porträte derjenigen Personen, welche in den ersten sieben Jahrzehnten des XVI. Jahrhunderts gelebt haben, sind wohl nach älteren Bildnissen später gemalt und etliche Namen von dem restaurirenden Maler irrig nachgeschrieben und entstellt worden. Diese Bildnisse — achtzig an der Zahl, dann ganz besonders die Giostra in Rom 1565 (Nr. LXXX) und die grosse Festtafel zu Hohenembs (Nr. LXXXII) — von unbenannten Meistern bieten uns eine wahre Musterkarte des Costüms und der Wandelungen seiner Formen vom Anfange des XVI. Jahrhunderts bis zu Ende des XVIII. Wir wollen versuchen diese Bildnisse in ihren mit der Zeit wechselnden Costümen wenigstens beschreibend dem Leser vor die Augen zu führen.

I. IACOBVS AB ALTA EMPS. EQVES AVRATVS ET GERMANORVM MILITVM DVX. ÆTATIS 47. ANNO 1512 (somit geboren um 1465). Lebensgross, aufrecht stehend in Landsknechtstracht, mit röthlicher Haube, geschlitzten Ärmeln, rothem Korazin (Lederwamms mit Sammt überzogen), einer Schärpe, langem Schwerte an der linken Seite, Kniehosen, Strümpfen und rothen Schuhen. Abgebildet in der Abtheilung I dieser Monographie (s. Denkschriften Bd. X, S. 148, in den Separatabdrücken S. 56).

II. MARCVS SITTICVS AB ALTA EMBS EQVES AVRATVS ET GERMANORVM MILITVM DVX. ÆTATIS 67. ANNO 1513 (somit geboren um 1466). Derselbe lebensgross, schreitend im Harnisch mit vergoldeten Streifen, den Helm auf dem Haupte, mit Halskragen und Krause, in rothen Kniehosen und langem Schwerte in rother Scheide, rothen Schuhen, hält in der Rechten den Commandostab und die Linke, deren Arm mit einer rothen Binde umwunden ist, am Degen; rückwärts auf dem Boden ein Helm, darauf ein goldener Steinbock im Sprunge; oben rechts dessen Wappenschild. Bd. X, 170; Separatabdruck S. 78.

III. MARQVARDVS AB ALTA EMBS. EQVES AVRATVS ET GERMANORVM MILITVM DVX. ANNO MDXXIII. Derselbe in Lebensgrösse, stehend in weiss und schwarz gestreiftem und geschlitztem Waffenrocke, mit umgeschnalltem Degen, Kniehosen, Strümpfen, weissen Schuhen, hält in der Rechten den Commandostab und die Linke ruht am angeschnallten Degen; unten links zur Seite ein grosser Helm mit dem Steinbocke. Bd. X, 17; Separatabdruck S. 79.

IV. WOLFGANGVS THEODORICVS AB ALTA EMPS EQVES AVRATVS ET GERMANORVM MILITVM DVX. ÆTATIS 31. ANNO 1538 (somit 1507 geboren). Ein schöner Mann in vorschreitender edler Stellung (links gekehrt), barhäuptig, in röthlichem, goldverziertem Beinkleide, weissen Stiefeln mit rothen Stulpen, in der Rechten den Commandostab haltend und die Linke an die Seite gestemmt; unten auf dem Boden neben sich ein Helm mit rother und blauer Feder ohne den Steinbock, aber mit dem Maskenkopf auf dem Visier, oben links der Hohenembsische Steinbock. Bd. X, 175. (Vgl. dessen Rüstung in der k. k. Ambraser-Sammlung im Saale II, Nr. 68.)

V. CLARA AB ALTA EMBS NATA DE MEDICES. ÆTATIS 31. ANNO 1538. Lebensgross, stehend, trägt ein mit Perlen und Gold gesticktes Käppchen und ein rothsammtenes Oberkleid mit einem Saume von Perlen und Gold, mit einem Gürtel von Gold und Smaragden, der vorne bis zum Boden hängt, dessen Säume und Ärmel mit Zierathen von Gold und Seide gestickt sind, das Unterkleid ist von Goldstoff und Silber durchwirkt; daneben das Mediceische Wappen. Bd. X, 175; Separatabdruck S. 83.

Die Porträte ihrer Tochter Margaretha und des Gemahls derselben, Fortunatus Freiherrn von Madruzzo, s. unten Nr. LXXXIII und LXXXIV. S. 110.

VI. MARCVS SITTICVS S. R. E. CARDINALIS AB ALTA EMPS EPISCOPVS CONSTANTIENSIS. ÆTATIS 64. ANNO 1595. Lebensgross in Cardinalskleidung mit dem Barette auf dem Haupte, die Rechte auf einen Tisch gestützt, in der Linken eine Schrift haltend. — Derselbe auch als Brustbild, im J. 1594. Bd. X, 177 f. Separatabdruck 85; dann XI, 2 ,ff.

VII. Dessen älterer Bruder: IACOBVS HANNIBAL COMES IN ALTEMBS. ANNO DOMINI 1575. Lebensgross, stehend nach vorne gekehrt, barhäuptig mit schwarzem Haare, grossem Schnurr- und kurzem Kinnbarte, trägt ein weisses Gewand von Taffet und goldgewirkten Querstreifen und herablaufenden goldenen Knöpfen, einen vergoldeten Halskragen, Hals- und Handkrausen, Kniehosen von rothem Sammet mit goldenen Schnüren, weisse Stiefeln mit goldenen Spornen, das grosse Schwert am schwarzen Degengehenke und einen schönen Dolch mit reichverzierter Scheide, hält in der Rechten den Commandostab, die Linke auf die Hüfte gestützt. Unten rechts dessen Helm mit tricoloren — weisser, gelber und blauer — Federn; zur Linken ist ein Rundschild angelehnt. Oben rechts vom Haupte das quadrirte Wappen, und zwar im 1. und 4. Felde die fünf Mediceischen Kugeln, im 2. und 4. der goldene Steinbock im blauen Felde, oben das päpstliche Wappen.

Ein kleines Brustbild mit dessen ausdrucksvollen Gesichtszügen in ähnlichem, zugeknöpftem Oberkleide, vergoldetem Ringkragen und gezackter Halskrause verwahrt die k. k. Ambraser-Sammlung Nr. 783, so auch dessen halben, ganz schwarzen Harnisch, im Saale II, Nr. 70.

VIII. HORTENSIA NATA COMETISSA DE BOROM. COMETISSA IN ALT EMS 1578. Lebensgross, stehend in weissem Untergewand mit gelben Streifen und blauem, golddurchwirktem Obergewand, mit Hals- und Handkrausen, und in der Rechten ein Gefäss mit weissen Rosen tragend. — S. oben S. 30.

Deren Brustbild in reichem Gewande, mit einer Perlenschnur über der Stirne und die Haare mit Perlen durchflochten, sammt einer Halskette mit anhangendem Kleinod, dessen unterste Perle ihre Rechte berührt, besitzt die k. k. Ambraser-Sammlung Nr. 784.

IX. MARCVS SITTICVS EX COMITIBVS IN ALTAEMBS ARCHIEPISCOPVS SALISBVRGENSIS APOSTOLICAE SEDIS LEGATVS PRÆPOSITVS CONSTANTIENSIS 1619. Der Erzbischof in seinem Costüme, barhäuptig, mit etwas strengem Ausdrucke, hält in der gesenkten Rechten ein Buch und stützt die Linke auf einen Tisch.

X. Dessen älterer Bruder Graf Kaspar, in Lebensgrösse, stehend in schwarzsammtenem Gewande, vom J. 1597.

XI. CASPARVS COMES IN ALTAEMPS GALLARA ET VADVZ etc. ÆTATIS XXXXI. ANNO 1614 (somit um 1573 geboren). Lebensgross in schwarzem Gewande, mit weisser Halskrause, kurzem Dolche an der rechten Seite, schwarzem und gebauschtem Beinkleide und schwarzen Schuhen mit Maschen (in spanischer Tracht). S. 37.

XII. Desselben Brustbild in natürlicher Grösse, mit blossem, grauem Haupte und Barte, mit Halskrause, in schwarzem spanischen Kleide, in der Rechten eine Schrift haltend, die Linke am Degengefässe ruhend. Sehr schönes, altes Bild. (Ein Porträt mit der Aufschrift: „CASPARVS COMES IN ALTA EMPS etc. in 4ter" von Lukas Kilian, s. Nagler's Künstler-Lexikon. Bd. VII, S. 11, Nr. 81.)

Das Votivbild desselben und seiner ersten Gemahlinn mit Angabe der zwölf Kinder zu Hohenembs s. oben S. 37.

XIII. Eleonora Philippina Freiinn von Welsperg. Lebensgross stehend, das Unterkleid von Silberstoff ist von Gold durchwirkt, das Oberkleid von schwarzem Brocat mit Geschmeide, auf dem Kopfe ein Hut gleichfalls mit Geschmeide, vom J. 1597.

XIV. ELEONORA PHILIPPINA COMITISSA IN ALTA EMPS. NATA BARONISSA A WELSPERG. ÆTATIS 40, ANNO 1613. Lebensgrosse Dame in schwarzem Gewande mit grosser Halskrause, einem schwarzen mit Perlen geschmückten Hütchen, hält in der auf dem Tische ruhenden rechten Hand ein Gebethbuch und in der linken ein Taschentuch; dann das Wappen. S. 37.

XV. Familiengemälde, nämlich: Graf Kaspar und seine Gemahlinn, rechts dessen Bruder Marx Sittich in schwarzem, pelzverbrämtem Domherrnkleide, alle drei sitzend, und zwei Töchter und ein Sohn — Jakob Hannibal II. (Nr. XXII.) — stehend. S. 37.

XVI. ANNA MARIA COMITISSA AB ALTA EMBS ANNO 1617. Lebensgross, stehend mit Blumen im Haare, in rothem Kleide, hält in der Linken ein weisses Taschentuch. S. 37 u. 51.

XVII. HORTENSIA COMITISSA AB ALTA EMBS ABBATISSA WALDVNIENSIS. AN. 1639. Lebensgross im schwarzen Gewande ihres Ordens, die Rechte auf den Tisch, den eine Krone mit Hermelin ziert, gestützt, die Linke ruht an ihrem Herzen. S. 38. — Die Worte Abbatissa Walduniensis sind spätere Zuthat, da unseres Wissens das Kloster St. Clarae-Ordens zu Valduna zur Vorsteherin keine Äbtissinn, sondern nur eine Oberinn hatte. Bucelin in seiner Rhaetia p. 386 nennt sie richtiger Monialis Valdunae[1]).

XVIII. GEORGVS (sie) SIGISM. COM. AD (sie) ALTA EMBS. 1613. Als Knabe unbedeckten Hauptes, mit grossem, umgeschlagenem Kragen, im röthlichen Ober- und Beinkleide, in Schuhen mit grossen Rosetten, den Degen an einem Degengehenke um die Schulter, die Rechte auf den Tisch gestützt, auf dem ein Helm mit zwei weissen und einer rothen Feder. Georgus und ad zeigen offenbar eine unkundige Hand, das Ganze ist, da nach dem Votivbild zu Embs (S. 37) Georg Sigmund als Kind im J. 1597 gestorben, unrichtig; auch gab es in der Familie später keinen Sohn dieses Namens. So verhält es sich auch mit dessen Schwester.

XIX. CECILIA (sie) COMITISSA AB ALTA EMBS ANNO 1619. Dieselbe lebensgross, ist wie ihre Schwester Anna Maria gekleidet; nun aber war diese Caecilia nach S. 38 schon im J. 1605 gestorben.

XX. Des Grafen Kaspar zweite Gemahlinn: ANNA AMALIA COMITISSA DE SULZ LANDGRAVIA IN CLEGGAU. ÆTA. XX. AN. 1614. DIE 13 APRILIS IN COMITEM CASPARVM IN ALTA EMPS DESPONSATA. Lebensgross, stehend, barhäuptig, mit Geschmeide im Haare und grosser Halskrause, in weissem und geblumtem, reichem Stoffkleide mit goldener Einfassung (zu S. 38, wo in Z. 23 Nr. 11 in XX zu ändern ist).

Ferner: Ähnliche Aufschrift. Deren Brustbild blossen Hauptes mit Geschmeide, in rothem golddurchwirktem Unter- und schwarzem Oberkleide.

XXI. Deren Sohn: LEOPOLDVS COMES AB ALTEMPS. AO 1627. Als Knabe in schwarzem Talare mit Kette und Kreuz, rechts vor ihm ein Tisch mit einer Uhr, in der Linken Handschuhe. S. 51.

XXII. IACOBVS HANNIBAL (II) COMES IN ALTA EMBS, GALLARA ET VALDVZ. ÆTATIS SVÆ 22. ANNO 1617. Lebensgross, stehend, blosshäuptig, in rothem Unter- und schwarzem, goldgesticktem Oberkleide mit rothen und geschlitzten Beinkleidern, rothen Strümpfen und weissen Schuhen mit rothen Rosetten.

XXIII. Desselben barhäuptiges Brustbild mit umgelegtem, weissem Halskragen, rothsammtnem Kleide mit Gold, in weiten Beinkleidern und mit einer Schärpe, vom J. 1618. S. 37 und 51. Dessen beide Gemahlinnen:

XXIV. ANNA SIDONIA COMITISSA IN ALTA EMBS NATA DVCISSA IN TISCHEN (sie) ET MAIORI GLOGOVIA. ÆTAT. 20. ANNO 1617. Die in Lebensgrösse gemalte Prinzessinn trägt auf dem Haupte ein Diadem von Perlen und Edelsteinen, eine grosse Spitzenkrause und ein schwarzes, von Gold und Silber reich durchwirktes Gewand, ihre Rechte ruht auf dem Herzen, die Linke hält ein goldgesticktes Taschentuch. S. 52 und 53.

XXV. FRANCISCA CATHARI: COMITISSA IN ALTA EMBS NATA COMITISSA À ZOLLERN. ÆT. 22. ANNO 1620. Lebensgross in braunem Gewande mit Spitzenkrause, in ähnlichem Costüme mit der Vorigen. S. 55.

XXVI. Derselben Brustbild vom Jahre 1620.

XXVII. FRANC. WILHELM. COMES IN ALTA EMBS GALLARA ET VADVZ. DNS IN SCHELLENBERG. OBIIT DIE 10. Xbris AN. 1662. Lebensgross und barhäuptig trägt der Graf ein langes, mit Silberborten besetztes Gewand mit bauschigen Ärmeln, den Degen an breiten Bandeliere, in hohen mit weissem Leder besetzten Reiterstiefeln und Spornen. — Nach der quellensichern Angabe oben S. 62 starb er am 19. September 1662.

XXVIII. Brustbild desselben im Harnisch, ähnlich dem vorigen.

XXIX. Dessen jüngster Bruder: MELCHIOR COM: AD (sie) ALTA EMBS ELETTO IN COLOGNIA (sie) 1669. Dessen Brustbild als Jüngling in geistlichem Ornate. — Nach des Herrn Doctors L. Ennen, Archivars und Bibliothekars der Stadt Cöln, brieflicher Mittheilung findet sich daselbst nirgends irgend eine Spur von

---

[1]) Es sei uns erlaubt hier zu bemerken, dass der Name Valduna, der wegen des dortigen von K. Joseph II. aufgehobenen Frauenklosters in vallis dominarum verlateint wurde, schon vor dessen Stiftung durch Marquard von Prixen um 1390 urkundlich erscheint. Das Wort scheint aus dem romanischen val le und dem keltischen -dunum (vgl. Lug-dunum, Campo-dunum) entstanden zu sein, und sollte jener dunkle und bisher unerklärte locus Valrun juxta nemus Muntifort in partibus Walichgowe in Berchthold's von Weingarten Zeitbuche (von 1138—1221) in Hess monum. Guelfic. pag. 211 nicht Vald un heissen?

diesem Grafen Melchior, der nach S. 55 im J. 1629 geboren und gestorben ist. Diese beiden Nummern zeigen gleich Nr. XVIII und XIX die irregeleitete Hand des Restaurateurs.

XXX. ELEONORA CATHARINA COMITISSA IN ALTA EMBS NATA COMITISSA À FVRSTENBERG. Ohne Jahreszahl. Lebensgrosse starke Dame, blosshäuptig in ihren natürlichen Haaren, mit vollem Gesichte, in schwarzem Sammtgewand mit weissen und geschlitzten Ärmeln, hält in der Linken einen Fächer, in der Rechten eine Rose. S. 61.

XXXI. Dieselbe in schwarzem Gewande. Brustbild.

XXXII. FRANCISCVS CAROLVS COMES IN ALTA EMPS GALLARA ET VADVTZ. ÆTATIS SVÆ 26. AN. 1676. Der Graf, den Helm mit weissen und rothen wallenden Federn, sitzt in Lebensgrösse geharnischt mit gezogenem Degen auf einem Schimmel; unten Reiter im Gefechte, in der Landschaft von Hohenembs, wo man auf der Höhe beide Schlösser in noch gut erhaltenem Zustande gewahrt. S. 60.

XXXIII. **Porträte der älteren Linie.** — Ohne Umschrift, angeblich Brustbild Jakob Hannibal's III., barhäuptig, mit dunkelbraunem Haare, grosser Halskrause, in einem golddurchwirkten weissen Leibrocke mit weisslichen Ärmeln, mit Degen und einem Dolche. S. 65 und 70. Dessen Sohn

XXXIV. FRANZ RUDOLPF (sic) REICHSGRAF VON HOHEN EMPS. 1707. Brustbild im Brustharnisch, mit langem, lockigem Haare, vorwärts gekehrt. Im J. 1707 trat er nach S. 73 in kaiserliche Kriegsdienste.

XXXV. Dessen Brustbild ohne Hände in natürlicher Grösse mit der langen Perrücke im Brustharnisch und darüber liegendem goldgeschnürtem Waffenrocke, links gekehrt. Gegenstück zu dem Brustbilde seiner dritten Gemahlinn

XXXVI. FRANCISCA ROMANA etc. im Phantasie-Anzuge mit kleinem Hütchen auf dem gepuderten Haare, kleiner Halskrause, in dunkelblauem, mit Silber gesticktem rothärmeligem Kleide, auf der Hand einen Papagei haltend.

XXXVII. Dieselbe mit der Aufschrift des Restaurateurs: FRANCISCA REICHSGRÄFIN VON HOHENEMPS, geb. G. LA ROCHE HAUTFORTE ET SOWEILLE (sic) 1733. Brustbild einer jungen Dame von hoher Schönheit, mit gepudertem Haare und einem Bouquet von Feldblumen, in weissem Gewande und rothem Umwurfe, sitzend in einer Landschaft von Bäumen und hinter ihr eine aufrecht stehende Korngarbe, hält in der linken Hand eine Sichel und in der rechten ein Bouquet von Kornblumen S. 79. — Unten im Ecke E. S., d. i. Emil Schindler, welcher als processirender Universalerbe auf dieses und andere Bilder diese Buchstaben setzen liess.

XXXVIII. Deren ältere Tochter Caroline, vermählte Freiinn de Vos. Brustbild in natürlicher Grösse, mit gepudertem Haare, in einem weissen, vorne offenen Kleide mit grünen Maschen, sitzt vor einem Toilettenspiegel, in der Rechten eine goldene Vorstecknadel haltend, die Linke vor sich hingestreckt. Das Porträt ihrer jüngeren Schwester M. Francisca ist abhanden gekommen; noch daselbst ist das Porträt von ihrem Gemahle:

XXXIX. Dem Grafen Johann Wenzel Grafen von Kulhanek, Brustbild in natürlicher Grösse, blossen Hauptes mit aufgedrehten Pigeons und Haarbeutel, in der Kürassier-Uniform und rothem Waffenrocke, trägt einen dreispitzigen Hut unter dem linken Arme.

Drei Porträte, folgen unten Nr. LXI, LXII und LXIII.

XL. **Porträte der jüngeren Linie.** — FRANCISCVS WILHELMVS COMES | IN ALTA EMBS GALL: VAD: ET SCHELLENB: | etc. S. C. M. CAMMERARIVS VICE COLLON- | ELLUS ET COMENDANS REGIMINIS | COMITIS PALATINI CATAPHRACTORVM | NEC NON ADMINISTRATOR COMITATVS | HOHENEMSIENSIS NATVS ANNO 1654. | OBIIT ANNO 1691. ÆTAT. SVÆ 37. Lebensgross mit dem Brustharnisch, voll frischen und kräftigen Aussehens mit schönen braunen Augen, in der Linken der Commandostab, der Helm und eine Trompete liegen daneben auf einer Trommel, S. 81. Dessen Gemahlinn Fürstinn von Liechtenstein:

XLI. Bildniss einer Dame von schönen und feinen Gesichtszügen, mit gepudertem Haare und blossem Halse, in grünem Sammtkleide und mit blossen Armen, mit einer Jagdflinte in der Linken und mit der Rechten einem Hunde schmeichelnd, der auf dem Halsbande die Buchstaben I. F. V. (den vierten Buchstaben deckt das Ohr des Thieres), d. i. wohl Josepha Fürstinn von Liechtenstein.

XLII. Aloysia Josepha Fürstinn von Liechtenstein, vom J. 1694 an Gemahlinn des Grafen Jakob Ernst von Leslie. Schönes Brustbild in einem Gewande von Silberstoff mit Gold durchwirkt und einem grünen Überwurf mit Hermelin, vom J. 1727.

XLIII. ALOYSIA IOSEPHA COMITISSA AB ALTA EMBS ET NATA PRINCIPISSA À LIECHTENSTEIN NATA 1668, OBIIT A° 1736. ÆTATIS SVÆ 68. Lebensgross mit gepudertem Haare, in braunem goldgesticktem

Sammtkleide und blauem mit Hermelin besetztem Mantel, hält einen Fächer in der Linken, den rechten Ellbogen auf einem Sessel gestützt. S. 81. — Deren Sohn erster Ehe:

XLIV. *FRANC. WILH. COMES IN ALTA EMBS SAC. CÆS. REGIÆQUE MAIEST. CAMERARIUS CO-LONELLUS ET COMMENDANS FORTALITII ET CIVIT. GRÆC. AETAT. 59. AN. 1751.* Ein sehr wohl getroffenes Porträt in Lebensgrösse, unbedeckten, gepuderten Hauptes, in Obersten-Uniform über der Kürasse, hält in der Linken neben sich den Helm, an welchem eine goldene Medaille mit der Aufschrift „Maria Theresia D. G. — Regina. Hvngar." an einer Kette hängt. S. 81.

XLV. MARIA WALBURGA COMITISSA IN ALTA EMBS NATA COMITISSA À WAGENSPERG. AETAT. AO. 1751. Lebensgrosse Dame in schwarzem Gewande mit freundlichen Gesichtszügen, gepudertem Haare, einem Bouquet auf der Stirne, einem Brustlatze mit Perlen und Brillanten und einem leichten Umwurfe um die Achsel. S. 82. Deren Söhuchen:

XLVI. *FRANCISCUS ALOYSIUS COMES IN ALTA EMBS NATUS DIE 6. MAII 1747 DEPICTUS 1751.* Ein Knabe, den Kopf bedeckt, in blauem, vorne zusammengeschnürtem Kleide, rothen Hosen, gelben Zismen (Stiefelchen), mit umgeschnalltem Degen und dem Attila als Umwurf (in ungarischem Costüm), vor ihm ein Bulldogg mit messingenem Halsbande. S. 82.

XLVII. MARIA REBECCA GRÆFIN VON UND ZU DER HOHEN EMBS VERMÄHLTE GRÆFIN HARRACH-RORAU, GEB. DEN XVI. APRIL 1742. Lebensgrosse Dame mit schönen Augen und einem dem Vater ähnlichen Aussehen, mit weisser, blaunaschiger Spitzenhaube über dem gepuderten Haare, in schwarzem Kleide mit weissen Spitzen. S. 847. Freiin von Langet besitzt von derselben ein Porträt en miniature.

XLVIII. FERDINAND BONAVENTURA REICHSGRAF VON HARRACH ZU RORAU. RITTER DES GOLDENEN VLIESSES, WIRKL. GEH. RATH UND KÄMMERER, K. K. FELDMARSCHALLIEUTENANT ETC. Der Graf in Lebensgrösse vorwärts gekehrt, mit edlen, männlichen Gesichtszügen, barhäuptig, mit gepudertem Haare und ailes de pigeon, in seiner Uniform mit dem Maria-Theresien-Orden. Da Graf Ferdinand Bonaventura von Harrach († 1772) Reichshofraths-Präsident, General-Capitän und Gouverneur zu Mailand, auch von 1747—1750 niederösterreichischer Landmarschall, Ritter des goldenen Vliesses, niemals aber Feldmarschall-Lieutenant und Ritter des Maria-Theresien-Ordens war, so hätte der Restaurateur hier den richtigen Namen Franz Xaver Reichsgraf von Harrach, welcher der Gräfin M. Rebecca von Hohenembs Gemahl war, setzen sollen. S. 84.

XLIX. WALBURGA REICHSGRÆFIN VON TRUCHSESZ-SZEIL (sic), GEB. REICHSGRÆFIN VON HARRACH HOHEN EMBS. In Lebensgrösse mit ihrem Vater ähnlichen Gesichtszügen, sehr hohem Toupet und einem weissen Tuche darüber, in blauem Kleide mit gelben Maschen und Stöckelschuhen. S. 86 und 88 f.

L. Graf Franz Clemens von Truchsess-Zeil. Ohne Aufschrift. Brustbild im Dreiviertel-Profil mit gutmüthigen Gesichtszügen, mit gepudertem blossen Haupte, in weisser Uniform mit rothen Aufschlägen. S. 86.

LI. Maria Amalia, dessen Töchterchen. Ohne Aufschrift. Als zweijähriges Kind im Hemdchen auf blauem Polster sitzend, vor sich eine Schale mit Kirschen. S. 87.

LII. Brustbild des Grafen Franz Karl, als Knabe von etwa zwölf Jahren in grünlichem Rocke mit Chabot, vor sich eine Landkarte, die an einer Tafel hängt, in der Rechten einen Zirkel haltend. S. 87.

LIII. **Porträte von Verwandten.** — Johann Jakob von Medicis, Marchese von Marignano, blosshäuptig, mit grauem Haare und Barte, im Harnisch mit vergoldeten Löwenköpfen auf den Schultern, rother Feldbinde, in der Rechten eine Hellebarte mit kurzem Schafte haltend. Beinahe Kniestück mit der Jahrzahl 1555. Bd. X, 176. Spabdr. S. 84. — Dessen jüngerer Bruder

LIV. Papst Pius IV., in Lebensgrösse in einem Sessel sitzend. Bd. X, 176; Spabdr. S. 84.

LV. Derselbe in ganzer Figur, aber nicht von halber Lebensgrösse, sitzend und vor ihm steht sein Neffe der Cardinal Karl von Borromeo, im Hintergrunde auf einer Säule das päpstliche und unten das Borromeische Wappen.

LVI. Cardinal-Erzbischof Karl von Borromeo, im Cardinals-Gewande mit dem rothen Barette auf dem Haupte, im J. 1584.

LVII. Derselbe vor einem Crucifixe betend, auf dem Tische vor ihm liegt ein Buch, im Hintergrunde dessen Wappen. S. oben S. 4.

LVIII. Daneben in derselben Grösse sind stehend dargestellt beide Marx Sittich, der Ältere und der Jüngere, mit ihren Familien- und dem Constanzischen und Salzburgischen Wappenschilde.

LIX. WENCES: *laus* ADRI: *anus* COM: *es* ENKENVO *(ört)* ÆTA: 67. Nach S. 63 Sohn der Gräfinn M. Francisca von Hohenembs. Brustbild mit grosser Alonge-Perrücke, in gelbem Staatskleide und blauem Überwurfe. Dessen Gemahlinn

LX. IOSEP: *ha* COM: *itissa* ENKENVOIRT NATA VNG: *sad* ET WEISSENWORLFF. — Brustbild, dargestellt in vorgerücktem Alter, mit gepudertem Haare, in schönem gelben Gewande von Goldstoff, im Corridor. S. 63.

LXI. Brustbild des Herrn de la Roche in natürlicher Grösse, mit sehr schönen, ausdrucksvollen Gesichtszügen, Alonge-Perrücke, in blauem mit Gold gesticktem Umwurfe.

LXII. Brustbild von dessen zweiter Tochter, verehelichten Freiinn von Kölbel[1]) mit gepudertem und rosengeschmücktem Haare, in einem weissen, mit Silber gestickten Sammtkleide und einem rosenfarbenen Umwurfe.

LXIII. Deren Tochter, Gemahlinn des englischen Lords und Peers Payne. Brustbild in natürlicher Grösse, mit gepudertem Haare, in weissem Gewande, dargestellt als Danae, welche ein Sieb in beiden Händen hält und Wasser schöpft, im Hintergrunde ein runder Tempel.

LXIV. Papst Pius V. († 1572) sitzend, in der Rechten eine Schrift haltend und die Linke an die Lehne gestützt, eines der besten und kostbarsten Bilder, beinahe in Lebensgrösse, abgeschnitten.

LXV. Brustbild des Cardinals Hippolyt Aldobrandini, nachherigen Papstes Clemens VIII. († 1605), eines Mannes von schöner und edler Physiognomie.

LXVI. **Porträte von Regenten etc. des durchlauchtigsten Hauses Habsburg.** — Kaiser Karl V. in Lebensgrösse, stehend und etwas nach links gekehrt, mit hohem und Kleinodien geschmücktem Hute, in spanischer Tracht und mit der Kette des goldenen Vliesses, neben sich rechts auf einem Tische die Kaiserkrone — ihm gegenüber rechts gekehrt als Gegenstück seine Gemahlinn

LXVII. Isabella, geb. Prinzessinn von Portugal († 1539), in Lebensgrösse, mit hohem Kopfputze, einer Krone von Geschmeide, grosser Spitzenkrause, in lilafarbigem, von Gold und Silber durchwirktem Unter- und einem schwarzen, perlenreichen Oberkleide, neben sich die Krone. Ferner

LXVIII. ein kleines Brustbild K. Philipp's III. von Spanien († 1621), blosshäuptig, mit grosser Halskrause, in einem mit Goldborten reich besetzten Wamms, darüber die Toisonkette, und einem blauen mit Pelz verbrämten Sammtmantel.

LXIX. Angeblich das Brustbild von dessen Gemahlinn M. Margaretha, Tochter des Erzherzogs Karl von Steiermark, mit hübschen und edlen Gesichtszügen, lebhaften Augen, mit hohem und Goldstaube gepudertem Kopfputze, einem spanischen Kragen, in schwarzem, pelzverbrämtem Gewande, hält ein Gebetbuch in der Rechten.

LXX. Brustbilder K. Leopold's I., unbedeckten Hauptes mit Perrücke in schwarzem Gewande mit dem Orden des goldenen Vliesses und seiner zweiten Gemahlinn

LXXI. Claudia Felicitas, geb. Erzherzoginn der tirolischen Linie († 1676), einer Fürstinn von seltener Schönheit, in einem grauen Kleide, welches mit Perlen reich besetzt ist, sehr ähnlich mit deren Porträte in der k. k. Ambraser-Sammlung, Saal IV, Nr. 28.

LXXII. Brustbild K. Karl's VI. im Harnisch mit dem Orden des goldenen Vliesses, einem rothen mit Goldborten reich besetzten Umwurf, hinter sich auf einem Tische die Kaiserkrone.

LXXIII. Brustbild von dessen Gemahlinn Elisabetha Christina, blossen Hauptes mit gepudertem Haare und Brillantenschmuck, in einem grünen Sammtkleide mit weissen Spitzen, rothem Umwurf, die Rechte auf der Kaiserkrone.

LXXIV und LXXV. Brustbilder des Kaisers Franz I. und der Kaiserinn Maria Theresia in natürlicher Grösse, in Pastell gemalt. Kaiserliches Brautgeschenk bei der Vermählung der Gräfinn Rebecca mit dem Grafen von Harrach im J. 1762.

LXXVI. Ferner das Porträt des Prinzen Eugen von Savoyen im Dreiviertel-Profile, mit dem goldenen Vliesse über dem Harnisch, in rothem mit Hermelin gefüttertem Überwurfe, mit dem Commandostabe in der Rechten.

---

[1]) Nach den Registratur-Acten im k. k. Kriegsministerium starb Karl Christian Freiherr von Kölbel als k. k. General-Feldwachtmeister am 8. Jänner 1769 zu Alchicht im Bunzlauer Kreise in Böhmen, wo er als Commandant der Reserve-Cavallerie sein Standquartier hatte.

LXXVII. Brustbild des Herzogs Karl von Lothringen († 1780), gleichfalls im Dreiviertel-Profil im Ledergoller, mit Brustharnisch und rothem Überwurfe.

LXXVIII. Das Brustbild angeblich eines Fürsten von Liechtenstein im Dreiviertel-Profil in schwarzem Harnisch und einem mit rothem Pelz gefütterten Überwurfe.

LXXIX. Am Schlusse der Beschreibung der Porträte im Schlosse zu Bistrau dürfen wir des Leib-kürassiers des Grafen Franz Rudolf nicht vergessen, der an der Wand zunächst der Thüre am Eingange in den Corridor als treuer Wardein seine Stelle einnimmt. Kniestück, treffliches Porträt, voll Natur und Wahrheit, ganz treu in der Uniform seines Regiments mit einem Gewehre, das im linken Arm ruht, mit der Aufschrift: „Wilhelmß Harth aus Mähren von Ollmütz gebürtig unter dem löbl: General Feldtmarschall Graff Hochen-Embs: Cuiraßier Regiment als gemeiner Reytter und bey der Carabinier-Compagnie 50 Jahr gedienet."

LXXX. Einen interessanten Anblick bietet die **Giostra**, d. i. ein Lanzenstechen im Teatro Vaticano zu Rom bei Gelegenheit der Vermählung des Grafen Jakob Hannibal I. mit der Gräfin Hortensia Borromea am 6. Jänner 1565 (S. 18). — Mitten im genannten Theater, dessen Logen und Parterre mit Menschen gefüllt sind, tummeln sich Ritter in verschiedenen Rüstungen mit mannigfaltigem Aufputze zu Pferde in wechselnden Fecht- und Kampfarten; oben im Hintergrunde ein Feuerwerk, mitten durch das Gesteche fährt auf einem Wagen, der mit vier weissen Pferden, auf denen Genien mit flammensprühenden Füllhörnern sitzen, bespannt ist, Amor einher mit verbundenen Augen und Pfeile entsendend.

Zur Seite sind geschrieben die Worte in mehreren Zeilen: Fine della Nobilissima Giostra fatta da 86 cavalieri nel theatro Vaticano in Roma per honorare se nozze del Exc.mo Signor Conte Annibale Alta-Emps Capitano Generale di Sta Chiesa: et la Signora Contessa Hortensia Boromea, Nepoti della Santità di Pio Quarto Pontefice Mass.mo nell' anno: MDLXV. Wir lesen ferner die zwölf Namen der Führer der Qua-drillen, als:

Ordine del comparire de' Signori Capi delle Quadriglie.

Sig. Conte Annibale Alta-Emps.

Sig. Don Giovanni D'Avalos Napolitano.

Sig. Donnato Carcano Milanese.

Sig. Domenico De'Massimi Romano.

Sig. Ottavio Puffalini Romano.

Sig. Pompeo Colonna Romano.

Sig. Giovanni Orsino Romano.

Sig. Conte Pallavicini Romano Modenese.

Sig. Pirro Malvezzi Bolognese.

Sig. Giov. Giorgio Cessarini Romano.

Sig. Bernardin Savelli Romano.

Sig. Mutio et Ciriaco Mathei Romano.

Comparse il conte Annibale con 32 cavalieri et 32 pedoni Richamente vestiti di Livrea bianca con rossoni d'oro. Cosi gli altri capi pomposamente di modo. Il comparir, il Giostrar, l'armeggiar. Et fine della festa fu tale, che da antichi romani spetacoli in qua più belli in Italia non si ha veduta. Breite des Gemäl-des 7 Fuss 5 Zoll; Höhe 5 Fuss 2 Zoll.

LXXXI. Dieses alte Originalbild ist von nicht geringem Interesse, die neun Personen auf demselben in lebensgrossen Halbfiguren sind, wie ich aus dem beigesetzten Alter der fünf Kinder schliesse, in den Jahren 1576 oder 1577 von einem unbekannten Meister ganz vortrefflich gemalt. Wir glauben dies Familien-gemälde näher beschreiben zu müssen:

Jakob Hannibal I. ist dargestellt im Dreiviertel-Profil, blossen Hauptes, mit Hals- und Handkrausen, in rothem Sammtwamms, das mit Gold und Silber durchwirkt ist, mit schwerer goldener Kette, an welcher ein in Rautenform gefasstes und an den vier Ecken mit Perlen besetztes Kleinod hängt. Auf dem Tische zwischen ihm und seiner Gemahlinn Hortensia liegt ein schwarzes Sammtbarrett mit einer sehr schmucken Goldkette und vier Federn, unten Puffen an den Tricot-Beinkleidern, die Rechte stemmt er auf die Hüfte, die Linke reicht eine Nelke seiner Gemahlinn, welche ein Diadem und Edelgestein auf dem Haupte trägt, mit Hals- und Handkrausen und schönem Geschmeide um die Hand, in einem kostbaren Unterkleide, das mit Perlen und Rubinen, und einem Oberkleide, das mit Roth und Gold gestickt und einem Gürtel, der mit Edelsteinen besetzt ist.

Hinter dem Grafen: Sein treuer Haushofmeister Pappus[1]), blosshauptig, mit Hals- und Handkrausen, der eine dreifache goldene Kette, an welcher ein Medaillon mit seines Herrn Bildniss hängt, trägt —

---

[1]) Über die Familie Pappus s. oben S. 49, Anm. 1. — In der Tabelle der Pappus in Gabr. Bucelini Rhetia etc. pag. 462 ist dieser Hartmann nicht genannt.

daneben die Worte: HARTMANVS BAPPVS A TRAZBERG SERVVS FIDELIS. — Unter der Gräfinn sieht und liest man: PAVSANIA MINICONA SERVA FIDELISSIMA, sie trägt einen Kranz auf dem Haupte und eine Halskette, gleichfalls mit Hals- und Handkrausen.

Über den Ältern ihre Kinder mit Angabe ihres Alters, und zwar die Söhne mit den Worten: *a)* CASPARVS COMES IN ALTA EMPS ÆTATIS SVÆ͟ ANNO 4͟; *b)* MARCVS SITICVS COMES IN ALTAEMPS͟ ÆTATIS SVÆ͟ ANO 3͟; *c)* WOLFGANGVS THEODORICVS COMES IN ALTAEMPS͟ ÆTATIS SVÆ͟ ANNO 2͟ Diese drei Knaben sind dargestellt in ganzer Figur mit Füssen, in gleicher Tracht, blosshauptig, mit Hals- und Handkrausen, grünem mit Gold durchwirktem Wamms und weissen Ärmeln, rothem Tricot und rothen Puffen um die Oberschenkel, und mit weissen, geschlitzten Schuhen und den Degen umgeschnallt. Die beiden Töchter: *d)* MARGARITA COMITISSA IN ALTAEMPS ÆTATIS SVÆ͟ ANNO 10͟; *e)* CLARA COMITISSA IN ALTAEMPS ÆTATIS SVÆ͟ ANNO͟ Beide sind in ganzer Figur aber ohne Füsse dargestellt, blossen Hauptes mit Geschmeide, mit Hals- und Handkrausen, Geschmeide um den Hals, in rothem Sammtgewande mit Ärmeln von Goldstoff, und goldenem mit Edelsteinen besetztem Gürtel. Länge des Bildes 5 Fuss 10 Zoll; Höhe 3 Fuss 5 Zoll.

LXXXII. Ein noch interessanteres Bild ist jenes, welches die **festliche Tafel** bei Gelegenheit der Vermählung der Gräfinn Margaretha von Hohenembs, Schwester Jakob Hannibal's I., mit Fortunat Freiherrn von Madruzzo darstellt. Dieses grosse Familiengemälde auf Leinwand von 17 Fuss 1 Zoll Breite und 6 Fuss 6½ Zoll Höhe, zählt 56 Personen in mehr als halber Lebensgrösse.

In einer Landschaft mit gebirgigem Hintergrunde (wohl von Hohenembs) unter einem hölzernen, mit Weinlaub und Trauben geschmückten Laubengange im Freien sitzen an einer langen gedeckten Tafel sämmtliche Herrschaften und Gäste. Das Ganze zerfällt in drei Gruppen: die mittlere und Hauptgruppe stellt dar die Hauptpersonen des Festes, den Bräutigam und die Braut nebst deren betagter Mutter Clara von Medicis, alle drei sitzend vorwärts gekehrt, an der andern Seite der Tafel, welche goldene oder vergoldete und silberne Pocale, silberne Teller und zweizinkige Gabeln zieren, sitzt der hausgetreue (fidelis) Pappus, einen Becher in der Rechten haltend, und gegen eine Dame rechtshin sich wendend. Hinter dieser Gruppe sind Aufwärter und Diener in vollem Aufputze mit Pocalen, Schalen und Gläsern beschäftigt.

In der zweiten Gruppe links (vom Bilde aus) sitzen beim Dessert am Tische mit Obst, Trauben etc. die beiden Cardinäle in rothem Gewande und rothem Barette auf dem Haupte, nämlich Marx Sittich von Hohenembs und Ludwig Freiherr von Madruz, Fürstbischof zu Trient[1]), rechts neben jenem Graf Jakob Hannibal mit schwarz-sammtenem Barette, in golddurchwirktem und in enggeschlossenem Gewande und einer goldenen Kette; dessen Gemahlinn Hortensia sitzt zwischen den beiden Kirchenfürsten, gegenüber die ältere Tochter Margaretha, und neben der Mutter der älteste Sohn Kaspar und der Hofnarr mit der Schellenkappe; hinter der Mutter eine Dienerinn mit dem jüngsten Söhnlein Wolf Dietrich auf dem Arme, der zweite Sohn Marx Sittich und die jüngere Tochter Clara stehen als Kinder Hand in Hand im Vordergrunde.

Im Vordergrunde gewahrt man einen gebückten jungen Diener, welcher in der Linken einen goldenen Pocal hält und mit der Rechten ein goldenes Gefäss zum Einschenken emporhebt. Nur die Braut, die Gräfinn Hortensia und ihre ältere Tochter und Graf Jakob Hannibal tragen schwarze Barette.

Die dritte Gruppe rechts bilden eilf sitzende Personen, Männer mit goldenen Ketten und Frauen, unter ihnen mit schwarzer Mütze, wie sie Priester tragen, das Haupt bedeckt ein ältlicher Mann mit langem Barte und hellbraunem Gewande (der Hauscaplan?), hinter dieser Gruppe stehen zwei Schwegler, welche zur fröhlichen Tafel blasen, und um den Tisch geschäftige Diener. Unten im Ecke eine Kühlwanne mit drei Weinflaschen.

Unseres Erachtens dürfte diese Vermählung, bei der alle fünf Kinder Jakob Hannibal's erscheinen, und im Laubengange Weinlaub und Trauben prangen, in den Herbst des Jahres 1577 fallen, und zwar um so mehr, da nach S. 25 im folgenden Jahre Hortensia gestorben ist. Das Gemälde, welches auch in Hinsicht auf die Costüme sowohl der Herrschaft als der Diener aller Beachtung würdig ist, trägt unten im Ecke links den Namen des übrigens unbekannten Künstlers: ANTHON. BAHS. FECIT. 1578. ANTWERPIANV. Diesen Maler

---

[1]) Über den Cardinal Ludwig Freiherrn v. Madruz († 1600), Sohn Niklas' Freiherrn v. Madruz und der Helena Herrinn v. Lamberg, ältesten Bruder Fortunat's, s. meine Medaillen, Bd. I, 29 f.

trat später der Graf dem Erzherzog Ferdinand von Tirol nach dessen Wunsche ab. (Vgl. Abtheil. I, S. 190 und in den Separatabdrücken S. 98.) Uns ist jedoch kein Gemälde in der k. k. Ambraser-Sammlung mit dessen Namen bekannt.

Über diesem Gemälde hängen die Brustbilder der Gräfinn Margaretha und ihres Gemahles Fortunat's Freiherrn von Madruzzo, des Fortpflanzers der tirolischen Linie dieses nun erloschenen Geschlechtes, jedes mit seinem Familienwappen[1]).

LXXXIII. MARGARETHA BARONISSA. NATA COMITISSA IN ALTA EMBS. ANNO SALVTIS MDLXXX. Sie trägt ein enganschliessendes, schwarzes, mit Edelsteinen besetztes Gewand, kostbares Halsgeschmeide, weisse Hand- und Halskrausen, und ein schwarzes, gleichfalls mit Edelsteinen besetztes Sammtbarett.

LXXXIV. FORTVNATVS BARO IN MADRVTZ, AVI ET BRENTONI (eo). ANNO SALVTIS MDLXXX. Er trägt ein schwarzes, mit Edelsteinen geschmücktes Wamms, weisse Hals- und Handkrausen, barhäuptig, mit dunklem, kurzgeschnittenem Haare.

LXXXV. Eine **Landschaft** in bläulichem Tone, 8 Fuss 4 Zoll 6 Linien lang und 2 Fuss 10 Zoll hoch, welche darstellt die ganze Gegend mit der Felsenpartie ob Dornbirn, mit den beiden Schlössern Alt- und Neuembs auf der Höhe (Altembs in noch gutem Stande), unten die Pfarrkirche, das neue Schloss oder der Palast und die Gebäude in dessen Umgebung. Unter dem Felsen auf der Ebene Jagden mit Ebern, Hirschen, welche die Jäger in ihre vorgestreckten Spiesse anlaufen lassen und Damen reitend mit Falken. Von der Kirche kommt eine schwarz gekleidete Dame, nach dem Porträte Nr. V ähnlich der Gräfinn Clara, von vier anderen Damen begleitet. Bei dem Palaste sind Spielleute und tanzende Paare, die Frauen oder Dienerinnen mit rothen Röcken; aus einem Nebengebäude, das in einem wohl bepflanzten, baumreichen Parke steht, reitet Jakob Hannibal I. von Dienern mit Falken auf der Hand und Jagdhunden begleitet, auf's Weidwerk aus. Auch sieht man ein liebendes Paar unter einem Apfelbaume.

LXXXVI. **Schlachten.** Eine Schlacht gegen die Türken bei dem Zusammenlaufe zweier Flüsse (bei Szalankemen? S. 81); eine andere in einer italienischen Landschaft, darstellend die Belagerung einer Festung oder befestigten Stadt.

LXXXVII. **Muttergottes-Bild** in der Hauscapelle des Schlosses zu Bistrau. — EFFIGIES. B.eat MARIÆ. VIRGINIS. QVÆ | IN MONASTERIO. AVLÆ REGLÆ IN REGNO BOEMLÆ. | POST FVNDITVS EVER SVM MON | ASTERIVM ANNO 1420. VSQVE HODIE INTEGRA MANET 1648. Auf Goldgrund die heil. Mutter mit einer Blätterkrone und weissem, goldgesäumtem Schleier, in blauem mit Sternen besäetem Gewande, hält auf dem rechten Arme das heil. Kind mit weissem Gewand, welches nach seiner Mutter sieht und einen Vogel in der Rechten hält. Höhe 2 Fuss 10 Zoll; Breite 2 Fuss.

Stammtafeln.

Wir versprachen im Nachworte zur ersten Abtheilung eine Stammtafel des Geschlechtes der von Embs vom J. 1170 bis 1560 auf Grundlagen weiterer Studien in dieser zweiten nachzutragen. Sie ist zwar entworfen, will uns aber nicht genügen, wir gedenken daher sie nach strenger Durchsicht der von Herrn P. Joller herausgegebenen 124 Urkunden, welche sämmtlich zwischen die Jahre 1315 und 1537 fallen, mit möglichster Sorgfalt nochmals zu überarbeiten und mit einem anderen Elaborate über Vorarlberg mitzutheilen.

Die Stammtafeln von Marx Sittich I. bis auf Franz Wilhelm III. von 1466—1759, wie auch die der weiblichen Nachkommen beider Linien von 1759—1860 sollen, wie sie die Resultate genauer Forschung bieten, hier folgen. Da unter Marx Sittich's I. Söhnen, wie aus allen Umständen erhellt, Wolf Dietrich der Jüngste war, so erhält er in der Stammtafel auch die letzte Stelle (vgl. Abtheil. I, 171).

---

[1]) Nach Perini's „I Castelli del Tirolo colla storia delle relative antiche-potenti famiglie. Milano 1835. Vol. II, pag. 35 hiess sie Orsola, welche Angabe unrichtig ist. Eine sehr schöne Silbermedaille auf diesen Freiherrn Fortunat, von P. P. R. d. l. Peter Paul Galeotto aus Rom, ist abgebildet in meinen Medaillen. Bd. I, Taf. IV, Nr. 17 und beschrieben S. 37 f. Nach Schlecht's Embser Chronik S. 65 waren die Freiherren von Madrutsch (sic) Zehentherren zu Nenzing bei Frastanz.

A.

Marx Sittich I., Ritter, Sohn Marquard's III. und Annens von Hohen-Landenberg (im Canton Zürich), geb. um 1466, † 1533. (Abtheil. I, Denkschriften Bd X, 169 f.; Porträt Nr. 111.)
Gemahlinn: Helena von Freyberg, Heiratsvertrag vom 6. Mai 1493.

| Georg Sigmund, Domherr zu Constanz und Basel. † 1549. | Marquard, 1517 päpstl. Oberst über 1000 Mann Knechte, Vogt zu Bludenz, † um 1523. Gemahlinn: Veronica v. Neideck. | Friedrich, machte 1521 den Zug gegen Marseille, 1524 u. 1525 gegen Mailand, † 1526 unvermählt. | Wolf Dietrich, geb. um 1507, wird 1527 Vogt zu Bludenz. † plötzlich 1538 zu Embs am Kirchweihfeste, als er unter der grossen Linde einem Volkstanze zusah (nach P. Jolier). Gemahlinn: Clara von Medicis aus Mailand, vermählt 1528, lebte noch 1577. |

| Marx Sittich III., Vogt zu Bludenz u. Sonnenberg. Graf 1560, lebte noch 1564 (S. 14). Gem.: 1. Eva von Dankertschweill; 2. Eva von Thun. | Amalia, Gemahl: Sixt. v. Schinen (nicht Schünau, Bd. X, Abtheil. I, S. 172). | Johanna, Gemahl: 1. Wolf von Wertnau; 2. Egon von Tettingen. | |

Drei Söhne und zwei Töchter im Reichsgrafenstande seit 27. April 1560.

| Graf Hanns Christoph, † 1603 zu Embs. Gem.: Maria, geborne von Paumgarten, Freiinn zu Hohenschwangau, † kinderlos zu Kisslegg am 16. Nov. 1633. (Anm. V.) | 1. Jakob Hannibal I., Grand von Spanien etc., geboren 13. Mai 1530, † 26. Dec. 1587. Gemahlinn: Hortensia Borromea, Gräfinn von Arona, vermählt 6. Jän. 1565, † 1578. | 2. Marx Sittich II., geb. 19. August 1533, erst Soldat, dann Cardinal, Bischof etc., † 15. Febr. 1595 in Rom. | 3. Gabriel, † 1581 auf der Reichenau, wo er ruht. Gem.: Helena v. Freiberg, † 1588 kinderl. | 4. Margaretha, Gem.: Fortunat Freiherr v. Madruzzo. (S. 109.) | 5. Helena, Gem.: Johann Werner von Raitenau, † 1593, ruht in Salzburg. (Anm. VIII.) |

| Margaretha, Gem.: 1. Ludwig Graf v. Lodron; 2. Oswald Freiherr von Trapp. 1605. (S. 30.) | Clara, Gemahl: Sigmund Freiherr v. Welsperg und Primör. | | Kaspar, geb. um 1573, kauft 1613 Vaduz und Schellenberg, † 10. Sept. 1640. (S. 36 f.) Gem.: 1. Eleonora Philippina Freiinn von Welsperg u. Primör, geb. um 1575, verm. um 1593, † 1613. 2. Anna Amalia Gräfinn zu Sulz, 1614, † 26. April 1658. (S. 38, 58.) | Marx Sittich IV., geboren um 1571, Fürst-Erzbischof zu Salzburg 1612, † 9. October 1619. (S. 31—36.) | Wolf Dietrich II., geb. um 1575, † unvermählt angeblich zu Mailand 1604. (S. 31, 43.) |

Nach S. 37 und 38 waren aus erster Ehe fünf Söhne und sieben Töchter, als:

| 1. Anna Maria, geb. 8. März 1594, † 4. Oct. 1621. Gem.: Fortunat Frh. v. Wolkenstein-Rodenegg. | 2. Hortensia, geb. 27. März 1596, Nonne in Valduna, † 6. Aug. 1613. | 3. Dorothea, geb. 13. Nov. 1598, vermählt 1645 mit Franz Ant. v. Raitenau († 1658). (S. 38.) | 4. Cæcilia, geb. 10. März 1604, † 10. Oct. 1605. | 5. Christina, geb. 8. März 1606, † nach der Taufe. | 6. Clara, geb. 22. Aug. 1610, Nonne in Valduna, † 4. February 1662. | 7. Eleonora, geboren 9. Jänner 1612. Gem.: Joh. Georg erster Graf von Königseck-Aulendorf, † 11. Febr. 1666 z. Innsbruck (S. 51). |

| 8. Jakob Hannibal II., geb. 20. März 1595, † 10. April 1616 (S. 51). Gem.: a. Anna Sidonia Herzoginn von Teschen und Gross-glogau um 1598, vermählt 31. Oct. 1616, † 1619 (S. 53). | 9. Georg Sigmund, geboren 15. April und † 20. Juli 1597. | 10. Marx Sittich V., geb. 3. Mai und † 29. Aug. 1600. | 11. Marx Sittich VI., geb. 21. März 1601, † n. d. Taufe. | 12. Franz Maria, geb. 20. Aug. 1608, † 1642. Gem.: Sus. Hedw. Freiinn v. Raming, vermählt 9. Febr. 1612, kinderl. (S. 54). | |

Johanna Eleonora, † als Kind. (S. 55.)
δ. Francisca Katharina Fürstinn v. Hohenzollern-Hechingen, geboren 1598, vermählt 1620 (S. 55).

Aus zweiter Ehe: Franz Leopold, geb. um 1620, Domherr zu Salzburg 19. Aug. 1634, † 6. Dec. 1642 (S. 51).

| M. Francisca, Gem.: Leopold Gf. v. Wolkenstein-Trostburg (S. 55). | Karl Friedrich, Stifter der Linie zu Hohenembs, geb. 11. Nov. 1622, † 20. Oct. 1675 (S. 55, 60). Gem.: Cornelia Lucia, Tochter Peters Duca di Altemps (S. 10), † 1691. | Anna Katharina, geb. 1626, † als Nonne zu Inzighofen 20. October 1666. Gem.: Ulrich Graf zu Sulz († 1650 (S. 55 und Anm. X). | Franz Wilhelm I., Stifter der Linie zu Vaduz, geb. 1627, † 19. Sept. 1662 (S. 61). Gem.: Eleonora Katharina, Landgräfinn von Fürstenberg, vermählt 14. Febr. 1649, † 18. Febr. 1670 in Vaduz. | Melchior, geb. u. † 1629 (S. 55 und 105 Nr. XXIX.) |

| M. Claudia, geb. 14. März 1616, † in Wien 31. Dec. 1694. (S. 60.) | Franz Karl Anton, geb. 1. Aug. 1650, † der letzte dieser Linie, 16. März 1713 (S. 60). Gem.: Francisca Schmidlin von Lebenfeld, geschied. † 19. Febr. 1728 in Embs, kinderlos. | Anton Joseph, geb. 17. Jänn. 1652, Domherr zu Constanz † 1674 (S. 61). | M. Katharina, geboren 6. Mai 1653, † 9. Juni 1699. Gem.: Maxim. Wunibald Graf von Truchsess-Waldburg zu Friedberg. † 1717 (S. 61). | 1. M. Francisca, geb. 1650, verm. 29. Sept. 1670, † 10. Febr. 1705, ruht in „Und" bei Krems (S. 63). Gem.: Ferd. Leop. Franz Graf v. Enckevoirt, † 12. Dec. 1710. 2. Ferdinand Karl, geb. 29. Dec. 1650, † 18. Febr. 1686, vermählt am 1. Juli 1674 mit M. Jakobæa Gräfinn Truchsess-Waldburg zu Wolfegg † 5. Sept. 1693, kinderlos (S. 63). 3. Maria Anna, geb. 1652, verm. 21. April 1681, † 8. Sept. 1715 zu Schreibersdorf in Schlesien (S. 63). Gem.: Johann Georg Graf von Opperdorf, geb. 1649, † zu Ratibor 23. Nov. 1693. 4. Jakob Hannibal III. Friedrich, geb. 7. März 1653, † 1730 in Wien (S. 65). 5. Franz Wilhelm II., geb. 1654, † 27. (29.) Aug. 1691 (S. 61). |

B. Ältere Linie.

Jakob Hannibal III. Friedrich, Stifter der ältern Linie, verkauft Schellenberg 1699, Vaduz 1710; kauft Bistrau. Gest. in Wien 14. (nach andern 12.) August 1730.

Gemahlinn: Anna Ämilia Freiinn von **Schauenstein**, geb. 1652, vermählt 1676, † 20. April 1734 (S. 71).

1. Joseph Leopold (?) 1691, † als Kind. S. 71.	2. Hermann Bonaventura, geb. 17. Sept. 1678, † als Kind.	3. Ämilia Antonia Carolina, geb. 17. Juni 1680 in Vaduz, Oberthofmeisterinn. † 10. Dec. 1752 in Mannheim (S. 71). Gemahl: 1. N. N. schlesischer Edelmann; 2. Christoph Adam Vöhlin von Frickenhausen, Freiherr zu Illertissen, geb. 9. Oct. 1668, vermählt 1703, † 1732 kinderlos.
4. Eleonora Katharina, getauft 12. März 1682 zu Sehan, † als Kind.	5. **Franz Rudolf**, getauft 10. Dec. 1686, Feldmarschall, † in Brünn 21. April 1756. Gemahlinnen (S. 79): *a)* Lida de **Hautefort**, Marquise de Surville, geb. 17. Jänner 1694, vermählt 1711, † kinderlos 1715; *b)* M. Anna Margaretha Freiinn von **Thurn und Valsassina**, geb. 22. Oct. 1694, vermählt 9. Juni 1718, † 2. Mai 1730 in Embs, kinderlos. *c)* **Francisca Romana de la Roche**, vermählt 1733, † 20. Aug. 1752 zu Bistrau.	6. Bartholom. Ulrich † 1. März 1692 (S. 73).

1. **Carolina**, vermählt um 1762, † 1772 kinderlos.
Gemahl: Johann Baptist Freiherr de **Vos**, † als k. k. Feldmarschall-Lieutenant am 4. Sept. 1785 in Brüssel (S. 79).

2. **Maria Francisca**, vermählt um 1760, † in Prag.
Gemahl: Johann Franz Graf von **Kulhanek** und Claudenstein, † um 1798.

a) Johann Karl Graf von **Kulhanek**, vermählt 20. März 1791, † (urkundlich) zu Prag 24. Jänner 1794 als Hauptmann im Graf O'Donell'schen Freicorps (S. 80).
Gemahlinn: Emanuela Maria Gräfinn von **Clary-Aldringen**, geb. 18. März 1760, † kinderlos.

b) **Rudolf** Graf von **Kulhanek** etc., k. k. Major, † als der Letzte seines Namens am 27. April 1839 zu Kaschau (S. 80).
Gemahlinn: Anna Freiinn von **Payen**, † angeblich 27. Mai 1838 daselbst.

c) **Caroline**, geb. zu Stecknitz 1765, vermählt 1792, † in Kaschau 16. Juli 1835.
Gemahl: Franz Ludwig Freiherr von **Langet**, geb. um 1751, † als Platzcommandant in Rovigo am 3. Oct. 1822.

Ernestine Freiinn von **Langet**, geb. zu Prag am 3. März 1801, seit 7. Juni 1848 Besitzerinn der Fideicommiss-Herrschaft Bistrau, wo sie unvermählt als die Letzte dieser Linie und des ganzen Geschlechtes lebt (S. 80).

C. Jüngere Linie.

Franz Wilhelm II., Stifter der jüngeren Linie, geb. 1654, † zu Peterwardein am 27. (alli 29.) Aug. 1691 (S. 81).
Gemahlinn: Louise Josepha Fürstinn von **Liechtenstein**, geb. 13. Februar 1670, vermählt 1691 (in 2. Ehe vermählt 1694 an Grafen Jakob Ernst von Leslie † 7. Nov. 1757), gest. 29. Aug. 1736 zu Grätz.

Franz Wilhelm III., Posthumus, geb. zu Grafeneck bei Krems. 28. März 1692, k. k. General-Major etc., † der Letzte seines Namens zu Grätz am 5. Nov. 1759 (S. 81).
Gemahlinn: Maria Walburga Rebecca Gräfinn von **Wagensperg**, geb. 1. Mai 1720, vermählt 21. Juni 1741, † nach 1766 (S. 82).

a) Maria Rebecca Josepha, Erbgräfinn von **Hohenembs**, geb. 16. April 1742, † 18. April 1806 in Wien (S. 84 f.).
Gemahl: Franz Xaver Graf von **Harrach**-Rorau, Herr von Kunewald, (geb. 2. Oct. 1732) vermählt am 4. Jänner 1761, Feldmarschall-Lieutenant, † in Mailand am 15. Febr. 1781. (S. 84.)

b) Franz Alois, geb. 6. Mai 1747, † vor 1759 (S. 82).

Maria Walburga, Erbgräfinn von **Harrach-Hohenembs**-Kunewald, geb. 22. Oct. 1762, vermählt 12. Sept. 1779, † als die Letzte dieser Linie zu Kunewald 25. Mai 1828 (S. 86 ff.).
Gemahl: **Clemens Alois** Reichsgraf von **Truchsess-Waldburg-Zeil**, geb. in München 13. Aug. 1753, † als pension. Oberstlieutenant am 10. März 1817 zu Kempten (S. 86).

a) Xaver Karl Wunibald, geb. 3. Nov. 1780, † 24. Jänner 1782 (S. 87).
b) M. Charlotte Joseph, geb. 5. März 1782, † 19. Febr. 1783 in Bistrau.
c) M. Amalia Francisca, geb. 13. Febr. 1783, † 31. Dec. 1785.
d) Franz Karl Wunibald Ludwig, geb. 18—19. August 1785, † 27. März 1803 zu Zeil in Schwaben.

Anmerkungen.

I. Seite 4. Die Constitutiones et Decreta Synodalia dioecesis Constantiensis nennen uns etliche Persönlichkeiten aus oder in der Nähe von Vorarlberg, welche unsere heimatlichen Leser näher interessiren dürften, als: Jakob Eliner aus Bregenz, war 1546 Pfarrer daselbst, wurde Canonicus und 1555 Bischof zu Ascalon in partibus und Weihbischof zu Constanz (vgl. Gallia Christiana V, 927). Er nahm nach dem Cardinal-Bischof die erste Stelle bei dieser Synode ein und war wohl deren leitender Geist. Dieser ebenso durch seine Gelehrsamkeit wie durch seinen edlen Charakter ausgezeichnete Mann starb am 14. April 1574. Dessen Andenken, als eines vorzüglich grossen Wohlthäters seiner Vaterstadt, wird auf einer in der Pfarrkirche befindlichen auf Leinwand gemalten, die Krönung der seligsten Jungfrau Maria darstellenden und ein Verzeichniss seiner vielen wohlthätigen Stiftungen enthaltenden Tafel aufbewahrt.

Blatt 277 und 249 b finden wir Bartholomaeus Metzler I. V. Dr. als Canonicus, wahrscheinlich ein unadeliger Verwandter des Bischofs Christoph von Metzler, aus dem innern Bregenzerwalde, der Heimat dieses Geschlechtes, er war mit Johann Fätz (gleichfalls ein Bregenzerwälder Name), Caplane an der dortigen Domkirche, Promotor dieser Synode. Bl. 251 b und 252.

Friedrich Sandholzer, der Theologie Doctor, war Pfarrer und Canonicus an der Collegiatkirche zu St. Stephan in Constanz. Blatt 226, 261, 280; dann Bl. 281 lesen wir den Laien Jakob Sandholzer, Magister der freien Künste und Ökonom der Äbtissinn und des Capitels der Collegiatkirche des heil. Fridolin zu Seckingen, vielleicht des Vorigen Bruder. Schleo in seiner Embser Chronik, S. 48, sagt, dass der Sonderberg in der Pfarre Götzis, an einem sehr lustigen, runden und warmen Bühel gelegen, ungefähr Anno 1570 von Doctor Friedrich Sandholzern, Pfarrherrn zu St. Stephan in Constanz, einem berühmten Theologo, Mathematico und Physico auferbaut, und derzeit (1616) eine Wohnung Hanns Jacobs Sandholtzer zum Sonderberg sei.

Nach Seite 278 war anwesend der neuerwählte und bestätigte Abt des Klosters Mehrerau bei Bregenz, Kaspar II. († 27. Jänner 1582), aus dem oben erwähnten Geschlechte der Bregenzerwälder Metzler, das dem reizenden Thale fünf Landamänner gab, deren Letzter der am 11. August 1851 am Schwarzenberg verstorbene Joseph Metzler ist. Bekannt ist der gelehrte St. Gallener Benedictiner Jost Metzler aus Andelsbuch, geb. 1570, gestorben als Statthalter zu Wil 1639, dann gleichfalls aus Andelsbuch der Domcapitular und Generalvicar zu Augsburg, Anton Metzler, geb. 25. Juli 1780, gest. 1856.

Blatt 281. Von Seite des Propstes und des Capitels des Collegiatstiftes des heil. Petrus zu Staufen im Allgau (k. baierischen Landgerichts Immenstadt), das Graf Hugo II. von Montfort-Bregenz im J. 1328 errichtet hatte, erschienen die Procuratoren des Ruralcapitels Stiefenhofen.

Blatt 284. Für das Frauenkloster zu Thalbach in Bregenz und andere Frauenklöster erschien der Provinzial der Minoriten.

Blatt 288 b. Von Seite des Decanats Stiefenhofen im Allgau kam mit dem dortigen Decan Anton Görrmoss auch Jakob Forster, Pfarrer in Fischen, Magister der freien Künste und Kämmerer. Fischen, an der Ostgrenze des vorderen Bregenzerwaldes im k. baierischen Landgerichte Immenstadt gelegen und noch zum Decanato Stiefenhofen gehörig, ist eine uralte Pfarre. Sie erscheint in zwei Urkunden Herzogs Welf's VI. in den Jahren 1179 und 1182 (cf. Neugart Cod. Diplom. Alem. II, pag. 130 und Stälin II, 279). Nach Fischen war bis 1381 das ganze Gelände am linken Ufer der Breitach hinauf bis zu ihren Quellen (das heutige Mittelberg) und nach Oberstdorf (oberste Dorf) das am rechten bis 1568 pfarrgenössig.

Die Blätter 277—288 enthalten den vollständigen Katalog der bei dieser Synode anwesenden Prälaten, Capitel, Decane und Ordensvorsteher beider Geschlechter, sowohl der exempten als auch nicht exempten, der Stellvertreter, ferner derjenigen, welche contumaciter ausgeblieben sind; dahin gehören die zwölf Comthure des Johanniter-Ordens und die fünf des deutschen Ordens, wie auch die Universität Freiburg.

II. Seite 4. Die Familie **Borromeo**. — Alt ist das Grafengeschlecht der Borromei in der Lombardie. Kaiser Karl V. gab, als er die Oberhand im Mailändischen erhalten hatte, dem Gilbert Borromeo Grafen zu Arona den Titel eines Senators von Mailand und zeichnete ihn auch mit dem eines Kriegsobersten und mit mehreren andern Würden aus. Graf Gilbert war mit Margaretha von Medicis, älteren Schwester Johann Jakob's von Medicis, Markgrafen von Marignano (Melegnano), und des Papstes Pius IV., wie auch Clara's, die um 1528 dem tapfern Wolf Dietrich v. Embs ihre Hand gereicht hatte, vermählt. Die sechs Kinder dieser Ehe waren:

1. Graf Friedrich Borromeo, vermählt in Rom 1560 mit Virginia, Tochter Guidobald's II. von Ruvere, Herzogs von Urbino (bei welcher Gelegenheit Raphael's erwähntes Gemälde „Die Ruhe in Ägypten" vom Herzoge dem Cardinal Borromeo verehrt wurde und so nach Mailand kam), und starb am 20. November 1562.

2. Der heilige **Karl Borromeo**, geb. zu Arona am 2. October 1538, das Zimmer seiner Geburt ist nun in eine Capelle umgewandelt, Cardinal am 31. Jänner, Erzbischof zu Mailand am 8. Februar 1560, gestorben zu Mailand am 3. November 1584, heilig gesprochen von Papst Paul V. den 1. November 1610[1]).

3. Isabella, Klosterfrau in Mailand mit dem Namen Schwester Corona.

4. Camilla, Gemahl: Cesare Gonzaga, Fürst von Molfetta († 1575).

5. Hieronyma, Gemahl: Fabrizio Gesualdo, Fürst von Venosa im Neapolitanischen.

6. Anna, Gemahl: Fabrizio Colonna, ältester Sohn des Fürsten Marcantonio Colonna. Sie ragte an frommem Sinn und in Ausübung christlicher Tugenden besonders hervor und starb 1582 zu Palermo, wo der Vater ihres tapfern Gemahls als Vicekönig residirte.

In zweiter Ehe war er mit Dadea (Thaddæa) del Verme, Schwester Johann's Grafen von Bobbio, vermählt und erzeugte die Tochter[2]) **Hortensia**, Gemahlin **Jakob Hannibal's I.**, Grafen von und zu **Hohenembs** († 1587), die im J. 1578 gestorben ist.

Nach des Bruders Friedrich Tode († 1562) war der Cardinal-Erzbischof Karl der einzige Erbe der grossen Reichthümer und zahlreichen Güter und Besitzungen der Familie, die er an Gilbert's Bruder Giulio Cesare überliess, von dem die heutigen Borromei abstammen.

III. Seite 5. Das **Collegium Helveticum** zu Mailand. — Papst Gregor XIII. widmete die Propstei Santa Maria di Mirasole in der Erzdiöcese Mailand mit Bulle vom 1. März 1581 dem Collegium Helveticum mit dem Beisatze, dass Marx Sittich, so lange er lebt, und dessen beide nächstfolgenden Bischöfe zu Constanz und der zu dieser Zeit lebende Domdecan Zöglinge oder Alumnen aus der Diöcese dahin schicken und zwar Marx Sittich vierundzwanzig, sein Nachfolger vierzehn aus der Stadt und Diöcese Constanz, dergestalt, dass zwei aus der Stadt Bregenz, deren Bewohner ungeachtet der nahen protestantischen Stadt Lindau dem katholischen Glauben stets getreu geblieben sind, von welchen einer aus der Familie Fetz[3]) aus Bregenz sein soll, und vier aus dem gräflichen Markte Embs sein sollen. Diese Jünglinge, deren jüngster achtzehn Lebensjahre zu zählen hat, müssen zu den höhern Studien vorbereitet sein um mit Erfolg zur Seelsorge ausgebildet zu werden. Die Kosten der Heimreise werden vom Collegium bestritten, und Arme sind, wie ausdrücklich bestimmt ist, Reichen vorzuziehen[4]). Kaiser Joseph II. hob dieses Collegium Helveticum, in dem unter andern der zu Blons im obern Vorarlberg am 7. September 1748 geborne und am 24. April 1828 in Wien verstorbene infulirte Propst und Staatsrath in geistlichen Angelegenheiten Martin Lorenz seine höheren Studien gemacht hatte, auf und verwendete das Gebäude zu

---

[1]) Das neueste Werk ist „Biografia di San Carlo Borromeo del Prof. Antonio Sala. Milano 1858." Ihren kais. Hoheiten dem Herrn Erzherzog Ferdinand Maximilian und seiner Frau Gemahlin Charlotte etc. gewidmet.

[2]) Nach einem Stammbaume der Freiherren von Welsperg im k. k. Adels-Archive; vgl. Dictionaire par Moreri. Amsterdam 1740.

[3]) — al alter autem ipsorum duorum ex domo de Fezzae (sic) dicti Oppidi Praegantini esse debeat. Die Familie Fetz, aus der Franz Xaver zu Schwarzenberg von 1798—1802 Landammann war, gehört zu den wohlgenannten im innern Bregenzerwalde. Über den Caplan Johann Fätz s. Anmerk. 1.

[4]) Cf. Documenti circa la vita e le gesta di San Carlo Borromeo pubblicati per cura del sacerd. Aristide Sala. Milano 1857. Tom. I, serie 2ta pag. 421 seq. Nr. CXL.

Äntern des Guberniums; die Schweizer verloren am 7. Juni 1797 die Wohlthaten dieses Institutes und die Güter wurden einem Spitale übergeben. Auf Reclamationen der Schweizer stellte der Kaiser von Österreich, die vierundzwanzig Plätze für einige Zöglinge ihres Landes wieder her, welche durch sechs Jahre im erzbischöflichen Seminarium Philosophie und Theologie, auch während der Ferien hören konnten, die Regierung zahlte für jeden 1000 Lire und die Studien begannen 1841 (cf. Documenti etc. per Aristide Sala I, 600).

IV. Seite 7. Die Stadt **Gallese**, in der Delegation Viterbo, angeblich an der Stelle des alten Falisca gelegen, ist von sehr hohem Alterthume, dessen Bischöfe finden sich auf den ältesten Concilien, ja man sagt, dass dessen Bewohner unter den ersten zum Christenthume sich bekannt haben. Das alte, sehr feste Castell wurde vom Herzog Trasimund von Spoleto und darauf vom Grafen Gerard erobert, der von Robert Guiscard, Herzog von Calabrien, getödtet wurde. Gallese ward mit dem Bisthum Civita Castellana unter Papst Alexander IV. (von 1254—1261) vereinigt, dann unter Papst Pius IV., d. i. dem Oheim unsers Cardinals, von Hohenembs getrennt, bald aber 1569 wieder mit Civita Castellana vereinigt. Die Hauptkirche daselbst ist die Mitkathedrale der annoch vereinten Bisthümer von Civita Castellana und Orti und im J. 1780 neu gebaut. Sie zieren gute Gemälde, das Bild des Hauptaltars, nach Nagler's Künstler-Lexikon, Bd. XIX, 247, die Himmelfahrt Mariä darstellend, ist von Christoph Unterberger aus Cavalese in Südtirol, und von ihm in der Kirche zu Ober-Bozen wiederholt. Das vornehmste Gebäude ist der Palazzo ducale, aufgeführt nach der trefflichen Zeichnung von Vignola, auch ist daselbst ein Kapuzinerkloster. Cf. Corografia fisica, storica e statistica dell' Italia die Attilio Zuccagni-Orlandini. Firenze 1843, Vol. X. Sezione II. pag. 129. **Soriano**, gleichfalls in der Delegation Viterbo gelegen, gehörte den Orsini, jetzt der Familie Albani.

V. Seite 14. — **Hanns Christoph**, des Grafen Marx Sittich III. von und zu **Hohenembs** einziger Sohn, dessen die Genealogen nirgends erwähnen, war zuerst am römischen Hofe, dann Ober-thofmeister bei dem Fürst-Erzbischof Wolf Dietrich von Raitenau zu Salzburg[1]), vermählte sich mit Maria von Paumgarten Freiin zu Hohenschwangau und Erbach, Frau von Kisslegg und Konzenberg im Burgauischen, und starb kinderlos im J. 1603 zu Hohenembs. Die Güter in Embs, welche seine Erben inne hatten, brachte sein Vetter Graf Kaspar an sich und war so im Besitze aller Hohenembs'schen Güter.

Die reichen Paumgarten stammen aus Augsburg. Der reiche Johann Paumgartner war mit Erasmus von Rotterdam in brieflichem Verkehre und schickte ihm vortrefflichen Wein, wie aus des Letzteren Schreiben aus Freiburg im Breisgau vom 8. Februar 1532 erhellet[2]); dagegen übersendet dieser am 1. März 1533 ihm einige Homilien des heil. Chrysostomus (Lib. XXIX. ep. 85) und nach dem Briefe Lib. XXVII. 18 vom 12. Mai 1533 an dessen studirenden Sohn Johann Georg hatte der Vater dem gelehrten Erasmus einen vergoldeten Pocal übermittelt. Auch schreibt dieser dem hoffnungsvollen, sechszehnjährigen Sohne einige artige, feine Briefe, ermuntert ihn zu seiner Ausbildung aus den besten Autoren das Beste zu wählen und empfiehlt ihm im Briefe vom 2. August ganz besonders die Lectüre des Demosthenes (Lib. XXV, 4; XXVII, 18 und XXVIII, 26). Johann, Johann Georg, Anton und David Paumgartner erhalten nach den Reichsadels-Acten am 29. Mai 1536 die Vereinigung der Wappen derer von Erbach und Schwangau mit dem ihrigen; ferner von K. Karl V. am 27. Juli 1543 den Frei- und Pannierherrenstand und die Bewilligung sich nach ihrem Schlosse Paumgarten zu nennen; Johann Georg und David Freiherren von Paumgarten wurden den 8. August 1559 auch Freiherren zu Hohen-Schwangau und Erbach. Sie kamen später zum Besitze der halben Herrschaft Kisslegg im Allgau. Es hatte nämlich im J. 1528 Friedrich von Freiberg von Balthasar's von Schellenberg Witwe und ihrem Sohne Marquard das Schloss und die ihr zustehende halbe Herrschaft Kisslegg gekauft. Als dessen Enkelinn **Helene** von Freiberg, Gemahlinn des Grafen **Gabriel** von **Hohenembs**, im J. 1588 kinderlos gestorben war, löste von deren Verwandten Kaspar von Schönau oder Schynen im J. 1589 diesen Theil aus und verkaufte ihn 1590 an Ernst und Ferdinand Freiherren von Paumgarten zu Hohenschwangau. Ferdinand starb 1618 kinderlos und hinterliess sein Eigenthum seinen beiden Schwestern **Maria**, Witwe des Grafen **Hanns Christoph** von Hohenembs, und Eleonora, die im J. 1619 laut Urkunde vom 9. November 1620 zu Bärenweiler bei Kisslegg ein Hospital mit einer Caplanei stifteten. Die Gräfinn machte ihr Testament am 8. Februar 1624 und ein Codicill, in welchem sie Susanna, Tochter des Freiherrn Johann Georg Khuen

---

[1]) Vgl. meine Medaillen auf berühmte und ausgezeichnete Männer des österreich. Kaiserstaates. Wien 1844, I. 138.

[2]) Cf. Epistolarum Erasmi Roterodami Libri XXXI. Londini 1642. Lib. XXIV. epist. 71.

von Belasy und der Gräfinn Veronica von Lodron zu Castelnuovo (s. Wissgrill V, 117), die sie an Kindes statt angenommen hatte, zu ihrer sehr reichen Erbinn einsetzte [1]). Nachdem Susanna sich am 16. Nov. 1625 zu Trauchburg mit dem Grafen Friedrich Erbtruchsessen zu Waldburg auf Kosten der Gräfinn Maria mit grosser Pracht vermählt hatte, wohnte diese beständig bei dieser ihrer Erbinn und flüchtete bei dem feindlichen Vordringen der Schweden sich mit ihr nach Tirol und starb endlich in ihrem Hause zu Kisslegg am 16. November 1633. Sie ruht mit ihrer kinderlosen unverehelichten Schwester Eleonora († 1622) in der Hospitalkirche zu Bärenweiler, in deren südlicher Seitenmauer ihr Gedenkstein folgende Inschrift hat: „Als man Zalt 1633 War auf den 16. tag | des Monats Nobris Starb die Hochwohlge | borne Fraw Maria Gröinn Zu der | Hoehen-Embs Wittib Geborne von Paum | garten Freyin zuc hochen Schwangau und Erbach | Fraw uff Kisclegg und Contzenberg als stiffterin | dieses Gegenwärtigen Gotzhaus und Spitals deren | Seel Gott der Allmeehtig mit Barmhertzigkeit | Ewiglich Pflegen und an jenem grossen tag ein | Fröliche Aufersteung Gnedig ver | leichen Wolle. Amen" [2]).

Susanna vermählte nach ihres Gemahles Friedrich Tode (1636) am 10. Jänner 1639 sich wieder mit August Vitzthum von Eckstädt, kaiserlichem und spanischem Obersten und Gouverneur der Festung Lindau, starb am 15. November 1669 und ruht in der Pfarrkirche zu Kisslegg.

VI. Seite 14. — Die Freiherren von **Pollweiler** haben ihren Namen von dem Schlosse und der Herrschaft Bollweil im untern Elsass. Schon im J. 1454 war Hanns von Bolwiler Landrichter in Elsass und Niklas I. in Bregenz, dann zu Constanz in österreichischen Diensten und starb im J. 1553. Am 2. Jänner 1554 erhielten Niklas II., Ludwig, Christoph und Johann den Freiherrenstand und die Bewilligung, so lange sie das Gut Weilerthal besitzen, sich davon zu schreiben (nach den Reichsadels-Acten), und im J. 1559 wurden Niklas und seine Brüder unter die tirolischen Stände aufgenommen. In dem grossen Feldzuge des J. 1566 gegen die Türken, in welchem Erzherzog Ferdinand von Tirol den Oberbefehl führte, finden wir in Oberungern unter den obersten Hauptleuten neben Lazarus von Schwendi, Rudolf von Salis, Oberstfeldzeugmeister in der Zips, Hanns Werner und Hanns Gaudenz von Reittenau, Hanns Roeber von Püxendorf, Friedrich Schnabel etc. etc. auch Niklas Freiherrn von Pollweiler als Reiteroberste in der Zips. S. Notizenblatt der histor. Commission der kais. Akad. der Wissenschaften, Bd. IX, 309 f. Derselbe diente neben Georg II. von Freundsberg im J. 1567 in den Niederlanden und zeichnete sich bei Eroberung von Antwerpen besonders aus (s. meine Medaillen I, 80); dann neben Jakob Hannibal I. Grafen von Hohenembs im J. 1578, s. oben S. 25. Im J. 1569 studirten die Gebrüder Constantin, Georg und Rudolf III. Freiherren von Pollweiler und in Willerthal zu Ingolstadt. S. Mederer Annal. Ingolstad. Acad. Tom. I. 316. — Niklas hatte die Herrschaften Masmünster und Plumberg pfandweise inne, auf sein, seiner Brüder und seiner Söhne Lebenslang unablösbar. Rudolf war 1601 Landvogt in den Vorlanden. Nun ist dieses Geschlecht erloschen.

VII. Seite 25. — Erzherzog **Matthias**, nachheriger Kaiser, 1557 zu Wien geboren, K. Maximilian's II. talentreichster, aber ehrgeizigster Sohn, liess, kaum 20 Jahre alt, sich von den Feinden verleiten, ohne Vorwissen seines Bruders, K. Rudolf's II., und des Madrider Hofes auf die Einladung einer belgischen Partei die oberste Feldhauptmannschaft und Oberstatthalterwürde in den aufrührerischen Niederlanden anzunehmen. Er reiste Nachts am 2. October 1577 von Wien nach Brabant ab und stellte sich, fremd und unerfahren im fremden Lande unter beschränkenden Bedingungen an die Spitze der höchst schwierigen Regierung. Müde seiner, besonders von dem ihm unterstehenden Statthalter Wilhelm von Oranien abhängigen Stellung, legte er im J. 1581 seine Würde nieder und trat am 29. October seine Rückreise in sein Vaterland an.

VIII. Seite 31. — Das edle Geschlecht der von **Raitenau**, auch Raitnau, Raithnau, Reitenau und Reittenau abwechselnd geschrieben, stammt aus der Schweiz und trägt seinen Namen von Reitnau, einem Pfarrdorfe unweit Lenzburg mit einem nun völlig verschwundenen Rittersitze dieser Edlen, die als Mitstifter von St. Urban sich bekannt gemacht haben und um 1386 nach Schwaben ausgewandert sind. Wir finden sie später zu Langenstein unweit Stockach, von dem sie den Beinamen führten und wo der Erzbischof geboren sein dürfte. Äbte dieses Namens waren: Wernher IV. von 1416—1435 und dessen Neffe Friedrich von

---

[1]) Vgl. Chronik der Truchsessen von Waldburg, von Matthäus v. Pappenheim. Kempten 1785. Thl. II, 282 ff., und Pauly's Beschreibung des Oberamts Wangen 1841. S. 261 und 274.

[2]) Nach brieflicher Mittheilung von Seite der löbl. Pfarre zu Kisslegg.

1446—1478 zu Pfävers, Johann Rudolf von 1507—1323 Fürstabt zu Kempten und Johann Ulrich 1570—1587 Abt zu Murbach und Lüders, Oheim von Johann Gaudenz, kais. Obersten und nach dem Grafen Jakob Hannibal I. von Hohenembs vom 5. Februar 1589 bis 1603 Vogt der österreichischen Herrschaften Bregenz und Hoheneck, und von Hanns Werner von Raitenau. Dieser diente vier Kaisern, nämlich Karl V. als Oberster in deutschen und welschen Landen gegen des h. römischen Reichs und des löblichen Hauses Österreich Feinde, Ferdinanden I. als Rath und Landvogt in der Markgrafschaft Burgau, Maximilian II. als Rath und Oberster im Feldzuge des J. 1566 gegen die Türken in Ungern (vgl. Anm. VI und meine Medaillen II, 199) und hatte nach diesem Kriegszuge eine Forderung an Dienstgeld von 18.000 Gulden (s. Notizenblatt der kais. Akad. 1859, S. 312), endlich Rudolfen II. als Obersten über ein Regiment Knechte gegen denselben Erbfeind in Croatien, wo er im J. 1593 zu Sambor, d. i. Szamobor, sein Leben geendet[1]) und durch die Pietät seines erzbischöflichen Sohnes seine Ruhestätte in der Kirche des Klosters St. Peter gefunden hat. Sein zierlicher Sarkophag aus Marmor hat auf den vier Seitenwänden in je einer Zeile die Inschrift, in sehr schöner Mönchsschrift: Hie ligt begraben der Edl vnd gestreng Herr Herr | Johan Werner von Raithnaw zu Langenstein Ritter vnd Landsknecht oberster | Welcher da starb in Crabaten wider den Erb- | feindt — — Also man zalt 15.93 iar.[2])

Seine Gemahlinn war **Helene** Gräfinn von **Hohenembs**, Schwester Jakob Hannibal's I. Deren Kinder:

a) Wolf Dietrich mit dem Taufnamen seines mütterlichen Grossvaters, von 1587 bis 1611 Erzbischof zu Salzburg, der als ein stattlicher, hochverständiger, freigebiger, aber neuerungssüchtiger, herrischer und prachtliebender Fürst geschildert wird. Er vergrösserte seinen Hofstaat, führte eine ordentliche Leibwache ein, baute ungemein viel, so Altenau, dann Mirabell genannt, vermehrte die Ausgaben des Landes und steigerte Zölle und Mauthen; schickte 1592, 1601 und 1602 Hilfstruppen nach Ungern, bändigte 1595 die rebellischen Bauern in Mondsee und die aufrührerischen Salzarbeiter zu Ischl und Gmunden, wie auch den Aufstand seiner Bauern, welchen erhöhte Abgaben und Aushebung von Mannschaft hervorgerufen hatten, mit Waffengewalt und Hinrichtung. Der Einfall in Berchtoldsgaden, um es für das Erzstift zu erwerben, im J. 1611 veranlasste den Herzog Maximilian von Baiern, seinen Bruder Ferdinand, den Propsten und nachherigen Erzbischof von Cöln, mit Waffengewalt zu schützen. Wolf Dietrich floh nach Kärnten, wurde aber im ersten Dorfe Renuweg von den Reitern eingeholt und anfangs in der Veste Werfen eingesperrt, musste hierauf am 7. März 1612 dem Erzstifte entsagen und endete, angeblich von seinem Vetter und Nachfolger Marx Sittich hart behandelt, auf der Festung Hohensalzburg seine Tage am 16. Jänner 1617.

b) Jakob Hannibal, edler Herr auf Raittenau, Ritter des Calatrava-Ordens, führte nach den Reichsadels-Acten schon um 1592 den obersten Befehl über sechs Fähnlein Knechte zur Beschützung der ungrischen Grenzen, führte 1595 ein Regiment hochdeutschen Fussvolkes bei der Eroberung der Hauptfestung Gran, wo er bei Bezwingung der Wasserstadt und Ermunterung der Soldaten zum Sturme schwer beschädiget worden.

c) Rudolf, edler Herr auf Raittenau zu Langenstein, Herr zu Gmündt und Rossegg in Kärnten, der sich in wichtigen Commissionen und Gesandtschaften bis in sein hohes Alter ausgezeichnet hatte, erhielt am 9. Juni 1611 die Landmannschaft im Ritterstande in Kärnten.

d) Hanns Werner, Malteser Ritter und Comthur zu Rohrdorf, war in spanischen Diensten zu Avon und Paris, dann bei der Stadt Calais, Artras (Arras) und Emmerich, war von 1603—1638 österreichischer Vogt zu Bregenz. Diese beiden Brüder (Jakob Hannibal war wohl schon gestorben), Rudolf's eheliche Leibeserben, und deren Erbenserben wurden ddo. Wien am 11. Februar 1632 in den Reichs- und erbländischen Grafenstand erhoben mit dem Titel: Grafen und edle Herren auf Raittenau, Herren zu Langenstein, Gmündt und Rossegg. Rudolf Hannibal erhält am 2. Mai 1654 die Landmannschaft in Steiermark. Als dieser, K. Leopold's I. gewesener Erbland-Vorschneider in Kärnten, ohne eheliche Leibeserben gestorben

---

[1]) Langenstein, im Hegau bei Stockach, hatte einen alten Adel, dem Bruder Hugo von I., ein edler Freund und Förderer der alten Liederkunde (1293), angehörte, kam von den Raittenau an die Grafen von Welsperg und erhielt in neuester Zeit wieder einen Besitzer mit dem Titel eines Grafen von Langenstein, nämlich den Sohn des Grossherzogs Ludwig von Baden, den er mit der am 9. April 1827 in den Grafenstand erhobenen Katharina Werner († 1850 in Zürich) erzeugt hatte. Dies ihr Besitzthum wurde zu einer Baden'schen Standesherrschaft erhoben.

[2]) Nach einer Mittheilung des Herrn kais. Rathes Ritter v. Köchel zu Salzburg.

war, kamen dessen Allodialgüter an seine Schwester Anna Katharina Gräfinn und edle Herrinn auf Raittenau Söhne nämlich: Guidobald Freiherrn von Welsperg-Primör, oberösterreichischen Regimentsrath und Landvogt zu Nellenburg etc., und Geschwistrige, welche am 15. April 1693 den Grafenstand und die Vereinigung des Wappens des erloschenen Geschlechtes der Grafen und edlen Herren auf Raittenau, Herren zu Langenstein, Gmünd und Rossegg erhielten.

IX. Die **Judengemeinde** zu Hohenembs S. 43. — Wir finden in Vorarlberg schon unter dem Grafen Ulrich von Montfort-Feldkirch daselbst Juden im J. 1343, in welchem Juden und Jüdinnen von Feldkirch nach Bludenz abzogen[1]. Heiligkreuz nächst Feldkirch wird vom Volke als ihr alter Sitz genannt. Ihre Ansiedlung im Markte Hohenembs wurde vom Grafen Kaspar ddo. 3. April 1617 unter eilf Bedingungen gewährt[2]. Die wesentlichen derselben sind auszugsweise: *a)* es sollen den Juden alle Hantirungen erlaubt sein; *b)* sie dürfen Geld, aber nur zu fünf Percent jährlich ausleihen; *c)* es soll ihnen aller Wucher verboten sein; sie dürfen offene Buden halten und kaufen was ihnen zugetragen wird, ausgenommen sind schweissige Kleider, nasse Häute und Tücher (wegen Krankheiten), ungedroschen Korn etc., Kirchengüter, Kelche und was zur Messe gehört, und alles was wissentlich gestohlenes Gut ist; *d)* sie haben sich in allweg gehorsam, bot- und gerichtbar und wie andern gräflichen Unterthanen zusteht, zu verhalten; *e)* zu ihrem Begräbniss soll ihnen der Ort ausgesteckt werden; von einem Alten, der gestorben, zahlen sie zwei, von einem Kinde einen Gulden; in ihren Häusern mögen sie Synagogen, Schulen und Schulmeister ungehindert halten; sie mögen an ihrem Sabath oder Feiertag Christen, die ihnen ihr Haushaben verwalten, in Dienst nehmen. *f)* Jeder, der sich daselbst niederlässt, zahlt der Herrschaft jährlich zu Schutz- und Schirmgeld **zehn Gulden** sammt zwei gemästeten Gänsen. In Betreff der extra ordinären Anlagen an's Reich oder in ander Weg sollen sie gleich den andern Unterthanen gehalten werden; *g)* auch soll, da der Markt ziemlich besetzt und das Unterkommen in Häusern um jährlichen Zins schwerlich zu erlangen ist, jedem Juden zu bauen erlaubt sein und zwar so, dass zwei, drei oder vier bei einander in einer Behausung sitzen (woraus die heutige Judengasse mit zum Theile schönen Häusern entstanden ist). Endlich *h)* sollen sie des Ein- und Abzugs halber gänzlich frei gehalten und desswegen von ihnen nichts gefordert werden.

Zur Zeit des dreissigjährigen Krieges retteten nach Weizenegger-Merkle II, 293 Juden aus Schwaben sich nicht nur zu ihren Glaubensbrüdern in Hohenembs, sondern liessen sich 1637 in Sulz bei Rankweil nieder.

Eine zweite Urkunde ist vom Grafen Karl Friedrich am 1. März 1657 ausgefertigt; jeder neu aufgenommene Jude hatte jährlich als Schutz- und Schirmgeld zehn Reichsthaler nebst zwei gemästeten Gänsen und zwar am 1. März zu entrichten. Graf Franz Karl erhöhte ddo. 9. Juni 1678 das jährliche Schutz- und Schirmgeld für jede Haushaltung von zehn auf zwanzig Reichsthaler.

Im Jahre 1744 wurden die in Sulz ansässigen Judenfamilien vom Volke mit Gewalt vertrieben, unter ihnen die Sulzer[3]. Von Seite Baierns wurde durch ein königliches Edict vom 10. Juni 1813 ihre Zahl für Hohenembs auf 90 Familien beschränkt.

In neuester Zeit hat diese Gemeinde an Ordnung, Gemeinwesen und Wohlstand auf eine sehr lobenswerthe Weise zugenommen. Wir wollen das Wesentliche von dem, was Herr Medicinae Doctor Wilhelm Steinach von dort gefälligst mitgetheilt hat, hier niederlegen. Im Jahre 1860 zählte die Israeliten-Gemeinde in Hohenembs 130 Familien mit 258 männlichen und 237 weiblichen, zusammen 495 Seelen und beschäftigt sich zum grössern Theile mit Handel und Industrie, zum Theile aber mit Bewirthschaftung ihres ziemlich

[1] S. Weizenegger-Merkle's Vorarlberg, Bd. II, 34.
[2] Meine Mittheilungen „Über Hohenembs und die dortige Judengemeinde, die einzige in Tirol und Vorarlberg" in Joh. Paul Kaltenbaeck's österreich. Zeitschrift für Geschichts- und Staatskunde. Wien 1836, Nr. 99 und 100; die Bedingungen ihrer Aufnahme s. S. 398 f.
[3] Über die Schicksale der Juden im obern Vorarlberg im XVII. Jahrhunderte, besonders in Sulz und deren Verfolgung, siehe Weizenegger-Merkle's Vorarlberg, Bd. III, 356 ff. Im J. 1741, als das aufgeregte Landvolk von der tapfern und erfolgreichen Abwehr der gegen Vorarlberg herandringenden Franzosen (s. oben S. 75 f.) zurückgekehrt war. — Salomon Sulzer, zu Embs am 30. März 1804 geboren, erhielt seine Bildung in Karlsruhe, war früh Lehrer in seinem Geburtsorte, kam im J. 1826 nach Wien, wo er seit Jahren als Professor am Conservatorium und ausgezeichneter Meister im Gesange thätig wirkt. Sulzer ist der Gründer des neuen hebräischen Tempelgesanges. Über seine Verdienste s. Archives Israélites par S. Cahen, Paris 1858, p 528 — er stammt aber nicht, wie es daselbst heisst, aus Sulz in Würtemberg her, sondern aus Sulz bei Rankweil, wie oben angedeutet ist.

beträchtlichen Grundbesitzes wie auch mit Handwerken. Die namhaften Handelsfirmen, welche in der kaufmännischen Welt eines wohlverdienten Rufes sich erfreuen, sind Bruner, Bernheimer, Brettauer (in Ancona), Guggenheim, Löwenburg, Samuel Menz, Bürgermeister der israelitischen Gemeinde, welcher wegen seiner Verdienste um das Armenwesen und als Mitglied der Landesvertheidigungs-Commission im J. 1859 des silbernen Verdienstkreuzes mit der Krone gewürdigt wurde, Reichenbach mit Exporthandel nach Amerika, der Levante und Italien, die Gebrüder Rosenthal (der Ehrenmann Philipp † 1859), Chefs einer türkischroth-Färberei, Druckerei und mechanischen Weberei, welche besonders in schweren Zeitläuften der dortigen Bevölkerung stets genügenden Erwerb verschafften, dann die Gebrüder Schwarz, Martin Steinach. Überdies ist in Hohenembs der Sitz mehrerer Hauptagentschaften verschiedener Feuer- und Lebensversicherungs-Gesellschaften, so namentlich die General-Agentschaft der Riunione Adriatica di sicurità, geleitet vom Generalagenten Samuel Menz.

Die Gemeinde hat einen studirten Rabbiner, der Prediger und Religionslehrer ist und gemeinsam mit dem Cantor, der auch als Gesanglehrer fungirt, den Unterricht im Hebräischen in der öffentlichen Schule ertheilt. Die öffentliche Gemeindeschule, unter dem Namen höhere Bürgerschule, hat die Aufgabe, die Gegenstände der vierclassigen Hauptschule und überdies noch einige der Unterrealschule zu lehren. Nebst den beiden vorgenannten sind noch drei Lehrer angestellt. Die Gemeinde verdient volle Anerkennung in Betreff der Hebung und Verbesserung des Jugendunterrichtes, und namentlich wegen der Sorgfalt für die Armen und für Aufmunterung zu gewerblicher Thätigkeit. Es bestehen nämlich in der Gemeinde ein Handwerksverein, besonders zur Herbeischaffung von Brennmateriale an Arme, ein Frauenverein, ein Mädchenverein mit der Aufgabe Wäsche und Kleidung für Arme zu fertigen und denselben zu spenden; ferner ein Verein zur Hebung des Chorgesangs in der Synagoge, ein Leseverein-Casino und ein Männergesangs-Verein. Daselbst sind drei israelitische Ärzte, die Doctoren Wilhelm und dessen Sohn Simon Steinach und Dr. Ludwig Ullmann.

XI. Seite 68. — Die Hohenembsischen **Erbstammlehen** im Salzburgischen. — Ob diese Lehen-güter schon Graf Hanns Christoph von Hohenembs vom Erzbischof Wolf Dietrich, dessen Oberst-hofmeister er laut Anmerkung V. gewesen, Graf Kaspar oder am wahrscheinlichsten dessen Sohn Jakob Hannibal II. von seinem Oheim, dem Erzbischofe Marx Sittich erhalten habe, vermag ich nicht zu bestimmen. Nach der gefälligen Mittheilung des Herrn Hauptmanns v. Schallhammer aus Salzburger Acten trat Graf Karl Friedrich von Hohenembs, der nach seines Vaters am 10. April 1646 erfolgten Tode alle Güter erblich übernommen hatte, wie sie im grossväterlichen fideicommissarischen Haupturbar vom J. 1613 verzeichnet sind, für schuldige 20.000 Gulden seine Güter in Lungau seinem jüngeren Bruder Franz Wilhelm I. ab, laut eines Cessionsbriefes vom 10. Mai 1651. — Die Brüder Franz Wilhelm Graf zu Hohenembs, Gallara und Vaduz. Herr zu Schellenberg und Karl Friedrich Graf zu Hohenembs und Vaduz, Herr zu Schellenberg, Dornbüren und Lustenau, der römisch kaiserlichen Majestät bestellter Oberst und des Erzherzogs Ferdinand Karl zu Österreich Kämmerer, Vogt und Pfandinhaber der Herrschaft Neuburg am Rhein, nehmen beim Regierungsantritte des Erzbischofs Guidobald Grafen von Thun zum letzten Male zu Lehen die Ritterlehen im Lungau.

Graf Franz Wilhelm verkaufte, in Folge seiner Bitte vom 28. Jänner 1659 an den Erzbischof die Lehen im Lungau verkaufen zu dürfen, dieselben an Adam Freiherrn von Jocher laut des Originalverkaufsbriefs (mit des Grafen Siegel) vom 25. Februar, in welchem 124 Nummern verzeichnet sind, so Schwaigen, Almen, Anger, Äcker, Wiesen, Zehenten und Zehenthäuser zu Mauterndorf und Stein, Egarten, Huben, Lehen zu St. Michael, dann zu Lassach ob Tamsweg, drei Zehenthäuser zu Nieder-Weispriach, Litzldorf, dann Lehenstücke, Zehenten und Güter, welche in Hannsen von Weispriach's Lehenbriefe genannt sind u. s. w.

Ein Bericht des Freiherrn von Jocher vom 9. März überliefert uns, dass mit erzbischöflicher und dom-capitel'scher Bewilligung Herr Graf Franz Wilhelm von Hohenembs mit beigebrachtem Consens und Renun-tiation seines Herrn Bruders Grafen Karl Friedrich ihm alle zu Ritterlehen im Lungau und in andern Orten innegehabten Güter, Gülten und Zehenten etc. um 14.500 Gulden Kaufschilling und 100 Gold Ducaten Leihkauf (mit Ausnahme der Kärntner'schen Lehen) verkauft habe. Der Käufer leistete am 31. März 1659 die übliche Lehenpflicht.

X. Ulrich's Grafen zu Sulz **Testament**. Seite 55. — Ulrich, der einzige Sohn des Grafen Alwig zu Sulz, Landgrafen im Kleggau und der Ludmilla Katharina Gräfinn Popel von Lobkowitz, Enkel Karl

Ludwig's, kaiserlichen Hofkriegsrath-Präsidenten etc. († 29. September 1616), lag im gräflichen Palaste zu Embs an der Kolik schwer darnieder und setzte in seinem Testamente vom 20. October 1650 seine innig-geliebte Gemahlinn Anna Katharina Gräfinn von Hohenembs, dann seinen Vetter Johann Ludwig Grafen zu Sulz und seine Schwäger, die Grafen von Hohenembs, mit Bestimmung reichlicher geist-licher Legate zu Erben ein. Er vermachte seiner Gemahlinn von der gräflich Fürstenbergischen Schuld bei der Herrschaft Wuettenthal per 18,000 fl. den Rest von 10,000 fl. zur freien Disposition, nachdem er über das Übrige dieses Capitals fast ausschliesslich zu frommen Zwecken verfügt hatte, wie z. B. zur Erbauung eines Maria Loretto-Kirchleins auf dem Hauenbuchbühel bei Jestetten, wo die Familiengruft der Grafen zu Sulz ist[1]). Für die Dauer ihres Witwenstandes bestimmte der Testator, der sich in seiner letztwilligen An-ordnung auch Herr zu Tiengen, Monclair und Meutzburg etc. nennt, seiner Gemahlinn den Nutzgenuss der Herrschaft Mentzburg in Lothringen. Im Falle der Wiedervermählung Anna Katharina's soll diese Herr-schaft an den jüngsten Grafen zu Sulz, und zwar auf den jedesmaligen Jüngsten dieses Hauses übergehen. Nach dem gänzlichen Erlöschen des gräflichen Geschlechtes sowohl der Herren und Frauen soll Mentzburg dem Erzbisthum Trier mit dem Beding zufallen, dass in der Liebfrauenkirche zu Trier jährlich für das gesammte Sulz'sche Geschlecht dreimal Exequien und Anniversarien solemniter gefeiert werden sollen.

Von seiner „liquidirten Prätension" am kaiserlichen Hofe, per 60,000 fl. legirte Graf Ulrich seinem Schwager und Bruder Franz Wilhelm Grafen von Hohenembs 30,000 fl. als Eigenthum, doch soll er als Schwager und Bruder des Testators nicht vergessen. Weitere 10,000 fl. von der genannten Prätension wurden den Vätern der Societät Jesu auf dem Hof zu Wien gegen Persolvirung jährlicher feierlicher Exequien, und weitere 10,000 fl. von derselben Schuldforderung werden den beiden Kapuzinerklöstern in Wien zu gleichen Zwecken legirt.

Seine zu Wien und Prag angefangenen Processe vermachte er seiner Gemahlinn als Eigenthum zu nutzen und zu niessen. Seine bei der Frau Gräfinn Poppel (von Lobkowitz) zu Wien liegenden 75 Mark Silber, worüber Graf Friedrich von Fürstenberg[2]) Bericht zu geben hätte, legirte er seinem Schwager Franz Wilhelm Grafen von Hohenembs. Sein übriges, zu Schaffhausen liegendes Silbergeschirr, wie auch Kleinodien und Ketten verehrte und schenkte er seiner Gemahlinn mit Ausnahme eines Bechers mit den heiligen drei Königen, welcher zu einem Ciborium der Pfarrkirche zu Jestetten verwendet werden soll. Die Interessen von der Schuld des Grafen Johann Ludwig zu Sulz per 15,000 fl. sollen der Gräfinn Anna Katharina, so lange sie im Witwenstande verbleibt, jährlich ausgezahlt werden. Das Capital bleibt Eigenthum des Grafen Johann Ludwig, doch habe er 1000 Gulden davon der Priesterschaft zu Embs aus-zufolgen, in der Voraussetzung, dass Pfarrer und Capläne seiner in ihrem priesterlichen Gottesdienste ein-gedenk sein mögen.

Sein ganzes Jagdzeug zu Jestetten, wie auch die Hunde und zwei der besten Rohre (Jagdgewehre) sind ein Geschenk an den Schwager Karl Friedrich Grafen zu Hohenembs. Die übrigen Rohre und Degen stehen der Frau Witwe Anna Katharina zur beliebigen Disposition. Von den Pferden sollen die zwei besten dem Schwager Franz Wilhelm Grafen zu Hohenembs sammt dem „Gemähl" gehören; die übrigen Pferde und etweliche „Gemähl," welche Ulrich's Gemahlinn am besten gefallen, soll letztere zum Voraus haben. — Von seinen Kleidern soll das eine von Goldstuck sammt dem Mantel in das von Ulrich letztwillig gestiftete Loretto-Kirchlein bei Jestetten gebracht werden. Andere Kleider werden zwei Kammer-dienern legirt, über die Rest hat die Gräfinn nach Gutdünken zu verfügen.

Seine Bibliothek hinterlässt Graf Ulrich seinem Schwager Franz Wilhelm Grafen von Hohen-embs, sowie auch das von ihm aus Rom mitgebrachte Instrument von Messing „zu der Stulen" (als Fern-rohr?) zu gebrauchen. Die Leichenbestattung zu Jestetten habe der Vetter Graf Johann Ludwig zu Sulz zu besorgen; alle übrige Disposition stehe der Gräfinn Anna Katharina zu.

---

[1]) Wahrscheinlich starb Graf Ulrich zu Embs und wurde nach seiner Anordnung in der Gruft zu Jestetten (im Kleggau, unweit Rheinau), dem zeitweiligen Aufenthalte der Grafen zu Sulz, beigesetzt. — Die betagte Gräfinn Anna Amalia zu Sulz, des Grafen Kaspar Witwe, somit Stiefgrossmutter der Gräfinn Anna Katharina und ihres Gemahltes, des Grafen Ulrich Tante, führte nach S. 59 im J. 1653 aus Rheinau ihre Klage gegen ihren entarteten Stiefenkel und dürfte in Jestetten oder Rheinau ihre Ruhestätte gefunden haben.

[2]) Friedrich Rudolf Graf von Fürstenberg der Stühlinger Linie war kais. Reichshof- und Hofkriegsrath, erhielt von K. Ferdinand III. im J. 1647 die Landmannschaft in Mähren und starb am 26. October 1655 zu Laterbitz in Mähren, ruht aber zu Haslach im Kinzigerthal.

Zum Testaments-Executor wird der Gemahl der Gräfinn Eleonora von Hohenembs, Hanns Georg von Königseck und Rotenfels, Herr zu Aulendorf und Stauffen, röm. kaiserl. Majestät und der fürstlichen Durchlaucht des Erzherzogs Ferdinand Karl zu Österreich Rath, Kämmerer und Landvogt in Ober- und Niederschwaben, bestellt (vgl. S. 51). Unter den Testamentszeugen erscheinen Johann Heinrich Kurz von Senftenau, Pfarrer zu Embs (vgl. Bucelini Rhaetia, pag. 399), Jakob Ellersachen (sic) Frühmess-Caplan daselbst, die beiden Medicinae Doctoren Jeremias Berger und Franz Schütz, dann Jakob Sandholzer von und zu Sonderberg Ritter (s. Anm. I.), Georg Maucher, Oberamtmann und Wolf Dietrich Jonas von Buech[1]). — Eine glaubwürdige Abschrift dieses Testaments befindet sich im fürstlich Schwarzenbergischen Archive in Wien, da des mehrgenannten Grafen Johann Ludwig zu Sulz älteste und Erbtochter Maria Anna († 1698) mit Ferdinand Wilhelm Eusebius Fürsten zu Schwarzenberg vermählt war und diesem Hause die Grafschaft Sulz und die gefürstete Landgrafschaft im Kleggau sammt dem Wappen zubrachte.

Obigen Auszug aus des Grafen Ulrich Testament verdanke ich der freundschaftlichen Güte des gelehrten fürstlichen Archivars Herrn Adolf Berger.

XII. Berichtigung einer irrigen Angabe über die **Reise** K. **Maximilian's** I. aus Brügge nach England im J. 1513 (in der Abtheilung I. dieser Monographie, siehe Denkschriften Band. X, 154 und in den Separatabdrücken S. 62 und in den Wiener Jahrbüchern der Literatur 1842, Bd. XCIX, im Anzeige-Blatte S. 19, Nr. XLIV). — Die Veranlassung zu dieser unrichtigen Angabe ist das daselbst genannte, gedruckte gleichzeitige Quartblatt (sine loco et anno) mit dem Titel: „Wie und in wellicher gestalt Kay. May. vo Bruck auss gen Lunden in Engeland gezogen, ankommen vnd Empfangen worden ist“, auf welchem von späterer Hand die Jahrzahl 1513 geschrieben steht. Gläubig ohne weitere Prüfung folgte ich dieser Angabe, zumal des Kaisers Name in diesem Blatte nirgends genannt wird, bis der Verfasser der classischen Wirtembergischen Geschichte, Herr von Stälin in Stuttgart, mich auf den Irrthum hinwies. Kaiser Karl V. begab sich auf seiner Rückreise aus den Niederlanden nach Spanien zu Ende Mai 1522 nach England, um K. Heinrich VIII., welcher mit seiner jüngsten Tante Katharina, gebornen Prinzessinn von Aragonien, vermählt war, zu besuchen, die Bande der Freundschaft mit ihm besonders gegen Frankreich fester zu knüpfen, und zugleich den durch Cardinal Wolsey zu Brügge am 24. November 1521 geschlossenen Vertrag in Windsor (19. Juni) zu erneuern, vermöge dessen Heinrich gegen den König Franz von Frankreich den Krieg eröffnete. (Cf. The life and reign of king Henry VIII, by Edward Lord Herbert of Cherbury. London 1672, p. 114.)

---

[1]) Aus diesem Geschlechte war K. Ferdinand's I. geheimer Rath und Hof-Vicekanzler Dr. Jakob Jonas von Buech aus Götzis, der auf einer Reise nach Augsburg zu Abensberg in Niederbaiern am 28. December 1558 starb und in Ingolstadt ruht. Vgl. meine Medaillen. Bd. I. 204, Anmerk.

Schluss.

Vollständige Ausgleichung zwischen Clemens Grafen von Waldburg-Zeil und seiner
Gemahlinn Maria Walburga, geb. Gräfinn von Harrach-Hohenembs, im J. 1813 (zu S. 87
und 93).

Nachdem diese Anmerkungen vom Setzer gesetzt waren, erhielten wir nachträglich von Seiner Erlaucht
Herrn Maximilian Grafen von Waldburg-Zeil, des Grafen Clemens Neffen und Erben, eine Abschrift der
vollständigen Ausgleichung, laut welcher beide Theile, von gleichem Wunsche beseelt die verschiedenen
Anstände und Zweifel über gegenseitige Rechte und Verbindlichkeiten zu beheben und einen Beweis gegen-
seitiger Achtung an Tag zu legen, nach vorausgegangenen und mehrmals unterbrochenen Unterhandlungen
(S. 87) auf folgende Puncte einig geworden sind und nachstehenden, für sich und ihre respectiven Erben
verbindlichen Ausgleichungs-Vertrag errichtet haben. Die sieben Puncte lauten:

1. Die Frau Walburga Gräfinn Waldburg-Zeil überlässt ihrem Herrn Gemahl, dem Herrn Clemens Grafen zu Waldburg-Zeil, vom 1. Jänner 1813 alle im Königreich Baiern, im Lande Vorarlberg
gelegenen ehemals Hohenembs'schen Besitzungen und dazu gehörigen Rechte zu Hohenembs, Lustnau und in
der Herrschaft Feldkirch gelegen, so wie solche in dem mit Sr. königl. Majestät von Baiern sub dato Frisch-
berg bei Bistrau den 1. April 1811 geschlossenen und sub dato München den 2. August 1811 allergnädigst
ratificirten Vertrag als ein im Leben und von Todes wegen freies, auf keine Art gebundenes Eigenthum der
Frau Gräfinn bestimmt sind, und wie sich alles dermal daselbst befindet, mit allen darauf ruhenden und angewiesenen Beschwerden, Staatslasten, Renten, laufenden Nutzungen u. s. w., kurz Active und Passive, und
stellt ihrem Herrn Gemahl anheim in Betreff der im Jahr 1809 geschehenen Zusicherungen die Alpen Schönemann und Pridler (S. 93), Schulhausbau und Stiftungen etc. etc. betreffend, mit der Gemeinde Lustnau, oder
wer sonst dabei interessirt sein kann, gütlich oder rechtlich (jedoch ohne eine weitere Vertretung oder Ent-
schädigungs-Verbindlichkeit von Seite der Frau Gräfinn) übereinzukommen, Letztere erklärt anbei, dass
sie durch nebenerwähnte Äusserungen und Zusicherungen weder den dermal aufgestellten Ansprüchen
Sr. Majestät des Königs von Baiern als Souverän habe vorgreifen können, oder sonstigen allenfälligen Rechten,
die Ihr Herr Gemahl, oder ein dritter hätte haben können, ein Präjudiz habe zuziehen wollen.

2. Die vorhandenen Staats-Activ-Capitalien von circa 2850 fl., dann gewisse, für am Bocksberg ver-
kauftes Holz ausstehende 500 fl. bleiben der Frau Gräfinn vorbehalten. — Hingegen alle Einrichtung, Activ-
Zahlungsreste u. dgl. fallen dem Herrn Grafen zu, der aber auch die dortigen Passiv-Capitalien, die königl.
Rente und sonstige Offensiven zur Selbstzahlung übernimmt. Die Frau Gräfinn versichert zugleich, dass
ausserdem in den Hohenembs-Lustnau'schen Amtsrechnungen vorkommenden Passiv-Capitalien, oder deren
Interessen keine anderen, es sei an Schulden, Pensionen, Zahlungsreste bestehen, die auf die Güter ver-
sichert oder angewiesen wären.

3. Dagegen leistet der Herr Graf gleichmässig vom 1. Jänner 1813 auf alle seine Ansprüche und haben-
den Activ-Forderungen an Capitalien, Sustentationsbeiträgen, heiratsbriefmässigen Zusicherungen u. dgl.
für sich und seine Erben Verzicht und lässt alle diese Ansprüche schwinden, sie mögen wo immer her-
rühren, auf die Güter der Frau Gräfinn intabulirt, hypothecirt sein oder nicht; dagegen wird auch dem
Herrn Grafen der mit Sr. königl. Majestät von Baiern geschlossene Vertrag ddo. 1. April, und ratificirt
2. August 1811, wie auch eine von Mäser im Jahre 1810 aufgenommene Feldvermessungskarto ausgehän-
digt werden.

4. Bezahlet der Herr Graf als bedungenen, keiner weiteren Abrechnung unterworfenen Ausgleichungs-
betrag 20.000 Gulden, sage mit Worten zwanzigtausend Gulden Reichswährung in Conventions-Thalern

oder Silber — 20 kr. Stücken oder in k. Ducaten dergestalt, dass vom Tage der von der Frau Gräfinn geschehenen Unterzeichnungen der Vergleichs-Urkunde in vier Monaten 8000 Gulden und sonach in weiteren, vor Ausgang dieser vier Monate laufenden zwei halbjährigen Terminen jedesmal 6000 Gulden, zusammen 20,000 fl., nebst dem jedesmal verfallenen, vom Zahlungstage der 8000 fl. laufenden 4percentigen Interessen in obigen Münzen bar bezahlte und bei einem guten Wechselhause in Wien zu der Frau Gräfinn Disposition niedergelegt werden. Ferner bezieht die Frau Gräfinn vom 1. Juli 1813 angefangen, jährlich und lebenslänglich eine anticipative zu bezahlende und bei einem guten Wechselhause in Wien niederzulegende Rente von 700 Gulden, sage Siebenhundert Gulden in obigen Geldsorten, welche Rente aber mit ihrem Ableben erlischt.

5. Das übliche Schlüsselgeld wird bei der Auswechslung des Vertrags von dem Herrn Grafen mit 50 Louis d'or oder 550 Gulden Reichswährung berichtigt, respective für die Frau Gräfinn in Wien bei einem guten Wechselhaus zahlbar angewiesen werden, dagegen hat die Frau Gräfinn die Hälfte der Stempelgebühren, welche die Contracts-Ausfertigung nothwendig machen wird, sich aufrechnen zu lassen. Alle anderen Kosten, welche die Erlangung der Gewähr u. dgl. veranlassen sollten, trägt der Herr Graf als eintretender Besitzer dieser Güter.

6. Durch diesen Vergleich sollen alle Forderungen und Gegenforderungen zwischen den Hochgebornen Ehegatten, sie mögen aus Verschreibungen, Eheverträgen, Vergleichen und woher immer rühren, ganz aufgehoben, und soll zwischen beiden keine weitere Verpflichtung, als welche in gegenwärtiger Urkunde ausgedrückt ist, bestehen, auch soll keine Anforderung, als Eviction Zuwachs zu dem Hohenembs'schen Vorarlberger Vermögen aus alten Ansprüchen etc. weiter statthaben.

7. Beide Theile wollen das Recht haben diesen Vertrag überall, wo es zur Löschung der vorigen, oder zur Begründung der in diesem Vergleiche ausgedrückten Rechte erforderlich ist, intabuliren oder protokolliren zu lassen.

Urkund dessen sind zwei gleichlautende Exemplare von diesem vollständigen Ausgleichungsvertrag von beiden hohen Principalen eigenhändig unterschrieben, auch die Herren Zeugen zu der ihnen unnachtheiligen Mitunterfertigung ersucht worden.

So geschehen Kunewald den 23. Junius 1813.
Kempten in Baiern den 21. Mai 1813.

Walburga Gräfin v. Waldburg-Zeil,
geb. Gräfin Harrach-Hohenembs.

Clemens Graf v. Waldburg-Zeil-
Trauchburg.

Ferdinand Vetter Graf und Herr von der Lilie,
als Zeuge.

Joseph Philipp v. Reisach auf Tiefenbach und
alten Schneeberg, als Zeuge.

Joseph Vetter Graf und Herr von der Lilie,
als Zeuge.

Max Freiherr v. Deuring, ehemal. (Stift Kemptenscher) geh. Rath, als Zeuge.

Die Echtheit bestätiget: Franz v. Urban Notarius publ. in fidem legitime requisitus.

Nach dem Original im gräflich v. Waldburg-Zeil-Hohenembsischen Archive in Hohenembs.